本书受江西省高校高水平创新平台建设项目资助

中国农业现代化的求索：

民主革命与理论回应

周利生 王钰鑫 景鹏 ● 著

中国社会科学出版社

图书在版编目（CIP）数据

中国农业现代化的求索：民主革命与理论回应／周利生，王钰鑫，景鹏著．
—北京：中国社会科学出版社，2016.11

ISBN 978-7-5161-9225-2

Ⅰ.①中… Ⅱ.①周…②王…③景… Ⅲ.①农业现代化—研究—中国
Ⅳ.①F320.1

中国版本图书馆 CIP 数据核字（2016）第 266536 号

出 版 人　赵剑英
责任编辑　王 琪
责任校对　胡新芳
责任印制　王 超

出　　　版　中国社会科学出版社
社　　　址　北京鼓楼西大街甲 158 号
邮　　　编　100720
网　　　址　http://www.csspw.cn
发 行 部　010-84083685
门 市 部　010-84029450
经　　　销　新华书店及其他书店

印刷装订　三河市君旺印务有限公司
版　　　次　2016 年 11 月第 1 版
印　　　次　2016 年 11 月第 1 次印刷

开　　　本　710×1000　1/16
印　　　张　19.75
插　　　页　2
字　　　数　284 千字
定　　　价　75.00 元

凡购买中国社会科学出版社图书，如有质量问题请与本社营销中心联系调换
电话：010-84083683

目　录

第一部分　心路：中国农业现代化的起步

第二部分　探路：理论探索与实践回应

第三部分　出路：独创性探索与崭新开局

第一部分

心路：中国农业现代化的起步

第一章　早年毛泽东的农民情结

美国莫里斯·迈斯纳曾经指出："对'生活与劳动相结合'的农村理想和'生活朴素'及'劳动努力'的农村传统深情眷恋，是半个世纪以来毛主义的思想特点。毛虽然从未证明农民传统就是社会主义，但他确曾赞扬了中国农民的革命传统，对传统的农民起义者们的英雄行为心驰神往，极感兴趣。"[1]

一　自幼参加农业劳动

1893 年 12 月 26 日（清光绪十九年十一月十九日），毛泽东出生于湖南省湘潭县韶山冲南岸上屋场一个农民家庭。

韶山，位于湖南中部偏东的湘中丘陵区，衡山山脉的西北边缘，界于湘潭、湘乡、宁乡三邑间。在这个充满南国风光的小山村里，住着的绝大多数是耕田种地的农民。他们忠厚、朴实、勤劳、善良。

毛氏家族是什么时候扎根韶山的呢？据毛氏族谱记载：元朝至正年间，陈友谅在江西起事，吉州龙城（今江西省吉水县）农民毛太华为了"避乱"，"由吉州龙城迁云南之澜沧卫，娶王氏，生子八，明洪武十三年（1380）庚申，以军功拨入楚省，惟长子清一、

---

① ［美］迈斯纳：《马克思主义、毛泽东主义与乌托邦主义》，张宁、陈铭康等译，中国人民大学出版社 2006 年版，第 97 页。

四子清四与之偕。解组，侨居湘乡北门绯紫桥十余年。……开种韶山铁陂、乌塘、东塘等处，共田四百余亩，编为一甲民籍"①。

毛太华，原籍江西省吉水县，因战乱随军远征南澜沧（今云南省澜沧拉祜自治县内）。又因立有军功，从云南迁到湖南省湘乡县城北门外的绯紫桥居住。数年后，毛太华的长子毛清一和四子毛清四迁移至湘潭的七都七甲，这里便是韶山。

毛氏家族自在湖南韶山扎根之后，以务农为生，世代相传。约有 500 年的历史。其第十七代传人毛祖人，又名毛四端，就是毛泽东的曾祖父。他生于 1823 年，1893 年毛泽东出生那年去世。毛祖人育有二子，长子毛德臣，次子毛翼臣。

1846 年出生的毛翼臣即是毛泽东的祖父，名恩谱，字寅宾。娶妻刘氏，生一子（即贻昌）、二女。他与哥哥德臣分家后，即从祖居地韶山东茅搬至韶山南岸上屋场。毛翼臣是一个老实厚道的庄稼人，一生清贫，为了生计，不得不将祖传的部分田地典当给别人。

毛氏家族的第十九代传人毛贻昌（1870—1920），即毛泽东的父亲，与其母文素勤（1867—1919）于 1885 年结婚。

毛贻昌，字顺生，原为贫农，因负债过多被迫投军，当了一年多的兵。② 在东南沿海的军旅生涯中，他受到江浙一带商业活动的启发，满怀信心地决然退伍还乡，走上了半农半商、以商为主的人生道路。③ 后来，"做小生意和别的营生，克勤克俭，积攒下一点钱，买回他的地"④。他生财有道，经营有方，首先给自家取了一个堂名——义顺堂，然后与本地有名的银田"长庆和"米店，章公桥"吉春堂"药材、肉食、南杂商店三家结盟合股，走联合经营道路，

---

① 李湘文编著：《毛泽东家世》（增订本），人民出版社 1993 年版，第 1 页。
② 高菊村、谭意认为，毛顺生体格强壮，血气方刚，意志坚强，在加倍勤俭的同时，不甘贫穷潦倒，日夜想着家庭摆脱贫困的出路。他与祖父、父亲商量，暂时将为数不多的田地部分典当出去，以解燃眉之急；拜托两老重新主持家务，而自己出门闯世界，投入湘军，以军薪养家糊口。所以，毛泽东对斯诺说，父亲"因为负债过多，只好去当兵"。（高菊村、谭意：《毛泽东家庭经济百年演变历史真迹》，《毛泽东思想研究》2013 年第 6 期。）
③ 高菊村、谭意：《毛泽东家庭经济百年演变历史真迹》，《毛泽东思想研究》2013 年第 6 期。
④ ［美］埃德加·斯诺：《西行漫记》，董乐山译，生活·读书·新知三联书店 1979 年版，第 105 页。

并且还印制了一种纸票，在他们之间及地方经济流通领域使用，具货币价值，有很高的信任度，① 等等，这些使毛贻昌由贫农很快变为中农，后又由中农变为富农。毛泽民 1939 年在苏联莫斯科养病期间，应共产国际干部部要求，在代毛泽东所填写的《履历表》中写道，按中国苏维埃阶级划分政策，他家"最后三年（1917—1919 年）是富农"②。这种靠自身奋斗摆脱贫困的精气神，自然会对毛泽东产生影响。

在毛泽东的成长过程中，他的幼年大部分时间在湘乡唐家圫外祖父家度过，同表兄弟们生活在一起。他"从六岁开始就在田里劳动"③，八岁开始在本地一所小学读书，但是，早晚都要到地里干活（放牛拾粪，农忙时参加收割庄稼）。④ 13 岁时，毛泽东就需要"整天在地里帮友工干活，白天做一个全劳力的活"⑤。13 岁至 15 岁时停学在家，参加田间耕作，很快地学会了插秧、割稻、扶犁掌耙等农活。毛泽东在同斯诺谈话中回忆说：这一时期"我干活非常勤快"⑥。

萧三对毛泽东少时参加农业劳动的情况有以下记述：

> 农忙时，他白天要在地里作一个成年人所作⑦的工作；农闲时要在家里磨谷子、舂米，或放牛，或上山砍柴——就等于一个长工。
>
> 泽东同志是一个劳动的能手。他种地勤锄草，人家锄两遍，他锄三遍，并且看见草就扯。因此他的田禾比别人的都长得好。他又自己在山坡下面开辟一块菜地，种出各种各样的蔬菜。他

---

① 高菊村、谭意：《毛泽东家庭经济百年演变历史真迹》，《毛泽东思想研究》2013 年第 6 期。

② 曹宏、周燕：《寻踪毛泽民》，中央文献出版社 2007 年版，第 303 页。

③ 萧三：《毛泽东同志的青少年时代和初期革命活动》，中国青年出版社 1980 年版，第 9 页。

④ ［美］埃德加·斯诺：《西行漫记》，董乐山译，生活·读书·新知三联书店 1979 年版，第 106 页.。

⑤ 同上书，第 108 页。

⑥ 同上。

⑦ 由于材料已久，语言习惯和用法亦与今稍异，若无影响理解，为保持文献原貌，均不改动，全书同。

把菜园收拾得就象一个花园。他并且自己喂牛，喂猪。①

对于毛泽东早年就从事农业劳动，萧三还有以下评价：

> 从小就耕种田地，从小就受了劳动的锻炼，并且热爱劳动，毛泽东同志所以深刻地知道中国农民群众的生活，他们的痛苦和要求，也知道劳动人民的创造才能和力量。毛泽东同志自己就是农家子出身。——这个出身，这个环境，使得他从小时以来就和农民群众有密切的联系，并且热爱劳动人民。②

二 同情贫苦农民，深受农民斗争精神的熏染

毛泽东强调"革命"、"改革"等变革社会制度的斗争精神，除了主要来源于马克思主义的基本理论之外，还与传统文化中斗争精神的长期熏染有关。在毛泽东所接受的中国人民的斗争精神传统中，最主要的内容就是农民反抗地主阶级。在中国长达数千年的封建社会中，社会的主要矛盾是农民与地主阶级的矛盾。由于地主阶级对于农民的残酷的经济剥削和政治压迫，迫使农民多次地举行起义，以反抗地主阶级的统治。从秦朝的陈胜、吴广起，中经汉朝的王匡、陈牧、樊崇、张角、张梁，隋朝的李密、窦建德，唐朝的王仙芝、黄巢，宋朝的宋江、方腊，元朝的朱元璋，明朝的李自成，直至清朝的洪秀全，大小总计数百次的起义，都是农民的反抗运动，都是农民战争。中国历史上的农民起义和农民战争延续时间之久、规模之大，是世界历史上所罕见的。

毛泽东在回忆自己青少年时代的思想时，多次说到"我爱看的是中国旧小说，特别是关于造反的故事。我很小的时候，尽管老师

---

① 萧三：《毛泽东同志的青少年时代和初期革命活动》，中国青年出版社1980年版，第9—10页。

② 同上书，第10页。

严加防范，还是读了《精忠传》、《水浒传》、《隋唐》、《三国》和《西游记》"。"大多数学生都同情'造反的'，……我觉得造反的人也是些像我自己家里人那样的百姓，对于他们受到冤屈，我深感不平。"① 他说："有一天我忽然想到，这些小说有一件事情很特别，就是里面没有种田的农民。所有的人物都是武将、文官、书生，从来没有一个农民做主人公。对于这件事，我纳闷了两年之久，后来我就分析小说的内容。我发现它们颂扬的全都是武将，人民的统治者，而这些人是不必种田的，因为土地归他们所有和控制，显然让农民替他们种田。"②

毛泽东这一思想的形成与其早年所处的生活环境有关。

1905 年，湘潭被辟为寄港地，英国太古公司、日本怡和公司等垄断资本主义大企业的浅水轮，专驶湘潭等地，不仅倾销洋货，还从内地掠夺原材料。这种渗透式的经济殖民倾向，加速了湖南农村自然经济的解体，刺激着商品经济的发展，使许多农民和手工业者破产。封建主义的残酷剥削，外国资本的入侵使湖南劳动人民的生活日益困苦，反抗斗争此起彼伏。

在毛泽东的家乡附近，就先后发生彭铁匠发动的湘潭起义、曾广八领导的湘乡起义，以及由黄兴、宋教仁等著名革命党人所策划的长沙起义、萍浏澧起义等。

晚清末年，全国"灾荒接踵，哀鸿遍野……奸商哄抬米价，积谷者又复任意居奇，致使米价暴涨"③，"细民无以糊口，思乱者十室而九"④。正是在这样大的社会背景下，1909 年，湖南水旱灾严重，粮食奇缺，灾民遍野，而那些豪绅地主和不法商人却乘机囤积居奇，牟取暴利，更加剧了民众生活的困难，最终引发了 1910 年的长沙饥民暴动。饥民成群结队到湖南巡抚衙门示威要求平粜救灾，被巡抚

①　[美] 埃德加·斯诺：《西行漫记》，董乐山译，生活·读书·新知三联书店 1979 年版，第 108—111 页。

②　同上书，第 109 页。

③　陈旭麓：《近代中国社会的新陈代谢》，上海人民出版社 1992 年版，第 298 页。

④　中国第一历史档案馆等编：《辛亥革命前十年间民变档案史料》上册，中华书局 1985 年版，第 355 页。

的无理回答所激怒，冲进衙门，砍断旗杆，吓走巡抚，焚烧了洋行、教堂等，引起"举国震动"①。后饥民暴动被镇压，许多人被捕杀。对这件事情，毛泽东和同学们议论多日，为"谋反者"所受冤屈"深感不平"。这件事情给毛泽东留下很深的印象，以至"始终忘不掉这件事"，"影响了我的一生"。②

毛泽东同情农民，理解农民，也与慈善的母亲有关。毛泽东的母亲文氏，勤俭持家，敦厚慈祥，和善好施，乐于助人。毛泽东曾经对斯诺说："我母亲是个心地善良的妇女，为人慷慨厚道，随时愿意接济别人。她可怜穷人，他们在荒年来讨饭的时候，她常常给他们饭吃。"而他的父亲是"不赞成施舍的"。③也因此，毛泽东对父亲的一些做法心存反感。有一年青黄不接的时候，韶山发生粮荒。毛泽东的父亲仍然运出大批粮食到城里去，结果，当中有一批粮食"被穷苦的村民扣留了"，他的父亲"怒不可遏"，但是毛泽东"不同情他"。④当父亲要买进堂弟毛菊生的七亩土地时，毛泽东认为这种做法是乘人之危、只顾个人发财的不道德行为，予以坚决反对。尽管这种反对未能奏效，但正是出于对此类事件的持续反思，使他的思想得到升华，认识到"只有彻底改变这个社会，才能根绝这类事情。于是下决心要寻找一条解放穷苦农民的道路"⑤。

在毛泽东接受了唯物史观后，对中国历代农民起义及其所展现的斗争精神，有了更深刻更科学的认识。他说，"在中国封建社会里，只有这种农民的阶级斗争、农民的起义和农民的战争，才是历史发展的真正动力。因为每一次较大的农民起义和农民战争的结果，都打击了当时的封建统治，因而也就多少推动了社会生产力的发展。

---

① 黄远生：《论莱阳民变事》，《国风报》1910 年第 18 期。

② 中共中央文献研究室编：《毛泽东年谱》上卷，中央文献出版社 2013 年版，第 8 页；[美] 埃德加·斯诺：《西行漫记》，董乐山译，生活·读书·新知三联书店 1979 年版，第 110—111 页。

③ [美] 埃德加·斯诺：《西行漫记》，董乐山译，生活·读书·新知三联书店 1979 年版，第 107 页。

④ 同上书，第 111 页。

⑤ 高菊村、陈峰、唐振南等：《青年毛泽东》，中共党史出版社 1990 年版，第 192 页。

只是由于当时还没有新的生产力和新的生产关系，没有新的阶级力量，没有先进的政党，因而这种农民起义和农民战争得不到如同现在所有的无产阶级和共产党的正确领导，这样，就使当时的农民革命总是陷于失败，总是在革命中和革命后被地主和贵族利用了去，当作他们改朝换代的工具"①。

三　深耕农村的社会调查

毛泽东早年就十分重视参加社会活动，进行社会调查，以更多地接触农村，了解农民疾苦，从中学到课堂上无法学到的东西。毛泽东将其比喻成"无字之书"。他在《讲堂录》中写道："闭门求学，其学无用。欲从天下万事万物而学之，则汗漫九垓，遍游四宇尚已"；"农事不理，则不知稼穑之艰难；休其蚕织，则不知衣服之所自"；"读史必重近世"。② 与许多热血青年一样，他极为关注那些救国救民的思想主张，但反对"啃"书本的做法，提出"周知社会"的独到见解。他常对身边的同学说，读书，不能只读死的、有字的书本，而且要读"活"的、无字的书，活的无字之书就是群众，是社会实际和社会实践。所以，他在湖南第一师范学校就读期间，就一边学习一边从事社会活动，还利用假期以"游学"方式到农村进行考察。③ 在留学成为时尚乃至时髦的风气中，毛泽东则坚持首先要深入了解中国的实际国情。毛泽东认为，"吾人如果在现今的世界稍为尽一点力，当然脱不开中国这个地盘。关于这个地盘内的情形，似不可不加以实地的调查及研究"④。

直接启发和促成毛泽东走向农村，进行社会调查的，却是同盟

---

① 《毛泽东选集》第2卷，人民出版社1991年版，第625页。
② 《毛泽东早期文稿》，湖南出版社1990年版，第587页。
③ ［美］埃德加·斯诺：《西行漫记》，董乐山译，生活·读书·新知三联书店1979年版，第122页。
④ 高菊村、陈峰、唐振南等：《青年毛泽东》，中共党史出版社1990年版，第261页。

会机关报《民报》上登载的一段消息。毛泽东后来回忆此事时说："有一天我读到一份《民报》，上面刊载两个中国学生旅行全国的故事，他们一直走到西藏边境的打箭炉。这件事给我很大的鼓舞。我想效法他们的榜样，可是我没有钱，所以我想应当先在湖南旅行一试。"①

1916 年暑假，毛泽东与蔡和森一道，历时月余，游历了湖南的几个县，考察了各县农民的风俗习惯和生活状况，并把沿途的见闻、感想，用通俗易懂的文字写成一篇通讯，投给《湖南通俗教育报》。

1917 年暑假，毛泽东与萧子升等游历长沙、宁乡、安化、益阳、沅江五县，历时一个多月，行程九百余华里。这次长途旅行，未带一文钱，用游学的方法或写一些对联送人以解决食宿，所到之处，受到农民的友善欢迎和款待。

1917 年寒假，毛泽东到浏阳文家市铁炉冲一带进行了短期的考察访问，和当地农民一起挑水种菜，并向他们宣传反对封建迷信的道理。

1918 年夏初，毛泽东、蔡和森又赴洞庭湖湖滨部分地区"游学"，经湘阴、岳阳、平江、浏阳数县，历时半个多月，了解农村情况。本来还计划当年暑假再进行一次时间较长的农村考察，终因当时湖南境内发生了军阀混战而未能成行。

毛泽东十分擅长通过现象来认识本质。农村的考察活动，让毛泽东对广大贫苦农民中所蕴含的反抗力量有了直观的认识，对农村的阶级状况也有了初步的认识。根据毛泽东在湖南一师学习时的老同学张国基的回忆：毛泽东从农村考察归来后常常说：到农村去，无论在哪里，都可以看到八种人：

> 大地主。多数是清朝的大官僚和当时的军阀，占有土地在五百亩以上。多的达数千亩。

① ［美］埃德加·斯诺：《西行漫记》，董乐山译，生活·读书·新知三联书店 1979 年版，第 122 页。

小地主。有的是没落的大官僚、或是小官吏；也有的是自
己积累起来的，但很少。

自耕农。分三种：一是有盈余积蓄的；一种是自给自足的；
一种是入不敷出，勉强生活的。

半自耕农。自家土地不够，另租土地耕种的人。

半益农。自己有农具，有一点钱，但完全靠租种土地生活。

贫农。完全没有土地、农具和钱。

雇农。完全靠出卖劳动力维持生活。

游民。游手好闲，偷盗为生。①

上述毛泽东对农村阶级的分析，虽有不尽科学之处，却对日后
用马克思主义阶级观点分析中国农村社会的阶级状况奠定了基础。

四　建设"新村"以改造中国的思想

20 世纪初，工读互助主义曾经在中国的大地上盛行一时。其
要义就是通过在乡村工读互助的实践，建立一种理想的"新村"，
并以此为示范来改造中国的社会。工读互助活动的重要人物王光
祈说："我们在乡间半工半读，身体是强壮的，脑筋是清楚的，是
不受衣、食、住三位先生牵制的，天真烂漫的农夫是与我们极表
示亲爱的；我们纯洁青年与纯洁农夫打成一气，要想改造中国是
很容易的。"②

1919 年 3 月，周作人在《新青年》上发表《日本的新村》，说
新村"实在是一种切实可行的理想"。接着，王光祈等组成三个类似
新村的"工读互助团"，试图用这种和平的、以典型示范的方式来创
建新生活和新社会。这些，在青年中产生了相当广泛的影响。

立志改造中国的毛泽东对这一工读互助主义也颇为关注。他说：

---

① 张国基：《和伟大领袖毛主席相处的日子》，载《文史资料选辑》第一辑，北京出版
社 1979 年版，第 47 页。

② 王光祈：《与左舜生书》，《少年中国》1919 年第 1 卷第 2 期。

"俄罗斯之青年，为传播其社会主义，多入农村与农民杂处。日本之青年，近来盛行所谓'新村运动'。美国及其属地斐律宾（现译作'菲律宾'），亦有工读主义之流行。吾国留学生效之，在美则有'工读会'，在法则有勤工俭学会。"①

正是在这一思潮的影响下，毛泽东于1918年夏在湖南省立第一师范学校毕业后，就曾邀集蔡和森等人，在岳麓书院设工读同志会，过着半耕半读的生活。一面自学，从事社会改造问题的探索；一面劳动，每天赤脚草履，拾柴挑水，用蚕豆拌和大米煮着吃。②

1919年春夏，毛泽东从北京回到湖南，虽然一直忙于学生运动和办刊物，但仍草拟了一个颇为详细的在岳麓山建设"新村"的计划，作为他改造社会的一种构想。毛泽东说："我数年来梦想新社会生活，而没有办法。""今春回湘，再发生这种想象，乃有岳麓山建设新村的计议，而先从办一实行社会说本位教育说的学校入手。"③他撰写的《学生之工作》，就是这新村计划中的一章，刊载于《湖南教育月刊》（1919年12月1日）。毛泽东的新村计划是"先从办一实行社会说本位教育说的学校入手"，"此新村以新家庭新学校及旁的新社会连成一块为根本理想"。④因此，规定"学校教授的时间，宜力求减少，使学生多自动研究及工作"⑤。根据这个原则，还列出了一个时间表，每天授课只有四个小时，另外四小时则为工作时间，农活内容包括园、田、桑的种植，家畜、家禽以及鱼类的喂养。其目的是要使学生养成乐于农村生活的习惯，纠正学生毕业之后"多鹜都市而不乐田园"的时弊。毛泽东把《学生之工作》公开发表出来，目的是希望得到社会的关注。

在毛泽东看来，上述规定是针对当时教育的弊端提出来的。这就使得学生能直接参加生产劳动，接触实际生活，熟悉农村的生活

---

① 《毛泽东早期文稿》，湖南出版社1990年版，第455页。
② 周世钊：《毛主席青年时期的几个故事》，《新苗》1958年第10期，第9页。
③ 《毛泽东早期文稿》，湖南出版社1990年版，第449页。
④ 同上。
⑤ 同上。

环境，此"乃实行工读主义所必具的一个要素"①。

毛泽东认为这样的教育是融学校、家庭和社会为一体的完整的教育，将来实现新社会的理想，则有赖于这种类型的学校的创立和发展，因为"新学校中学生之各个，为创造新家庭之各员。新学校之学生渐多，新家庭之创造亦渐多"。由此，"合若干之新家庭，即可创造一个新社会"②。

毛泽东勾画了这个理想社会的蓝图：公共育儿院、公共蒙养院、公共学校、公共图书馆、公共银行、公共农场、公共工作厂、公共消费社、公共剧院、公共病院、公园、博物馆、自治会，等等。

为了实现这一美好蓝图，毛泽东选择岳麓山一带为建设新村的实验场。在他看来，岳麓山一带"乃湘城附近最适宜建设新村之地也"，期望"效验既呈。风树乃树，世人耳目，咸集注之"。③

1920年，毛泽东第二次赴北京期间，以极大的热情、饶有兴趣地参观了王光祈试办的女子工读互助团。之后，他写信向长沙的新民学会谈到自己参观的情况和感想："该团连前共八人，湖南占六人，其余亦韩人亦苏人，觉得很有趣味！但将来成绩怎样？还要看他们的能力和道德力如何，也许终究失败（男子组大概说已经失败了）。"④ 在北京期间，毛泽东曾到周作人的寓所，拜访这位中国新村运动的倡导人。毛泽东还写信给周世钊，畅谈组织工读互助团的思路：我们在长沙要创造一种新的生活，可以邀合同志，租一所房子，办一个自修大学。我们在这个大学里实行共产的生活。关于生活费用取得的办法，可以有以下几种：教课、投稿、编书、劳力的工作。所得收入，完全公共。这种组织，也可以叫作"工读互助团"。

尽管北京工读互助团男子组织已经失败，女子组织也前途未卜，在由北京经上海返回湖南的途中于沪停留之际，毛泽东却作为"上海工读互助团"的发起人之一，在《上海工读互助团募捐启》上签

---

① 《毛泽东早期文稿》，湖南出版社1990年版，第450页。
② 同上书，第454页。
③ 同上。
④ 同上书，第467页。

了名。这个募捐启示写道："现在中国的社会，是受教育的人不能做工，做工的人不能受教育。""现在中国的学制，是求学的时代不能谋生活，谋生活的时代不能求学。"由此形成了"教育与职业相冲突，生活与学问相冲突"的奇怪现象。"因为要想一个教育与职业合一、学问与生计合一的法子，就来发起这个工读互助团；使上海一般有新思想的青年男女，可以解除旧社会旧家庭种种经济上意志上的束缚；而另外产生一种新生活新组织出来，以实行那半工半读，互相协助的办法。"① 此外，在上海期间，毛泽东还应彭璜之邀，与湖南一师的同学张文亮等一起试验工读生活，在上海民厚南里租几间房子，"共同做工，共同读书，有饭同吃，有衣同穿"，过着一种简朴的生活。②

可见，青年毛泽东一直憧憬着一个"桃花源"、"大同社会"里描写的那样一种田园圣境：没有家庭、没有私产、没有分工、没有等级、没有商品、没有资产阶级法权，一切公共设施俱全、生活集体化、人人读书学习、人人参加劳动。毛泽东早年就把实现这一理想的希望寄托在教育上，希望通过创造一种新的教育形式，以农村为基地，建立模范新村，通过典型示范，建设一个"效验既呈"，"咸集注之"的"模范村"来推动社会改造。以此打通教育、社会、家庭的阻隔，建立一个"新社会"。

但是，这种离开阶级斗争的、改良主义式的改造社会的愿望是不可能实现的，其失败也是不可避免的。失败的事实对于热衷空想社会主义和改良主义的人们，是一次非常实际的教育。就如上海的"沪滨工读互助团"在《解散宣言》中所指出的："'工读互助'的团体，实难存在于今日的社会里面，惟望诸同志通力合作，为阶级血战一场。"③ 参加北京工读互助团的施存统感慨地写道："我从此觉悟……改造社会要用急进的激烈的方法，钻进社会里去，从根本

---

① 上海《时事新报》1920 年 3 月 7 日。
② 中共中央文献研究室编：《毛泽东年谱》上卷，中央文献出版社 2013 年版，第57 页。
③ 上海《时事新报》1921 年 2 月 3 日。

上谋全体的改造。"①

建设新村的失败，"是一副清醒剂，它促使'五四'进步青年，比较快地从空想社会主义的迷惘中走出来，努力学习科学社会主义和从事实际工人运动。空想社会主义的实验、失败和教训，也构成了一座桥，使原来朦胧地向往共产主义的知识分子，比较快地成为我国早期的共产主义战士，而原来就比较倾向于马克思主义的人，则更加坚定了对科学社会主义——共产主义的信仰"②。

毛泽东就是如此。

1920 年 7 月，旅法新民学会会员召开蒙达尼会议，讨论改造中国与世界的方法。蔡和森主张激烈的革命，"组织共产党，使无产阶级专政，其主旨与方法多倾向于现在之俄"③；萧子升则主张温和的革命，倾向于采用无政府主义的蒲鲁东式的方法。会议决定将两种主张写信告诉毛泽东，征求国内会员的意见。

毛泽东收信后，经过深思熟虑，给蔡和森、萧子升以及在法会友写了长达四千字的回信，对他们的不同意见做出明确的选择："我于子升、和笙（李维汉，引者注）二兄的主张，不表同意。而于和森的主张，表示深切的赞同。"他说明自己赞同的理由：因为温和改良的法子，实属"理论上说得通，事实上做不到"。"历史上凡是专制主义者，或帝国主义者，或军国主义者，非等到人家来推倒，决没有自己肯收场的。""俄国式的革命，是无论如何的山穷水尽诸路皆走不通了的一个变计，并不是有更好的方法弃而不采，单要采这个恐怖的方法。"④

大雪满城，寒光绚烂。在 1921 年 1 月召开的新民学会长沙会员大会上，毛泽东有两次重要发言。其中，在第一次发言中，对于解决社会问题，他表示赞成陈独秀的观点，反对梁启超、张东荪的观点，指出："改良是补缀办法，应主张大规模改造。"⑤ 在第二次发

---

① 施存统：《存统复哲民》，上海《民国日报》副刊《觉悟》1920 年 4 月 21 日。

② 宫守熙：《工读互助团运动的兴起和失败》，《人民日报》1984 年 2 月 10 日。

③ 《蔡和森文集》，人民出版社 1980 年版，第 837 页。

④ 《毛泽东书信选集》，人民出版社 1983 年版，第 4—8 页。

⑤ 《毛泽东著作选读》上册，人民出版社 1986 年版，第 2 页。

言中，他又对当时世界解决社会问题的五种主要方法加以比较后，明确表态说："激烈方法的共产主义，即所谓劳农主义，用阶级专政的方法，是可以预计效果的，故最宜采用。"①

　　这些认识的得来，与毛泽东在农村从事的"新村"实践不无关系。

---

① 《毛泽东著作选读》上册，人民出版社1986年版，第3页。

第二章　毛泽东领导的早期农民运动

一　接受马克思主义，投身工人运动

十月革命一声炮响，给中国人民送来了马克思列宁主义。

十月革命的胜利，是人类历史上一个划时代的事件，极大地改变了 20 世纪世界历史的进程。十月革命的胜利使在斗争中的中国人民及其先进分子，受到极大的启发和鼓舞，燃起了拯救祖国，解放民族的新希望，促进了中国人民的新觉醒。中国的先进知识分子，开始研究十月革命的情况和经验，用无产阶级的世界观作为观察国家命运的工具，就如毛泽东所说的，中国人民得出了"走俄国人的路"的结论。[①]

在这种历史大背景下，毛泽东树立了辩证唯物主义和历史唯物主义的世界观，确立了共产主义的政治理想，赞成走无产阶级革命和无产阶级专政这一"俄式革命"的道路，转变为马克思主义者，并投身于建立中国的无产阶级政党活动中。

1920 年 8 月，陈独秀等在上海成立了共产党发起组，"预备在一年之中，于北平、汉口、长沙、广州等地，先成立预备性质的组织"[②]。据张国焘回忆，陈独秀在长沙建党问题上推崇毛泽东。张国焘说："陈先生与在湖南长沙主办《湘江评论》的毛泽东等早有通信联络，他很赏识毛泽东的才干，准备去信说明原委，请他发动湖

---

① 《毛泽东选集》第 4 卷，人民出版社 1991 年版，第 1471 页。

② 周佛海：《扶桑籍影溯当年》，转引自《共产主义小组》下册，中共党史出版社 1987 年版，第 471 页。

南的中共小组。"①

上海党组织成立后，陈独秀和李达便把建党情况、党纲起草情况，写信告诉毛泽东，还寄去《共产党》月刊和社会主义青年团章程，委托毛泽东在长沙建党。②

1920 年 11 月间，毛泽东与何叔衡、彭璜、贺民范等在建党文件上签名，创建长沙的共产党早期组织。③ 共产党早期组织成立后，毛泽东等利用当时驱张运动已经取得的胜利和湖南当局正在筹备湖南"自治"的有利政治环境，发起成立了长沙文化书社，大量销售《共产党宣言》、《马克思资本论入门》等马克思主义书刊，积极宣传马克思主义；发起组织了湖南俄罗斯研究会和留俄勤工俭学活动，研究俄国十月革命的经验和列宁的建党学说；同时，开展了与各种反马克思主义思潮的斗争。据李达回忆："长沙小组，宣传与工运都有了初步的成绩。看当时各地小组的情形，长沙的组织是比较统一而整齐的。"④

中国共产党甫一成立，就集中全力从事工人运动，并将其作为中心工作。党的"一大"通过的决议的第一句话就是："本党的基本任务是成立产业工会。"⑤ 该决议的主要内容也反映出这种倾向，包括："一、工人组织"、"二、宣传"、"三、工人学校"、"四、工会组织的研究机构"、"五、对现有政党的态度"、"六、党与第三国际的联系"。毛泽东说："那时共产党的工作主要集中在学生和工人

---

① 张国焘：《我的回忆》，现代史料编刊社 1998 年版，第 98 页。

② 毛泽东收到陈独秀、李达的来信，了解到上海方面的建党情况后，也立即（1921 年 1 月 21 日）通知了蔡和森："党一层，陈仲甫先生等已在进行组织。"（毛泽东：《毛泽东致蔡和森信》，载《新民学会资料》，人民出版社 1980 年版，第 163 页。）

③ 曾经与毛泽东在改造世界的方法上有分歧的萧子升在晚年曾回忆说："一九二〇年，新民学会出现了分裂，在毛泽东领导下，那些热衷共产主义的人，形成了一个单独的秘密组织。"这个"秘密组织"就是长沙共产主义小组。（中共中央党史资料征集委员会编：《共产主义小组》下册，中共党史出版社 1987 年版，第 575 页。）

④ 中国社会科学院现代史研究室、中国革命博物馆党史研究室编：《"一大"前后》第 2 册，人民出版社 1980 年版，第 12 页。

⑤ 中央档案馆编：《中共中央文件选集》第 1 册，中共中央党校出版社 1989 年版，第 7 页。

身上，在农民中间工作做得非常少。"① 为了发展工人运动，1921 年
8 月，在上海建立了中国劳动组合书记部，作为专门领导工人运动
的合法机关。不久，在北京、武汉、长沙、广州、济南设立了分部。
湖南分部主任即为毛泽东。

毛泽东出席"一大"返湘后，按照"一大"的部署，把主要精
力投入到以组织领导工人运动为中心的活动。周恩来在《学习毛泽
东》一文中曾经这样写道："五四以后，毛主席参加了革命运动，就
先在城市专心致志地搞工人运动。那时陶行知先生提倡乡村运动。
恽代英同志给毛主席写信说，我们也可以学习陶行知到乡村搞一搞。
毛主席说，现在城市工作还忙不过来，怎么能再去乡村搞呢？这说
明毛主席当时没有顾到另一面。"②

开展好工人运动，首先要从了解工人实际、照顾工人情绪开始。
1921 年 10 月，毛泽东亲自了解粤汉铁路工人的生活情况，不久派
干部到长沙新河总站办工人夜校。在了解了工人的生存状态之后，
毛泽东对他们表示深切同情，时常撰文表达观点。11 月 21 日，毛
泽东发表了题为"所希望于劳工会"的文章。他在文章中指出：劳
工会不仅要团结劳动者以罢工的手段取得优益的工资和缩短工作时
间，更重要的是要养成阶级的自觉，以全阶级的团结，谋全阶级的
根本利益。③ 不止于此，大约这一时期，毛泽东还建议湖南劳工会进
行改组，把各工团的合议制改为书记制，将原有的八个部，集中为
书记、宣传、组织三个部。11 月下旬，湖南劳工会进行了改组，毛
泽东亲自助理会务。

1921 年 11 月，中国共产党中央局发出通告，要求上海、北京、
广州、武汉、长沙五区在中国共产党"二大"召开前，成立区执行
委员会；指示各区必须有一个以上直接管理的工会，不直接管理的

---

① ［美］埃德加·斯诺：《西行漫记》，董乐山译，生活·读书·新知三联书店 1979 年
版，第 133—134 页。

② 《周恩来选集》上卷，人民出版社 1980 年版，第 333 页。

③ 《劳工周刊》（湖南劳工会刊物）1921 年 11 月 21 日。

工会也要与之有切实的联络。①

依照这一通告精神，1922 年 5 月底，毛泽东任书记的中共湘区执行委员会成立。随后，中共湘区委员会领导开展了一系列的工人罢工运动：8 月，长沙 1500 余名织造工人，要求按照 1919 年工价折合洋银发放工资，历时月余的罢工之后，取得胜利；9 月 29 日，长沙缝纫工人为增加工资、改善工作条件举行罢工，600 余人参加，10 月 4 日罢工取得胜利；10 月 8 日，长沙五六百理发工人为争取营业自由、增加工资举行罢工，罢工坚持了两个多月之后，取得胜利。

这当中，毛泽东领导的安源路矿工人大罢工尤为引人注目。

安源路矿是萍乡煤矿和株萍铁路的合称，德国、日本资本控制的汉冶萍公司的一部分，一共有工人 1.7 万人。安源路矿工人深受帝国主义和封建主义的残酷剥削和压迫，生活极为困苦。

早在 1921 年 12 月，毛泽东就到安源煤矿进行考察。他以交朋友的方式与工人谈心，深入矿井工棚了解工人的痛苦和受压迫的情形。不久，毛泽东又派李立三在安源创办工人补习学校，建立社会主义青年团的支部。次年 1 月，他又派蒋先云去安源协助李立三工作，组织与发展工人运动。5 月，毛泽东亲自到安源检查工作。他参加安源工人俱乐部干部会，同夜校工人谈话，访问工人家庭，强调工人要加强团结。9 月，毛泽东再次赴安源，详细了解了当时的具体形势后，指出"罢工时机已经成熟"，并要求做好各种具体准备。他还立即写信通知李立三，要他迅速赶回安源。毛泽东离开安源回到长沙后，又写信给李立三，"强调罢工胜利的条件是首先要工人群众坚固的团结和坚强的斗志，同时必须取得社会舆论的同情和支持"②。根据毛泽东的意见，9 月 14 日，安源工人打出"从前是牛马，现在要做人"的口号，举行大罢工。9 月 18 日，路矿两局基本接受工人提出的条件，并签订协议，罢工取得胜利。

毛泽东在湖南开展的工人运动受到了陈独秀的高度赞扬。陈独

---

① 中央档案馆编：《中共中央文件选集》第 1 册，中共中央党校出版社 1989 年版，第 26 页。

② 中共中央文献研究室编：《毛泽东年谱》上卷，中央文献出版社 2013 年版，第 96、98 页。

秀说："只有湖南的同志可以说工作得很好"，"湖南几乎所有拥有三万人以上的工会，都在我们的控制之下"。①

二　出席中共"三大"，参加起草
《农民问题决议案》

毛泽东的主要精力放在开展工人运动上，但并不等于放弃了农民运动。1919 年 7 月 28 日，他就在《民众的大联合（二）》中，号召农民联合起来，解决自己的问题。他说："种田的诸君！田主怎样待遇我们？租税是重是轻？我们的房子适不适？肚子饱不饱？田不少吗？村里没有没田作的人吗？这许多问题，我们应该时时去求解答。应该和我们的同类结成一个联合，切切实实章明较著的去求解答。"② 中国共产党成立后不久，毛泽东在《中国农民的生活并不是痛苦的吗？》一文中，驳斥了当时社会上那种对农民不作阶级分析，认为"农民都是各有土地的"、"农民生活都没有什么困苦"的说法"简直是瞎说"。毛泽东指出："有多亩土地，自己不耕种，或雇人耕种，或租给人家种，自己坐家收租。这种人并不算得纯粹的农民，我们乡下叫'土财主'，他们的生活是丰衣足食的"；而有的人"连插针的地方都没有"，"专靠耕人家田谋生"，"生活是极其困苦的"，"苦况简直非常厉害"。③ 显然，毛泽东意识到中国农村中阶级差别的存在。因此，毛泽东提出要重视农民问题，不应放弃对农民运动的领导。

中共"一大"后，毛泽东任中共湘区区委书记，他以极大的热情建立和发展党的基层组织，培养和锻炼了一大批党的干部，在开展工人运动的过程中，发动农民起来进行斗争。1922 年 9 月，在中共湘区委员会创办的自修大学附设的补习班中，毛泽东特别讲授了

---

①　黄允升、沈学明、唐宝林等：《毛泽东与中共早期领导人》，中共中央党校出版社 1997 年版，第 51 页。

②　《毛泽东早期文稿》，湖南出版社 1990 年版，第 374 页。

③　该文原件存韶山毛主席旧居纪念馆。（曾宪林、曾成贵、徐凯希：《中国大革命史论》，中共党史出版社 1991 年版，第 2 页。）

根据湖南情况写的《告中国的农民》，其中详细地分析了湖南农村各阶级的社会经济情况，说明土地日渐集中和农民日益破产的原因，指出农民的出路：只有起来斗争，才能从地主手中夺回土地。[①]

1923 年 6 月，中共"三大"在广州召开。毛泽东出席了此次会议。

大会发表了《中国共产党第三次全国大会宣言》，提出拥护工农利益和把领导工农参加革命作为中心工作。《中国共产党第三次全国大会宣言》说："中国共产党鉴于国际及中国之经济的、政治的状况，鉴于中国社会的阶级（工人、农民、工商业家）之苦痛及要求，都急需一个国民革命，拥护工人农民的自身利益是我们不能一刻忽忘的；对于工人农民之宣传与组织是我们特殊的责任，引导工人农民参加国民革命更是我们的中心工作。"大会通过的《中国共产党党纲草案》，对于帝国主义侵略中国所形成的社会状况，农民在革命中之地位，无产阶级唤醒农民以及关于农民利益的具体政策等方面，作了深刻的论述和具体规定。

据会议参加者张国焘回忆，在中共"三大"讨论农民问题时，毛泽东表示出对农民运动的高度重视。张国焘说，"毛泽东的发言是强调农民革命的重要性，进而指出中共不应只看局处广州一隅的国民党，而应重视全国广大的农民"；会议讨论的问题，"在会前多已经再三提到过的，只有农民运动，是一个新提出来的问题，在中共的历次讨论中，直到第三次代表大会，代表才注重这个问题，尤以毛泽东为然"。张还说：毛泽东向大会指出，"湖南工人数量很少，国民党员和共产党员更少，可是满山遍野都是农民，因而他得出结论，任何革命，农民问题都是最重要的。他还证以历代的革命和造反，每次都以农民暴动为主力。中国国民党在广东有基础，无非是有些农民组成的军队，如果中共也注重农民运动，把农民发动起来，也不难形成广东这类的局面"。基于此，在张国焘看来，农民运动的提出，是"这个农家子弟对于中共极大的贡献"[②]。

---

① 李锐：《毛泽东的早期革命活动》，湖南人民出版社 1980 年版，第 455 页。
② 张国焘：《我的回忆》第 1 册，现代史料编刊社 1988 年版，第 293—294 页。

正是因为毛泽东高度重视农民问题，大会《农民问题决议案》的起草工作交给了毛泽东。毛泽东在起草的这份决议案中指出：农民遭受着两重压迫，即帝国主义的入侵和封建势力的摧残；生活贫困的农民因此滋生一种反抗精神，如农民的抗租抗税斗争；中国共产党为推进国民革命，有"结合"农民的必要。决议案明确指出："自从各帝国主义者以武力强制输入外货以来，一般日用品的价格增高率远超过于农产价格增高率，从前的农民副业（如手工彷（纺）织等）也全被催（摧）残。又自辛亥以后，军阀争地盘的战争连年不息，土匪遍于各地，再加以贪官污吏之横征暴敛（如预征钱粮额外需索等），地痞劣绅之鱼肉把持，以致农民生活愈加困难。因此种种压迫农民自然发生一种反抗的精神，各地农民之抗租抗税的暴动，即其明证，故我党第三次大会决议认为有结合小农佃户及雇工以反抗（牵）宰制中国的帝国主义者，打倒军阀及贪官污吏，反抗地痞劣绅，以保护农民之利益而促进国民革命运动之必要。"[①]

三　回到家乡，领导韶山农民运动

在革命生涯的早期，毛泽东常常沿用在开展工人运动中积累的宝贵经验开展农民运动，秘密组织农民协会，领导农民在经济上进行平粜阻禁，政治上开始反抗土豪劣绅压迫的斗争，并把发展党的组织与开展农民运动密切结合，注意加强党对农民运动的领导。

1922年4月底，毛泽东曾经到湖南常宁水口山，了解铅锌矿工人的情况。随后，毛泽东在湖南衡阳三师召开的党团员会上做报告时，要求湖南学联担负起对水口山的宣传工作，不要放松深入各界的宣传。

1923年3月，毛泽东派毛泽覃、贺恕、朱舜华等到湖南水口山工作。毛泽覃等到水口山后，成立了中共水口山临时支部，并

---

① 中央档案馆编：《中共中央文件选集》第1册，中共中央党校出版社1989年版，第151页。

在工人夜校中举办特别班。① 为推动农民运动更广泛地发展，4月，毛泽东派水口山铅锌矿工人、共产党员刘东、谢怀德回家乡衡山岳北白果乡发动农民起来革命。他们按照毛泽东的意见，经过几个月的调查，从把握当地农民的心理需要、生活需要等出发，成功动员起一大批农民群众，并于当年9月中旬成立了湖南第一个农会——湖南衡山岳北农工会。不久之后，该农会会员即发展到万余人之众，成为乡村社会的一股重要力量。农民在农工会的领导下，开展了平粜和阻禁地主谷米棉花出口的斗争，并酝酿减租减息。但在反动势力仍旧很强大的1923年，湖南衡山岳北农工会这样一个新生儿不可能长期存活，仅仅存在了两个月左右就于11月中旬被赵恒惕派兵镇压。②

1924年的毛泽东为了国民革命而东奔西走。这年年底由于工作过度劳累，身体虚弱，经中共中央同意，毛泽东离开上海，回到家乡湖南养病。③ 毛泽东先到长沙，与中共湘区区委书记李维汉交换了情况，对于国民运动、农民运动"作了详细的谈话和讨论"。随后，偕妻杨开慧、长子毛岸英、次子毛岸青到长沙东乡板仓岳母家过春节。1925年2月初，毛泽东回到家乡韶山。

韶山一带曾流传着这样的歌谣：农民头上三把刀：税多、租重、利息高；农民眼前路三条：逃荒、讨米、坐监牢。在自己的家乡，毛泽东对农民运动倾注了大量心血，把农民运动蓬勃开展起来。就如他后来对斯诺所说的："我回到湖南休养——我在上海生了病。但在湖南期间，我组织了该省伟大的农民运动的核心。"④

毛泽东在韶山的活动，贺尔康在日记里有以下记载：七月十二日，"下午润之先生来舍邀我同去行人家"。"九点钟，国校（即国民党，引者注）开会，成立第四区分部。一点又十五分钟时，会才完毕。此时润之忽要动身回家去歇。他说因他的神经虽（衰）弱，

① 中共中央文献研究室编：《毛泽东年谱》上卷，中央文献出版社2013年版，第109页。
② 同上书，第112页。
③ 同上书，第128页。
④ ［美］埃德加·斯诺：《西行漫记》，董乐山译，生活·读书·新知三联书店1979年版，第135页。

今日又说话太多了，到此定会睡不着，月亮也出了丈多高，三人就动身走。走了两三里路时，在半途中就都越走越走不动，疲倦极了，后就到汤家湾歇了。"七月二十一日（阴历六月初一日），"到韶山南岸毛润之家，上午而他已他往，未在家。就翻阅最近的报纸，看了半天。下午三时润之才回来，此时 C（即共产党，引者注）人也随时到了几个，等到六时 C 人还未到齐；世校（即共产党、雪耻会、农协负责人合称，引者注）开会后，天已暗了，我因不能走，就宿了"。八月四日（阴历六月十五日），"下午到南岸润之处，是 C·Y·的常会期……晚同润之到玉提凹小毛氏祠，民校（即国民党，引者注）开会，十二点钟时才返"①。

了解真实的民情民意是毛泽东开展农民运动的出发点。在韶山，毛泽东一边养病一边在农民中开展社会调查，了解韶山附近农民的生产、生活情况以及农村的阶级状况和各种社会情况。毛泽东向农民乡亲们讲述为什么世界上有穷有富；为什么农民终日劳动却生活困苦，地主不劳动却饱食终日。他启发大家：农民遭受苦难是由于"洋财东"（帝国主义）和"土财东"（地主阶级）的压迫剥削所致。

中国农民最大的弱点就是愚昧。欲要发动农民纷纷起来革命，让农民接受革命教育是前提条件。在韶山，毛泽东通过杨开慧、李耿侯等向进步教师做工作，使其站到革命队伍中来，同时利用原来的公立学校、族校、祠堂等，在韶山创办了农民夜校。夜校除教农民识字、学珠算，还讲三民主义、国内外大事等。毛泽东常常去夜校察看，提出夜校讲课要通俗易懂、符合农民的文化习惯，如讲打倒帝国主义，就说打倒洋财东；讲"洋油"二字，就揭露帝国主义对我国进行侵略和压榨的各种事实。通过上夜校，农民不仅学了文化知识，而且提高了团结起来进行反帝反封建斗争的政治觉悟，增强了斗争的信心和勇气。在毛泽东的领导下，到7月间，韶山便涌现出了20多所农民夜校。夜校学员积极参加秘密的活动，这使农协

① 中国革命博物馆、湖南省博物馆编：《湖南农民运动资料选编》，人民出版社1988年版，第390—394页。

随着夜校的发展而在各乡都建立起来了。觉悟了的农民把他们的心声表达在夜校的歌谣里："金花籽，开红花，一开开到穷人家，穷人要翻身，世道才象话。"

从夜校与农协的密切关系也表明向农民可开展革命教育是促使觉悟的重要途径。当时，夜校场所一般就是秘密农民协会会址，夜校学员也大都成为秘密农协的骨干分子。经过深入细致的思想发动，以毛福轩、毛新梅、钟志申、庞叔侃、李耿侯等为骨干组织了秘密的农民协会，并通过他们去扩大影响、吸收会员。毛泽东还经常召集农民协会骨干开会，讲述土豪劣绅如何压迫、剥削农民，农民应当如何向土豪劣绅开展斗争。韶山农民协会发展迅速，根据1926年《湘潭县农民运动报告》记载：韶山"农民受压迫日重"，于1925年"二、三月间即起组织"秘密农民协会，不久就发展到20多个。[①]

在组织农民的过程中，毛泽东注意培养和发展忠诚的无产阶级先锋队战士，建立中国共产党的基层组织。1925年6月中旬的一天，毛泽东家中的楼上正在秘密举行入党仪式。毛新梅、李耿侯、钟志申、庞叔侃等农民协会骨干面对鲜红的党旗，庄严地举起自己的右手，一字一句地跟着毛泽东念完"努力革命，牺牲个人，服从组织，阶级斗争，严守秘密，永不叛党"的誓言。随后，毛泽东郑重宣布，隶属中共湘区委员会的中共韶山支部成立，委派从安源煤矿奉命回乡协助毛泽东开展农民运动的毛福轩为党支部书记。为了适应秘密工作的需要，决定以"庞德甫"作为党支部的代号。之后，党支部积极发展党员，至年底，韶山、银田一带发展党员近百人。与此同时，毛泽东还在韶山建立了中国社会主义青年团组织。他还注意发展积极分子加入国民党，并选择一些地方上有一定威望的开明士绅、小学教师参加，秘密建立国民党基层组织。

在长期的革命实践中，韶山党支部遵照毛泽东的指示，带领韶山人民在白色恐怖的岁月中进行着艰苦卓绝的斗争。他们抛头颅、洒热血，先后有140多位仁人志士为革命事业献出了自己的生命。

---

① 《湖南全省第一次工农代表大会会刊》1926年第11期。

第一任韶山党支部的 5 位成员毛福轩、毛新梅、李耿侯、钟志申、庞叔侃在为民族独立和人民解放的斗争中英勇捐躯，被韶山人民称为"韶山五杰"。

除了秘密的党组织和农民协会之外，毛泽东还利用公开的群众性组织——雪耻会开展革命斗争。

五卅惨案发生后，反帝浪潮风起云涌，席卷全中国。消息传到湖南后，各界群众义愤填膺，开展了各种声势浩大的反帝爱国运动。毛泽东领导农民以"打倒列强，洗雪国耻"为口号，以秘密农协为核心，在韶山一带成立 20 多个乡雪耻会，作为公开的群众性的革命组织，开展反帝爱国斗争。

7 月初，毛泽东在李氏祠堂主持召开国民党区党部会议，决定在乡雪耻会的基础上组织湘潭西二区上七都雪耻会。10 日，湘潭西二区上七都雪耻会成立大会在郭氏祠堂召开。到会代表六七十人，毛泽东发表了讲话。他讲述了帝国主义侵略中国的历史和五卅惨案的真相，介绍了五卅运动和长沙、湘潭等地反对帝国主义的情况，号召大家团结起来，进一步反对英、日帝国主义。会后，举行了五六百人的游行示威。从此，韶山党支部和秘密协会利用雪耻会反帝爱国的旗帜，组织进步教师、有觉悟的农民和学生，成立宣传队、讲演队，散发传单，揭露帝国主义侵略中国的罪行。还派出纠察队设卡检查，禁售洋货。

毛泽东还发动韶山农民开展夺取教育权的斗争。当时，韶山地区的教育权掌握在绅士唐默斋等人手里。他们坚持旧学、反对新学、贪污学款、克扣薪饷，还暗中破坏群众的革命斗争，对农民运动百般阻挠，公开与雪耻会作对，不准进行反帝爱国宣传，不准办农民夜校，不准农民上夜校读书。毛泽东多次召集共产党员、部分国民党员、农民协会和雪耻会骨干成员开会，研讨夺取教育权的问题，决定利用赵恒惕颁布的教育法令中关于所有地方教育机构负责人都要经过选举的规定，发动师生改组教委会、学委会。7 月 30 日，以雪耻会的名义召开西二区公私学校教育会会员大会，宣布唐默斋把持的教育会、学委会未经选举，不合乎教育法令，必须改组。结果，共产党员庞叔侃、李耿侯等分别当选两会执行委员，随后，韶山地区十多所公立和私立学校的校长都改由进步教师担任。

　　在发动农民开展斗争的过程中，毛泽东注重将政治宣传、政治斗争与解决农民的具体生活问题结合起来，使农民运动有了利益支点。1925 年的夏天，韶山遭遇大旱，田地龟裂，禾苗枯萎。正值青黄不接，当地的地主土豪囤积居奇，抬高谷价。毛泽东召集党支部和秘密农协骨干成员开会，决定发动农民，迫使地主开仓平粜谷米，派钟志申、庞叔侃同土豪、上七都团防局长成胥生交涉。成胥生不但不答应，反而把谷子运到银田镇，准备转运到湘潭等地方高价出售。在交涉不成的情况下，毛泽东指示毛福轩、毛新梅等人率领农民数百人，携带锄头、扁担、箩筐，连夜赶往银田镇，阻禁谷米出境。成胥生见势不妙，被迫将谷子平粜给农民。这就是韶山历史上一次有名的"平粜阻禁"谷米斗争。1925 年 12 月，毛泽东还写信给中共韶山部，并送农民协会简章，建议在原有农民协会的基础上，成立区农民协会。中共韶山支部根据毛泽东的建议，秘密成立湘潭特别区农民协会，次年春由秘密转为公开，会员达 11700 余人。正因为农民被广泛发动起来了，北伐军经过湘潭时，韶山农民自觉做了很多支援军队的工作。

　　韶山农民运动的兴起，使毛泽东进一步看到了中国革命的力量源泉，为尔后进行理论研究、领导农民运动提供了素材、摸索了经验。毛泽东对农民运动的巨大作用和意义，也就有了更加深刻的认识，进一步投身到轰轰烈烈的实践之中。正如他自己后来所说的，"以前我没有充分认识到农民中间的阶级斗争的程度，但是，在〔一九二五〕'五卅'惨案以后，以及继之而起的政治活动的巨浪中，湖南农民变得非常富有战斗性。我离开了我在休养的家，发动了一个把农民组织起来的运动"①。

---

　　① ［美］埃德加·斯诺：《西行漫记》，董乐山译，生活·读书·新知三联书店 1979 年版，第 135 页。

第三章　广州农民运动讲习所
第六任所长

　　韶山轰轰烈烈的农民"平粜阻禁"斗争,严重危及地主官僚的利益,招致了当局极大的愤怒。湖南省长赵恒惕得到有关密报后,电令湘潭县团防局派兵逮捕毛泽东。在这一背景下,1925 年 8 月,毛泽东离开韶山赴长沙。

　　到长沙后,毛泽东向中共湘区委员会报告韶山农民运动情况,就农民运动问题同湘区委员会的同志交换意见,建议湘区委多派同志前往广州学习,多派优秀同志到各县农村秘密组织农民协会和发展国民党组织。[①] 9 月,毛泽东由长沙动身,同准备到广州第五届农民运动讲习所学习的庞叔侃、周振岳一起,路经衡阳、资兴、来阳、郴州、宜章、韶关,抵广州。[②] 正因为如此,他在同斯诺的谈话中如

---

　　① 中共中央文献研究室编:《毛泽东年谱》上卷,中央文献出版社 2013 年版,第 133—134 页。

　　② 关于毛泽东从长沙到广州一路行程情况,当年与毛泽东同行的第五届农民运动讲习所学员周振岳在 1974 年有一段回忆,记述如下:"1923 年我在湖南第一纺纱厂工作,夏天时(8 月间),湖南工团联合会派我和庞叔侃等同志到广州农民运动讲习所学习。郭亮同志对我说,你和毛先生一路走。毛主席、庞叔侃和我从长沙坐火车到株洲,从株洲坐民船到衡阳,在衡阳蒸湘中学住了一夜。第二天,我们雇了一个挑夫给毛主席挑行李,就是一个背包和一个小皮箱,没带竹箱,从衡阳开始我们就走路了。毛主席很喜欢写东西,路上一休息就打开小铜墨盒子,用毛笔写起来。走到宜章又住了一个晚上。高静山告诉毛主席,这几天路上不太好走,赵恒惕的兵在到处搜索,前几天就抓走了三个学生〔并〕杀害了。毛主席听到这个情况以后,就把他在路上写的东西烧掉了。从宜章我们走到了坪石,然后又到了韶关。在韶关我们见到屈子健。我们到了车站遇到一个老乡要到广州,正好没有路费。毛主席就答应给他钱,让老乡到广州。在韶关,毛主席一个人到了湘军整理处。屈子健送我们上火车后,他就留在韶关。"(中共中央文献研究室编:《毛泽东年谱》上卷,中央文献出版社 2013 年版,第 135 页。)

是说："赵恒惕派军队追捕我，于是我逃到广州。"①

10 月 20 日，在他撰写的广东省党部代表大会会场日刊发刊词中，热情赞颂了广东的同志领导农民同地主所做的斗争。讲到大会的责任时，毛泽东强调要特别注意"发展那占广东全人口 80% 即二千数百万的农民大群众的组织，以保障而且扩大我们的胜利"②。11 月 21 日，毛泽东在填写《少年中国学会改组委员会调查表》时，在"学业"一栏里写道："研究社会科学，现在注重研究中国农民问题。"

此番毛泽东来广州，主持了第六届农民运动讲习所，并担任所长。

广州农民运动讲习所是第一次国共合作时期培养农民运动干部的学校。1924 年 7 月到 1926 年 9 月，共举办了 6 届。培训 800 多名毕业生，分配到全国各地从事农民运动，领导群众进行反帝反封建斗争，对中国革命做出了重大贡献，在中国革命历史上有重要地位。

改组后国民党确定了"扶助农工"的原则。这成为第一次国共合作时期，两党力推农民运动讲习所以养成农民运动人才并使之担负各处地方实际的农民运动工作的重要基础。1924 年 6 月，国民党中央农民工作部部长林祖涵和秘书彭湃建议成立农民运动讲习所，以培养农民运动干部。同年 7 月 3 日，广州农民运动讲习所第一届正式开学。所址在广州越秀南路 53 号惠州会馆。所主任为彭湃，教员有谭平山、阮啸仙、罗绮园、鲍罗廷、加伦、弗朗克等人。第一届农讲所共招收学员 38 人，其中共产党员和社会主义青年团员 20 人，有女性学员两名。

"为大规划之农民运动计"，赓续举办第二届农民运动讲习所。于 1924 年 8 月 21 日开学，所址仍在惠州会馆，课堂设于国民党中央执行委员会礼堂。罗绮园出任主任，教员有罗绮园（兼）、谭平山、阮啸仙、彭湃等。学习两个月，学员 225 人（其中女性 13 人），

---

① 〔美〕埃德加·斯诺：《西行漫记》，董乐山译，生活·读书·新知三联书店 1979 年版，第 135 页。

② 毛泽东：《〈广东省党部代表大会会场日刊〉发刊词》，1925 年 10 月 20 日。

较第一届学员人数也有较大幅度增加。因多种原因，最终毕业学员有 142 人。毕业生大多数担任农民运动特派员，从事组织农民协会工作。

第三届招生 128 人，1925 年元旦开学，为期三个多月。由阮啸仙出任主任。所址在东皋大道 1 号，教员有阮啸仙、廖仲恺、彭湃、陈延年、谭植棠、邓植仪、鲍罗廷（苏联顾问）、加伦（苏联在华军事总顾问）等人。至 4 月 1 日毕业，4 月 3 日举行毕业礼。第三届共有 114 名学员毕业，毕业生大多数派往各乡训练农民自卫军。

第四届于 1925 年 4 月 1 日开始招生，录取合格男女共计 98 人，于 5 月 10 日开学。所址仍在东皋大道 1 号。这一届由谭植棠出任主任，教员有阮啸仙、彭湃、赵自选等人。这一届实际上课两个多月，结业学员 76 人，其中正取生 51 名，旁听生 25 名，除 16 名留在农讲所见习外，其余皆回原籍从事农民运动。

第五届讲习所开办时，毛泽东正在广州，并担任了教员。该届分甲、乙两班，甲班 64 人，乙班 50 人，所主任为彭湃，后由罗绮园代主任。所址仍在东皋大道 1 号。教员除毛泽东外，还有罗绮园、阮啸仙、鲍罗廷、马也夫等人。9 月 14 日开学，12 月 8 日结业，为期 3 个月，毕业学员 114 人。在第五届 114 名毕业生中，有 43 名来自湖南，达学员总数的 37.7%，其中还包括毛泽东的弟弟毛泽民。美国学者施拉姆认为，湖南籍学生之所以占据这么大的比例，与毛泽东的努力不无关系。①

毛泽东向第五届讲习所学生介绍了湖南韶山等地农民运动的经验，并讲授了"中国农民中各阶级的分析及其对于革命的态度"。他说：我们组织农民乃系组织自耕农、半自耕农、贫农、雇农及手工业工人于一个组织之下；"对于地主阶级在原则上用斗争的方法"；对于反对的土豪劣绅，"则须完全打倒他"；"对于游民无产阶级则劝他们帮忙农民协会一边。加入革命的大运动，以求失业问题的解决，切不可逼其跑入敌人那一边，做了反革命派的力量"。② 这

---

① ［美］斯图尔特·施拉姆：《毛泽东》，中共中央文献研究室《国外研究毛泽东思想选辑》选辑组译，红旗出版社 1987 年版，第 62 页。

② 《中国农民》1926 年第 1 期。

种认识虽不够成熟，却是中共党内以至整个中国近代史上第一次对这个问题做出的比较系统的科学分析，对随后的革命事业产生了重要影响。

随着全国革命形势的发展，需要培养更多的农民运动干部，以发展全国的农民运动，配合即将进行的北伐战争。

1926年1月1日，国民党"二大"召开。[①] 为发展农民运动，国民党"二大"通过《农民问题决议案》，要求各省党部均应设农民部，并与中央农民部发生密切关系，实行中央党部之统一运动计划；设立农民运动讲习所，以培养农民运动人才。[②] 该决议案由时任农民部长的陈公博、湖南等省代表易礼容、黄学曾、路友于、丁君羊起草。大会讨论时，有代表提出，此案文字太长，且偏重广东一省，要求增加审查委员会，重新拟定，大会主席团接受了这个意见，由毛泽东等人修改后予以通过。

1926年1月24日，国民党中央执行委员会常务委员会议决定让林祖涵复任农民部长。林祖涵上任后，即向国民党中央提议设立农民运动委员会，由林祖涵、毛泽东、萧楚女、阮啸仙、谭植棠、罗绮园和陈公博、甘乃光、宋子文九人担任委员。同时，中央农民部根据国民党"二大"的决议，"为发展全国农民运动起见，待扩充广州农民运动讲习所，从各省选派学生来所肄业"[③]。2月5日，国民党中央执行委员会常务委员会第二次会议决定继续开办农民运动讲习所，设立农民运动委员会，以"研究农民运动之理论与实施计划之指导"。

3月16日，国民党中央农民部农民运动委员会召开第一次会议，讨论了开办第六届农讲所的问题。鉴于毛泽东在领导农民运动方面已有一定的经验，又对中国农民问题做了大量的社会调查和理论研

---

① 开幕之日，国民党中央农民部对农民运动的指导性刊物《中国农民》创刊。毛泽东在该创刊号上发表《中国农民中各阶级的分析及其对于革命的态度》一文。

② 荣孟源主编：《中国国民党历次代表大会及中央全会资料》，光明日报出版社1985年版，第135页。

③ 《中国农民》1926年第4期。

究，会议决定聘请毛泽东担任第六届农讲所所长。① 会议讨论决定了有关第六届农民运动讲习所如下事项：（1）地址以番禺学宫全部为讲习所所址；（2）招生，名额扩充至300名，照准三特别区增派学生20名，福建10名，广西40名（30名由梧州市党部在广西宣传员养成所选送，10名由广西党部送）；（3）预算包括开办费、每月办公费、职教员薪水、学生费用共1.3万余元；（4）教员拟请林祖涵、张太雷、萧楚女、阮啸仙、熊锐、黄平、邓中夏、刘一声、高语罕、张伯简、谭植棠、罗绮园等担任。其余的办事员由所长毛泽东负责请人充任。3月30日，在国民党中央农民部农民运动委员会第二次会议上，毛泽东建议："农民运动与政治有密切关系，目前各省农民运动应以全力注意将来革命军北伐时经过之区域，如赣、鄂、直、鲁、豫诸省。"他还提议"任高语罕同志为农讲所政治训练主任"。毛泽东的上述建议得到议决通过。② 此后，他便着手筹办第六届农讲所。

国民党中央农民部农民运动委员会根据当时革命斗争的需要，参照彭湃、阮啸仙等举办农讲所的经验，对第六届农讲所学生的入学条件做了明确的规定：（1）决心做农民运动，并无他项思想者；（2）中学程度，文理通顺；（3）年龄18岁以上，28岁以下，身体强健无疾病；（4）富有勇敢奋斗精神。③ 经过严格的考试，符合上述条件者，才能录取。3月末，各地学生陆续到校。4月10日，毛泽东、林伯渠、高语罕、罗绮园、阮啸仙、谭植棠组成第六届农民运动讲习所考试委员会，对20个省区选送的学生进行复试。在口试时，毛泽东还向学生询问各地乡村情况及农民生活状况等。

1926年5月3日，是第六届广州农民运动讲习所举行开学典礼的日子。典礼由国民党中央农民部长林伯渠主持，毛泽东报告了农

---

① 国民党"二大"讨论有关农民运动时，汪精卫就已提议毛泽东"负湖南农民运动责任，并当农所所长"。（广东农民运动讲习所旧址纪念馆编：《广州农民运动讲习所资料选编》，人民出版社1987年版，第25页。）

② 广东农民运动讲习所旧址纪念馆编：《广州农民运动讲习所资料选编》，人民出版社1987年版，第22页。

③ 《中国农民》1926年第4期。

讲所筹备经过和招生情形。参加典礼的有国民党中央政治委员会主席谭延闿, 青年部长甘乃光, 妇女部长何香凝, 广东大学校长褚民谊、文科学长郭沫若, 国民大学校长陈其瑗, 广东全省农民代表大会代表彭湃, 共产党代表彭述之等。

第六届农讲所吸取了前五届农讲所的经验, 扩大了招生规模和地区, 成为一个具有全国性质的农民运动骨干教育培训中心, 300多名学员来自全国20个省区。计有河北22人, 山东23人, 河南29人, 热河4人, 察哈尔5人, 绥远8人, 陕西16人, 四川25人, 湖北27人, 湖南36人, 江西22人, 安徽15人, 江苏10人, 福建16人, 广东2人, 广西41人, 云南10人, 贵州1人, 辽宁2人, 浙江5人。这也直接表明革命运动在全国范围内有了发展, 各地都急需输送大批的农民运动骨干, 推动革命发展。

这届农讲所授课时间最长, 训练4个多月; 开设课程最多, 农讲所共开课程25门, 实际授课13星期, 共计252小时, 主要讲授革命理论和方法, 着重农民运动。这些课程有: "三民主义"、"中国国民党史"、"中国农民问题"、"农村教育"、"帝国主义"、"中国民族革命运动史"、"社会问题与社会主义"、"中国政治状况"、"中国财政经济状况"、"经济学常识"、"苏俄状况"、"中国史概要"、"地理"、"中国职工运动"、"广东第二次农民代表大会决议案"、"广东高要曲江农运状况"、"军事运动与农民运动"、"法律常识"、"统计学"、"农业常识"、"农村合作概要"、"各国革命史"、"革命画"、"革命歌"等。

身为农讲所所长的毛泽东, 除负责处理所日常工作外, 还亲自给学生讲课。他讲授"中国农民问题"、"农村教育"、"地理"三门课。[1] 其中, "中国农民问题"是所有课程中授课时间最长的, 共23课时。[2]

据农讲所学员冯文江等的记录, 从5月起的三四个月内, 毛泽

---

[1] 《王首道回忆录》, 解放军出版社1988年版, 第18页。
[2] 罗绮园: 《第六届农民运动讲习〔所〕办理经过》, 《中国农民》1926年第9期。

东讲授的"中国农民问题"讲了如下篇章：[①]

第一篇：中国农民问题与中国革命
第1章 无人注意农民问题
第2章 在国民革命时候应该注意农运
第3章 何谓国民革命
第4章 农民问题在国民革命中的位置——在人口上说
第5章 农民问题在国民革命中的地位——在生产上说
第6章 农民问题在国民革命中的地位——在革命力量上说
第7章 农民在国民革命中的地位——在战争关系上说
第8章 如前题——在革命目的上说
第二篇：帝国主义对于中国农民的剥削
第三篇：军阀对于中国农民的剥削
第四篇：地主阶级对于农民之剥削
第五篇：地主阶级与中国政治

6月，毛泽东在第六届农民运动讲习所讲授"农村教育"问题。毛泽东指出：农村教育是现在社会很大的问题。现在农村中盛行的是封建教育，就是忠孝主义，它"钳制人民自由数千年之久，使个性发展丝毫无有"。现在的学校教育是资本主义的教育。即"新学"，反映新经济，讲新思想、民族思想等。这种教育，受地主阶级的反对，也受农民的反对，因为它不适合农民的切身利益。今后农村教育要适合于农民的需要，"适合于农民经济之发展，并使农民得到解放"[②]。

据不完整的记录稿，此项课程主要涉及以下内容：

---

① 广东农民运动讲习所旧址纪念馆编：《广州农民运动讲习所资料选编》，人民出版社1987年版，第181—202页。
② 中共中央文献研究室编：《毛泽东年谱》上卷，中央文献出版社2013年版，第164页。

一、农村文化问题略述。

二、现在之学校与农民：

1. 现在之学校教育乃资本主义的。

2. 资本主义教育与封建制度之冲突——地主阶级反对新学。

3. 资本主义教育与小农经济冲突——农民反对新学。

4. 私塾制度乃封建的农村经济之产品——故农民拥护私塾。

5. 新学的弊病与农民的要求。

三、以后的农村教育：

1. 以后农民所要的教育乃适合于农民需要的教育——适合于农民经济之发展，并使农民得到解放之教育，即适合于解决农民问题之教育。

2. 这种教育之实施应该是农民学校——幼年的及成年的，而不是什么国民学校。

3. 举办这种教育只能是农民自己的团结，即农民协会。

4. 普遍的农民教育，须农民在经济上能够舒一口气，方能够举办。

5. 原有之乡村小学校及小学教师于开始做农民运动时有用处。

四、农村文化略述。

五、孔子之道与农民文化的关系。

毛泽东在农讲所还讲授"地理"课程。他讲述学习地理与革命工作的关系，并要求学生除对全国性的地理概况有所了解，主要对本省的山川形势、人情风俗习惯，以及地理上给予政治的影响等，都要了解。[①]

讲课时，毛泽东力求从多方面论证，让学生深入理解问题。比如，为了说明中国革命的基本问题就是农民问题，毛泽东从四个方面进行了解释。一是从人口数量的角度，农民占中国人口的80%以

---

① 中共中央文献研究室编：《毛泽东年谱》上卷，中央文献出版社2013年版，第164页。

上，是革命的主力军；二是从生产地位的角度，半殖民地半封建社会是以农业生产为主，"经济中心还在农业"，广大农民是生产的主力军，"现在的国民革命如不要生产主力军——农民——参加，那是不成功的"；三是从革命力量的角度，毛泽东以俄国无产阶级革命，中国历史上的农民起义，中国民主革命中的平定杨希闵、刘震寰叛乱，消灭陈炯明等为例，说明农民的伟大作用，"设全国的农民组织起来，不知其力量大到怎样了"；四是从战争关系上，"反对帝国主义反军阀，是联合各阶级的"，"五卅运动"失败了，"一个最大原因"，就是"农民——未有起来"；五是从革命目的角度，"政治上在中国是整个的"，要想实现打倒帝国主义和封建军阀的目标，要想解决工人、商人、学界、兵等问题，也必须要有农民参加革命。通过以上的分析，毛泽东得出结论："国民革命的目标是要解决工农商学兵的各阶级问题。设不能解决农民问题，则各阶级问题也无由解决。故国民革命的大部分是解决农民问题，其余问题皆不如农民问题的重要。可以说中国国民革命是农民革命。"① 在这个基础上，毛泽东进一步指出了农民问题的具体内容：（1）土地问题；（2）地租问题；（3）田赋问题；（4）高利贷问题；（5）苛税问题；（6）苛捐问题；（7）高价的工业品和低廉的农产品问题；（8）天灾问题；（9）资本匮乏问题；（10）政治问题；（11）文化问题；（12）失业问题。

毛泽东讲课注意灌输理论，比如，在讲授"中国农民问题"这一课程的第一章"中国社会各阶级的分析"时，运用马克思主义的阶级分析方法，对中国社会上各阶级的经济地位及其政治态度进行了科学的分析。他指出："谁是我们的敌人？谁是我们的朋友？分不清敌人与朋友，必不是革命分子，要分辨那真正的敌友，不可不将中国社会各阶级的经济地位、阶级性、人数及其对于革命的态度作一个大概的分析。""无论那一个国内，天造地设，都有三等人，上等、中等、下等。详细分析则有五等，大资产阶级、中产阶级、小

---

① 广东农民运动讲习所旧址纪念馆编：《广州农民运动讲习所资料选编》，人民出版社1987年版，第183—188页。

资产阶级、半无产阶级、无产阶级，自耕农是小资产阶级，半自耕农、佃农是半无产阶级，雇农是无产阶级。”“五种人各有不同的经济地位，各有不同的阶级性，因此对于现代的革命，乃发生反革命、半革命、对革命守中立、参加革命和为革命主力军种种不同的态度。”①

教学方法上，毛泽东注意深入浅出和生动形象。有些当年听过毛泽东讲课的学生，虽然时隔几十年，但对当年毛泽东讲课时的情景，仍然记忆犹新。王首道在一篇回忆文章中写道：“在讲到中国社会的阶级关系时，毛主席把阶级压迫形象化地比作一个多层宝塔，他一面讲，一面就在黑板上画出来。他指着高塔说：你们看，最下层是塔基，有工人、农民，还有小资产阶级，人数最多，最受压迫和剥削，生活最苦；压在他们上面的一层，有地主阶级、买办阶级、人数不多；再上一层有贪官污吏，土豪劣绅，人数更少；更高一层是军阀，塔尖是帝国主义。毛主席说，剥削阶级虽然很凶，但人数很少，只要大家齐心，团结紧，劳苦大众起来斗争，压在工农身上的几座大山，就可以推翻，百姓齐，泰山移，何愁塔之不可倒乎？”② 学生反映，毛泽东的课“条理清晰，逻辑性强，深入浅出，生动鲜明，通俗易懂”③。毫无疑问，这极大地增强了理论的亲近性，更有利于人民接受。

除了课堂上的理论教学之外，毛泽东还很重视学生的社会实践活动。1926 年 7 月，毛泽东带领农讲所 50 名学生到韶关地区实习一个星期，参观并考察农民运动的情况。当时，彭湃领导的以广东海丰为中心的东江农民运动最为成功。8 月间，毛泽东又组织师生到东江实习两周，大大加深了对农民运动的了解。实习期间，学生“参加当地农民的斗争活动，深入民间做宣传工作，调查了解农民的要求和思想感情，学习农民运动工作的经验，增加了感性认识，加

---

① 《中国农民》1926 年第 4 期。
② 《中国青年报》1961 年 6 月 29 日。
③ 广东农民运动讲习所旧址纪念馆编：《广州农民运动讲习所资料选编》，人民出版社1987 年版，第 328 页。

强了理论与实际的结合"①。《中国农民》报道说："赴海丰实习在将届毕业之时，学生于上课已久、接受各种理论之后，亲入革命的农民群众中，考察其组织，而目击其生活，影响学生做农民运动之决心极大。"②

为了加强学生对农村现实的理解，讲习所根据学生的生源地，组织安徽、江西、湖南、湖北、四川、云贵、两广、福建、江浙、山东、奉直、豫陕、三特别区（即热河、绥远、察哈尔）13个农民问题研究会，由来自本省区的学生参加，每星期开会一次至两次。引导学生研究各省农民运动中的实际问题，开展内容丰富、形式多样的社会调查，内容涉及租率、主佃的关系、抗租减租平粜等风潮、利率、拖欠逼账及烂账等情形；田赋；抗粮情形、厘金杂税杂捐及临时捐和自耕农、半自耕农、佃农、雇农数目之比较以及地主的来源；货物价格与农产品价格之比较、工价、失业情形；祠堂组织及族政情形、地方公会组织及财产状况、地方政治组织、地方政治情形、会党及土匪、团防情形、教育状况、销售何种洋货、影响如何、兵祸及其影响、天灾及其影响、贪官污吏及其影响、烟赌偷抢各种情形、出产什么及其销售地、妇女的地位、农民的观念及感想、从前与现在地价之比较、从前与现在农产品价格之比较、农村组织状况、地质之肥饶、宗教之信仰状况、度量衡、民歌、成语。③ 通过这些来引导学生熟悉农村各种情况，为其未来更好地投入农民运动提供帮助。毛泽东对这些调查研究报告也非常重视，并选取其中的一部分刊登于《农民问题丛刊》，在丛刊"序言"中还对学员们撰写的调查报告进行了介绍和评价。

这些社会实践、社会调查的开展，使学生把学到的理论知识运用到广大的社会生活之中，反过来又加深了对理论知识的把握，实现了理论与实践的互相印证和互动发展。

为培养学生吃苦耐劳精神和英勇顽强的革命意志，毛泽东十分

---

① 广东农民运动讲习所旧址纪念馆编：《广州农民运动讲习所资料选编》，人民出版社1987年版，第329页。

② 罗绮园：《第六届农民运动讲习〔所〕办理经过》，《中国农民》1926年第9期。

③ 高熙：《中国农民运动纪事》，求实出版社1988年版，第131页。

重视学生的军事训练。他说：搞革命就是刀对刀，枪对枪，要推翻地主武装——团防局，就必须建立农民自己的武装，刀把子不掌握在自己人手里，就会出乱子。毛泽东还指出，农民占全国人口的大多数，但是，现在他们没有土地，没有教育，没有武装，中国革命还不能成功。农讲所专门设置军事训练部，负责管理学生军训工作。[①] 军训时间占全课程的1/3，训练项目有：队列操练、持枪、刺杀、瞄准、实弹射击，利用地形地物进行森林山地战、村落战的训练，还进行夜间演习等。据相关记载：全所学生分为两队，每队分六区队。设总队一人，由赵自选担任，队长分别由黄征泮、罗焕荣担任，区队长分别为马天恨、毛华达、杨汉池、张士表、胡珩、田中杰等。于五至七3个月内，实行正规的军事训练，共计训练10个星期，上操128小时。就如周恩来说，学生"在学习期间过着艰苦的紧张活泼的军事生活"[②]，为日后从事复杂而艰辛的农民运动工作打下了比较坚实的基础。

毛泽东还不失时机地组织学生参加当时社会上的重大政治活动，致力于提高学生的政治觉悟。例如，组织参加在广州召开的中国第三次全国劳动代表大会暨广东省第二次农民代表大会，参加纪念马克思诞辰170周年大会等。1926年5月30日，毛泽东在农讲所主持召开纪念五卅大会。会后，毛泽东率农讲所学生到东较场参加广州各界纪念五卅大会并游行示威，参加群众达10万以上。游行时大雨滂沱，群众精神振奋，高呼口号，唱革命歌曲。回所后，毛泽东又冒雨演说，这样的宣传鼓动极富有感染力和影响力。6月23日，毛泽东同农讲所全体学生一起参加广州沙基惨案一周年纪念大会。就在全市各界群众进行游行时，忽然间，狂风大作，暴雨骤降，在水与泥之中，毛泽东率领全体学生冒雨前进，走在游行队伍的最前列，振臂高呼，口号响彻云霄。

毛泽东以身作则，身先士卒，为广大学生树立了榜样，起到了

---

① 广东农民运动讲习所旧址纪念馆编：《广州农民运动讲习所资料选编》，人民出版社1987年版，第339页。

② 周恩来：《关于一九二四至一九二六年党对国民党的关系》，载《广州大革命时期回忆录选编》，广东人民出版社1986年版。

引领作用。他身为农讲所所长和学生的师长，生活简朴，平易近人，毫无架子，常与学生交流，师生之间的关系十分融洽，本身就是开创新风之举。据学生回忆，"在课余或傍晚时间，他一有空，就和学员漫步交谈，了解学员思想情况和各地农村情况，有时，就围坐在院子里、或站在石桥上，亲切地给学员们解答问题。他既是师长，又是同学们的知心朋友，和蔼可亲"①。学习之余，他还非常关心学生的日常生活，在学生食堂与学生一起用餐，了解学生的伙食情况。农讲所开办之初，食堂的伙食不太好，毛泽东调查发现事务主任有贪污行为，坚决撤换，同时，发动群众办膳食，学生轮流值日。为了照顾来自南方、北方学生的不同饮食习惯，食堂分为面食和大米两组，还设有回民学生用餐的桌席。② 这些实际上蕴含着丰富的价值意蕴，是一种潜移默化的思想教育。

经过数月的学习，1926 年 9 月 11 日，第六届农讲所学生顺利毕业。毕业典礼上，毛泽东做了发言。他比较全面地总结了农讲所开办以来的各项工作，指出当时农民运动的迫切任务，并勉励学员要"拜农民为老师，同农民做朋友，脱掉知识分子的皮服，放下臭架子；敢于同反动势力作斗争，不怕艰苦、不怕牺牲，为农民求解放，为农民谋利益，这才是我们的好学生"③。至 10 月 5 日，第六届农讲所所有学员除三人因病未回外，均已返回原籍，并以极大的热情迅速投入到火热的革命事业中。

农讲所培养了大批的革命干部，是中国农民运动史上的伟大创举。学生们回到各地后，在当地发展党团组织，壮大革命力量；建立农运机构，领导农民斗争；举办地方性的农讲所，培训农运骨干等。这大大促进了中国农民运动的进程，积蓄着革命力量，汇聚着中国力量。

第六届农讲所毕业学员杨笠在河南从事革命活动，建立了潢川

---

① 广东农民运动讲习所旧址纪念馆编：《广州农民运动讲习所资料选编》，人民出版社 1987 年版，第 339 页。

② 同上书，第 330 页。

③ 高菊村、陈峰、唐振南等：《青年毛泽东》，中共党史出版社 1990 年版，第 250 页。

县第一个党支部。相当一部分学员担任了各地党组织的领导职务，如王国桢任中共浙南特委书记；王首道任中共祁阳县支部书记；崔筱斋任中共皖西北中心县委委员兼北区委书记；霍世杰任中共绥西工委书记；孙选任中共无锡县委书记；熊映楚任中共鄂南特委书记；陆铁强任中共海门县委书记；等等。他们在各自的岗位上发挥着光和热，为中国革命做出了不可或缺的重要贡献。

以江西赣南农民运动为例。1926 年 10 月，江西籍学员丘倜、谢汉昌、舒国藩等 23 人，经韶关回到赣州。中共赣州特支决定其中赣南籍的同志（均为共产党员）留在赣南工作。他们以国民党中央农民部特派员名义，到各县秘密发展中共组织，发动和开展工农运动。他们中，钟肇尧往南康；陈泽浚往大余；舒国藩、谢汉昌往信丰、崇义；丘倜、戴辉往于都。他们所到之处，立即着手开展党的基层组织建设，各县很快就建立起众多党的支部。11 月初，中共赣州特支开办赣南农工运动训练班，招收各县学员 92 名，学习期间在学员中发展共产党员 59 名。12 月，学习结业后，学员们把革命火种撒向赣南广大农村，燃起了农民运动的熊熊烈火。这种扩散效用发挥出巨大能量，推动着乡村地区革命事业的蓬勃发展。到 1926 年年底，南康、信丰、于都、瑞金、上犹、大余、宁都、兴国、龙南、定南等县都先后建立了农民协会或农协筹备处。仅信丰农协会员就达到了 8000 余人。赣县、于都、信丰县还组织了农民自卫军。各级农协组织，率领农民兄弟，开展了以"二五减租"，废除老债等为中心内容的反封建斗争。[①]

周恩来曾经对农民运动讲习所特别是毛泽东举办的第六届农民运动讲习所做出如下评价：

> 1925 年五卅运动以后，工人运动、农民运动在全国得到空前的大发展，规模之大是过去所从来没有的。从这个运动中，能看到革命的发展是走向农民的革命战争，能看到革命发展这个全局的，在我们党内的代表是毛泽东同志。他接办农民运动

---

① 《佛山日报》1992 年 8 月 17 日。

讲习所，进行农民土地问题的调查研究，出了二十几种小册子。历届讲习所的学生后来分散到湖南、湖北和其他各地，发动了广大的农民运动。①

---

① 《周恩来选集》上卷，人民出版社 1980 年版，第 117 页。

第四章 主办中央农民运动讲习所

> 创办农所，各方面已感需要，而当时首倡此议的，乃为毛泽东同志。毛泽东同志亲赴江西、湖北、湖南三省党部建议，在武昌合办农所，三省党部自然都表赞同。①

这是《中央农民运动讲习所成立之经过》中关于农所"筹备经过"的一段文字记载。由此可见毛泽东之于中央农民运动讲习所的关键性作用。

1926 年 11 月，毛泽东在《目前农运计划》中提出"在武昌开办农民运动讲习所"。之后，毛泽东为此进行多方的筹备。11 月下旬，毛泽东离开上海赴武汉，中途经南昌，毛泽东与国民革命军第六军党代表林伯渠会晤，商议了在武昌开办湘、鄂、赣三省农民运动讲习所的问题。而后，在林伯渠陪同下，毛泽东访问了第二军代理军长鲁涤平和该军副党代表李富春，以争取他们的支持。由于获得了林伯渠和李富春的支持，并经他们多方面工作和努力，11 月 29 日，江西临时政治委员会做出决议：江西选派 150 名学员送武昌农民运动讲习所，并负担经费 1.2 万元。当时林伯渠主持第六军政治部工作，他在日记中简要地提及了这一过程：11 月 26 日，"晚开会晤润之，归寓已十二时矣"。由此可以推断二人聊得十分投机，似乎有忘却时间之意。27 日，"早起润之来，同访润安谈事。旋至政委会，又到军部西餐。六时郭沫若召饮"。29 日，"九时到总部举行总

---

① 《第一次国内革命战争时期的农民运动资料》，人民出版社 1983 年版，第 122 页。

理纪念周，郭沫若副主任政治报告，总司令演说。十一时开十一次政委会，议决农讲经费，农民协会补助费、合作社各案"①。

取得江西方面的支持后，毛泽东便赶往武汉，在汉口建立了中共中央农委办事处，并同国民党湖北省党部筹商农民运动江西所相关事宜；后又到湖南长沙，与湖南省党部协商。

按照毛泽东最初的设想，是在武昌成立湘鄂赣农民运动讲习所。这主要是因为湘鄂赣三省是北伐战争中首先占领的地区，反动军阀虽然被打倒，但是军阀的基础——封建势力尚没有铲除，农村革命运动的民众基础亟待培植。由此，培养一大批农民运动人才成为现实需要。湘鄂赣农民运动讲习所筹备处成立后，办公地点设在湖北省农民协会，设筹备员八人：分别是湖南党部推荐的毛泽东、陈克文、周以栗，湖北党部推荐的张眉宣、陈荫林、李汉俊，江西党部推荐的龚式农、王礼锡。

然而，革命形势发展很快，农民运动在全国各地的迅猛的发展，迫切要求扩大招生范围，以跟上各地农民运动的发展。

1927年年初，邓演达在总政治部设立农民问题讨论委员会，聘请李达、毛泽东、郭冠杰、陈启修、施存统、陆沉，以及湖北省党部农民部长张眉宣、汉口特别市党部农民部长为委员。毛泽东和苏联顾问曾到会报告农民问题。毛泽东的报告《中国各地农民状况》指出，农民运动已席卷湘鄂赣粤四省，波及黄河流域，为进一步巩固和发展农民运动，急需更大范围内培养农运人才。此时，恰逢带有迷信色彩的"红枪会"组织在河南活动频繁，并延及直、鲁、陕等周边诸省。毛泽东被推为"红枪会调查训练委员会"主席委员。在经过认真调查后，毛泽东认为"红枪会"大部分是真正农民反抗兵匪的组织，要团结、帮助、教育他们。因此，主张扩大湘鄂赣农民运动讲习所招生范围，给豫、鲁、皖、直、苏、川诸省一定学员名额，吸收"红枪会"内革命分子参加学习。因此，原拟开办的湘鄂赣农民运动讲习所不能适应形势的发展，必须建立肩负起更加重

---

① 《林伯渠日记》（1926年7月—1927年6月），中共中央党校出版社1981年版，第48、49页。

大使命的中央农民运动讲习所，作为"中国农民革命的大本营"①。

1927 年 2 月 16 日，国民党中央农民部正式做出该决定，将湘鄂赣三省农民运动讲习所扩大为中国国民党中央农民运动讲习所，交中国国民党中央农民运动委员会管理。同日，农讲所成立招生考试委员会，开了第一次会议，就学生籍贯、学生的政治身份、考试科目、考试次第、制定试题、考试地点及会场设备、报名期限等进行了讨论并形成了相关决议。

3 月初，国民党中央农民运动委员会议决通过中央农民运动讲习所规章，决定第一期学员学习时间为 4 个月，由邓演达、毛泽东、陈克文为农讲所常务委员。由于邓演达担任北伐军总司令部政治部主任、国民党中央农民部部长等军政要职，公务繁多，所以实际上是由毛泽东主持全所的工作。农讲所最高领导机构是常务委员会，下设教务、训练和事务三处，分别由周以栗、陈克文和柳季刚主持。

3 月 7 日，鉴于江西、湖北、江苏、河南、河北及东北三省到中央农民运动讲习所报到的学员已有 400 余人，农讲所常务委员会决定先期开班上课，应各省之急需。4 月 4 日，学员陆续到齐，计有来自 17 个省的学员 739 人，以湘鄂赣三省最多，河南、安徽次之。直到这一天，农讲所才举行开学典礼。典礼上，国民党中央党部、武汉国民政府、各群众团体及国际工人代表团的代表百余人到会祝贺，场面很是热烈、隆重。在《开学宣言》中这样描述农讲所的使命："要训练一般能领导农村革命的人才出来，对于农民问题有深切的认识，详细的研究，正确的解决方法，更锻炼着农运的决心。几个月后，都跑到乡间，号召广大的农民群众起来，实行农村革命，推翻封建势力。"②

农讲所学生的学习生活是紧张而有秩序的。课程门类众多，内容广泛，其开设的 29 门课程概括起来可分为三大类：第一类是社会科学的基本理论，有"社会进化史"、"经济学常识"、"法律常识"、"政治常识"等；第二类是国民革命的基本理论，有"三民主义"、

---

① 《第一次国内革命战争时期的农民运动资料》，人民出版社 1983 年版，第 122 页。
② 同上书，第 120 页。

"中国民族革命运动史"、"中国政治经济状况"、"国民党史"、"中国职工运动"；第三类是农民革命的专门理论和应用知识，有"农村运动理论与策略"、"农民自卫"、"中国农民运动及其趋势"、"农民问题"、"农民组织及宣传"、"农民常识"、"乡村自治"、"农村教育"、"农村调查统计及报告"，等等。学习的课程虽然很多，学习的时间却又很短。如何解决这个矛盾呢？讲习所采取了突出重点、兼顾一般的方法。对于那些只需学生了解大概的一般性知识，主要是请比较精通的人做一次或几次报告。其中，第三类在授课内容和教学时间安排上均是重点，特别突出了农民问题，体现了农讲所"学为所用"的办学原则。

农讲所的教师大多是临时聘请，主要有共产党的理论家、工人运动及农民运动的实际领导人恽代英、瞿秋白、李立三、彭湃等；有国民党的有关人员陈其瑗、陈启修等；还有知名人士李达、李汉俊、何羽人等。毛泽东除实际全面主持农讲所的工作之外，同时也担负了教学任务，主讲"农民问题"、"农村教育"两门课。其中，"农民问题"共讲授25课时，是所有课程中课时最多的。毛泽东还在农讲所讲授了"湖南农民运动考察报告"。讲课那天，学员很早就来到课堂，附近的群众也赶来了，大教室和走廊挤得满满的。毛泽东神采奕奕，声音清晰、洪亮，语言通俗、生动，教室里静悄悄的。这场慷慨激昂、逻辑严密、生动形象、深刻鲜明的讲演，给人们留下了深刻的印象。[①] 此外，毛泽东还在不同场合给学员做有关农民运动的报告。比如，3月18日，河南武装农民代表大会召开的第三天，毛泽东应邀出席。在这次农讲所全体学员列席的大会上，毛泽东做"湖南农民运动状况"的报告。毛泽东的授课总是令人难以忘怀。高布泽博在回忆中说："毛泽东给我们上课的情形，我永远也不会忘记。"[②]

为了让学员进一步理解所学的理论知识，培养解决实际问题的能力，农讲所经常请贫苦农民和农运干部来做报告，并组织学员到

---

① 中央农民运动讲习所旧址纪念馆：《毛主席的光辉业绩永世长存》，《武汉大学学报》（哲学社会科学版）1976年第5期。

② 李捷、于俊道：《实录毛泽东》第1卷，长征出版社2013年版，第314页。

咸宁、通山以及市郊农村去做社会调查，使学员从理论和实践的结合上进一步认识农民问题的严重性和为什么农民必然成为中国革命的主力军问题。

为了培养学员理解和运用马克思列宁主义的能力，农讲所还采用了多种生动活泼的教学方式，农民问题讨论会就是其中的一种。讨论会由教职员与学员共同参加，分若干个小组，讨论农民运动中的重大问题，如土地问题、武装斗争问题、乡村自治问题、农民教育问题等。这种讨论会，每周都要开一两次。讨论会用马克思主义的原理做指导，研究农村的阶级关系，总结农民运动的经验，探讨进行农村大革命的办法。[①]

农讲所还编印了《中央农民运动讲习所丛书》，供学员及全国各地农运工作者自学参考。丛书包括：《中国佃农生活举例》、《广东省农民协会章程及农民自卫军组织法》、《普宁农民反抗地主始末记》、《农民国际》、《列宁与农民》、《帝国主义讲授大纲》、《苏俄之农业政策》、《中国农民问题研究》、《广东农民运动概述》、《土地与农民》、《中国之农业生产问题》、《俄国农民与革命》等。毛泽东的《中国佃农生活举例》以湖南湘潭西乡一位租田十五亩，仅一妻一子的壮年佃农为假定出发，计算其一年的各项支出和收入，田租按通例交十分之七，得出关于中国佃农生活情况的一般结论："这种小部分靠正业大部分靠副业，计算起来每年亏折一长项之佃农生活，在中国现时重租制度之下，是极其普通的。""这就是中国佃农比世界上无论何国之佃农为苦，而许多佃农被挤离开土地变为兵匪游民之真正原因。"[②] 这是十分容易激发起农民的阶级觉悟的。

与前几届农讲所相比，注意引导学生自觉地改造思想是中央农民农讲所的一大特征。农讲所"规约"中指出："我们许多都是从小有产者的阶级出来的，所有一切小资产阶级的毛病都很容易丛集在我们的身上"，"我们不是过惯了个人主义的浪漫生活么？我们不是不大喜欢受团体的干涉么？我们不是不大喜欢有秩序有规律的生

---

① 参见刘征《难忘的教诲——回忆在武昌中央农民运动讲习所的战斗生活》，《武汉大学学报》（哲学社会科学版）1977 年第 2 期。

② 《毛泽东农村调查文集》，人民出版社 1982 年版，第 33—34 页。

活么?""一切的行动,一切的批评,常常从他自己个人做出发点,个人的利害关系,随时在他的后头做他的指挥者;他的眼睛每只看见了人和人的关系,看不见群众和客观的事实,这样最容易变成一个唯心论者,口中常常发出许多良心论、道德论","这些毛病,最能妨害我们的革命工作"。① 因此,为了把学员培养成为决心从事农民运动的"有效的革命工兵",农讲所十分注意引导学生自觉地改造思想;要求学生正确处理个人和组织、上级和下级的关系,正确对待个人和群众的关系。

中央农民运动讲习所的《开学宣言》宣称:"我们中央农民讲习所,当这继续二次北伐的革命的高潮中,举行开学典礼,这实在有非常的意义,其意义之重大,简直等于二次北伐誓师。"② 加上讲习所开办时,恰又发生蒋介石发动"四一二"政变、惨杀工农等事件,因此,面对越来越严峻的革命形势,农讲所非常注重加强军事训练。农讲所"规约"明确指出:"为将来发展农民武装起见,所以要受严格的军事训练,大家要深切明了这个意义,若以为这是用军事的力量来干涉我们的生活,不接受这种严格的军事训练,便是对革命没有诚意,便是并不想要造成一个真正的革命党员,是一种极大的错误。"③ 军事训练是学员的另一主要学习内容。农讲所实行军事编制,全校设立总队,下分3个大队和1个特别训练队。学生均着灰色军装,打着绑腿,身背斗笠,每人一支汉阳造的七九步枪。教务处设军事教育委员会,训练处聘有军事教官,除讲授军事课外每日操练两小时,每周一次野外军事演习。晚上学生们轮流站岗放哨。军事训练从实战出发,严格要求。据学员回忆,在战地行军演习时,学员全副武装,携弹药20斤左右,有时快速行军,有时跑步前进,还在野外露营和练习半夜紧急集合。紧急集合要求在五分钟内打好背包,不许有一点响声。在作战演习时,不论沼泽地带

---

① 《第一次国内革命战争时期的农民运动资料》,人民出版社1983年版,第115—116页。

② 同上书,第119页。

③ 同上书,第117页。

还是荆棘丛中，只要"卧倒"命令一下，就立即卧倒。①

半军事化的生活，培养了学生们应有的军人素质，为以后组织农民武装、参加实际的武装斗争打下了基础。而且，农讲所学员在学习期间，就已经亲身参加了军事行动。

2 月 27 日，湖北阳新县的土豪劣绅带领匪徒几百人进城捉拿并以酷刑杀害农协干部、工会干部及同情农工运动的县警备队长共九人，制造了阳新惨案。惨案发生后，国民党中央党部指定毛泽东等组成"处理阳新惨案委员会"，指令中央农民部特派专员黄书亮、省农协代表蔡以忱以及阳新县党部、县政府、县总工会、县农协等协助开展工作。农讲所部分学生和教师参加了该项工作。② 经过大张旗鼓地对凶犯严厉处罚后，阳新工农运动得到迅猛发展。到 5 月下旬，县农会会员，由原来的七八万人激增至近 30 万人，成为全省会员最多的一个县。③

继阳新惨案发生后，赣州也发生一起残害工农的事件。3 月 6 日，国民党新编第一师党代表倪弼枪杀赣州总工会委员长共产党员陈赞贤、搜查总工会、通缉总工会委员中的其他共产党员，制造了赣州惨案。消息传来，农讲所全体学员义愤填膺，对蒋介石及其仆从蹂躏党权，摧残农工，制造阳新惨案、赣州惨案异常愤慨。3 月 26 日，全体学生八百人齐赴国民党中央党部请愿，要求保护农工民众，肃清一切反动分子。当天下午，农讲所召开追悼阳新、赣州死难烈士大会。毛泽东在大会讲话中愤慨地指出："在这革命势力的范围内，竟不断地演出惨杀农工的事实，由此可证明封建的残余势力，正准备着秣马厉兵，向我们作最后的挣扎啊！从今日起，我们要下一决心，向那些反动分子势力进攻，务期达到真正目的。这是在今日追悼大会中，我们应该接受的责任。"④ 可见，哪里有压迫，哪里

① 参见刘征《难忘的教诲——回忆在武昌中央农民运动讲习所的战斗生活》，《武汉大学学报》（哲学社会科学版）1977 年第 2 期。
② 高菊村、陈峰、唐振南等：《青年毛泽东》，中共党史出版社 1990 年版，第 278 页。
③ 万兰苏、游寿松、秦章甫：《阳新惨案九烈士》，《湖北文史资料》1987 年第 4 辑，第 87 页。
④ 《中央农民运动讲习所追悼阳新烈士情形》，汉口《民国日报》1927 年 3 月 31 日。

就有反抗；哪里压迫得重，哪里的反抗就更猛烈。

5月14日，湖北麻城的土豪劣绅勾结河南光山会匪不断捣毁农会，屠杀农协会员并围攻县城。中共湖北区委向毛泽东请求救援。毛泽东即派中央农民运动讲习所学生武装二百余人同湖北省政府警卫二团一营开进麻城剿匪，并将农讲所学生改编为中央独立师第二团第三营。出发前，毛泽东做了重要讲话，强调标语口号着重两句话：不打红枪会，只打利用红枪会的土豪劣绅；不打红枪会，只打欺骗会员传授邪术的头子。农讲所学生配合警卫团一营，痛歼负隅顽抗的敌人，两天直达县城。在麻城休息两天，继续向北乡前进，经过激烈战斗，平息了这场叛乱。①

5月13日，独立第十四师师长夏斗寅勾结四川军阀杨森及刘佐龙部，乘武汉大部队向河南北伐之际，在鄂南发动叛变。就在同一天，夏斗寅发出了进兵武汉的反共通电，随即进兵沙市、嘉鱼、咸宁一带，一直攻抵武昌城外之纸坊地区，震慑全武汉。17日，武汉国民政府急派叶挺率第二十四师及中央独立第一师，进剿夏斗寅叛军。毛泽东将农讲所400名武装学员编入中央独立师第二团第三营，与叶挺所部一道并肩作战，击退叛军的进攻，使武汉国民政府转危为安。

参加这些战斗进一步锻炼了学员们的革命意志，提高了他们的军事素养，增强了他们的应变能力。

经过3个多月的理论学习和实践锻炼，6月18日，中央农民运动讲习所在革命处于极端危急的形势下举行了隆重的结业仪式。毛泽东向全体学员颁发了刻有"农民革命"的铜质五星证章。广大学员肩负着革命重任，分赴各地从事艰巨斗争。他们中的绝大多数由各省农民协会委派为特派员，被派往农村，传播马克思列宁主义，发动农民，组织农民，武装农民，坚持革命斗争。另有90余名学员，抽调到武汉国民政府办的农政训练班留在武汉继续学习。当时，毛泽东同志利用担任全国农民协会临时执行委员会主席的条件，连

---

① 参见戴克敏《剿灭麻城会匪的经过》，《湖北文史资料》1987年第4辑；白开基《麻城惨案的前前后后》，《湖北文史资料》1987年第4辑。

续发表通电，号召各地农民协会，团结广大农民，加强革命武装，以挽救革命。回到各地的学生把革命的火种撒向全国。他们成为当地农民运动的骨干，积极发动农民、武装农民，指导各地县党部和农民协会的农民斗争，对推动各地农民运动的进一步发展起了重要作用。

"七一五"政变后，农政训练班的学员根据党的指示秘密离开武汉经九江到南昌，编入贺龙指挥的二十军教导团，参加了"八一"南昌起义。学员戴克敏、刘文蔚、汪奠川等参与领导了著名的黄麻起义，戴克敏任鄂东军党代表，后任红十一军第三十一师党代表。刘文蔚是起义的指挥者之一，汪奠川是起义总指挥部的参谋长。学员刘革非在湘鄂西积极开展农民的宣传与组织工作，参加创建湘鄂西革命根据地的武装斗争，曾任湘鄂西苏维埃副主席等职。学员程伯谦在江西弋阳县横峰起义中，任葛源暴动的总指挥，后任江西省委组织部长等职，为创建赣东北革命根据地做出了卓越的贡献。①

---

① 赵晓琳：《中央农民运动讲习所》，《武汉文史资料》总第四十一、四十二辑。

第五章　赴任中共中央农委书记

中共中央农民运动委员会是 1925 年 10 月中共中央在北京召开的四届二次扩大执行委员会会议上决定成立的。这次会议通过的《组织问题议决案》中提出："中央之下应有职工运动农民运动及军事运动委员会，他们都应经常的执行自己的工作。"① 中共中央已经认识到："假使土地不没收交给农民，假使几万万中国农民因而不能参加革命，政府必定不能巩固政权，镇压军阀的反革命。……我们的职任，不仅限于明白规定农民的要求和农民运动的前途，还要注意我们对于农民的指导的组织——我们自己的党在农民运动中之发展。中国共产党是中国无产阶级的代表，我们要能和农民结合巩固的同盟，才能尽自己的历史上的职任。所以在这农民运动兴起的时候，我们的根本责任，不但在于组织农民和给他们以思想上的指导，而且要在农民协会协作社农民自卫军之中，巩固我们党的组织。"②

中共中央农民运动委员会成立之时，毛泽东正在广州筹办第六届农民运动讲习所。送走第六届农讲所学员后，10 月中下旬，毛泽东在广州参加国民党中央各省联席会议。会议一结束，毛泽东接到中共中央通知，赴任中共中央农民运动委员会书记职务。于是，在 11 月上旬，毛泽东乘船离开广州，去往中共中央所在地上海。在此之前，中共中央农民运动委员会的组织一直没有健全。毛泽东正式

---

① 中央档案馆编：《中共中央文件选集》第 1 册，中共中央党校出版社 1989 年版，第 473 页。

② 同上书，第 462—463 页。

上任中央农委书记后，中共中央才正式决定组成中央农委。

毛泽东上任后，通盘考虑全国农民运动的开展，立即主持制订了《目前农运计划》。该计划的主要内容有：（1）规定了开展农民运动的四条标准：集会结社自由较多的地方；政治上占重要地位的地方；沿铁路沿江河交通便利的地方；农民受压迫非常痛苦，已有暴动或容易发动的地方。（2）规定了开展农民运动的重点地区，提出在目前情况下，全国除广东以外，应集中在湘、鄂、赣、豫4省发展。在陕西、四川、广西、福建、安徽、江苏、浙江7省，要以相当的力量去做。（3）具体规定了湖南、湖北、江西、河南、陕西、四川、广西、云南、福建、浙江、江苏、山东、安徽、直隶等省开展农民运动的重点地区。（4）规定了省城及其他重要城市的郊区农民，要组织近郊农民协会。这些城市的国民党市党部或特别市党部，都要成立农民部指导近郊农民运动。（5）提出各地农民运动须切实与国民党左派合作，并促成国民党中央农民部在武汉设立办事处。（6）提出在武昌开办农民运动讲习所。11月15日，中国共产党中央局正式批准了这一计划。

为实现此《目前农运计划》，毛泽东于11月下旬又离开上海赴长江一带视察农民运动情况。

途中，毛泽东了解到"太平富庶之区"的崇明、江阴、丹阳、无锡、青浦、泰县、徐州、慈溪等县的农村阶级矛盾和斗争情况，撰写了《江浙农民的痛苦及其反抗运动》一文。文章指出，江浙两省是工商业发达地区，工人、商人的地位容易被重视，而对农民"便少有人重视其地位"。文章详细介绍了江浙两省农民受地主阶级严重剥削和压迫的惨状，驳斥了"以为两省乃太平富庶之区，农民并无多大痛苦"的说法，列举了近几年来江浙农民自发地反对残酷的封建压榨的一系列事件。如，1926年9月13日，慈溪山北2000余名受灾农民因不堪官僚地主的压榨，到警察署报荒，与警察发生冲突。愤怒的农民缴下警察的武器，烧毁警察署的房屋，还涌到地主劣绅家"吃大户"，捣毁其家具和器皿。遭到武装军警的镇压后，农民领袖不得不外避。中共宁波地委农民委员会获悉后，立即召开非常会议，研究斗争方针和策略，但因错失时机，没有找到农民领袖，暴动最后并没有取得成功。毛泽东在文章中对这次暴动评述说："这次暴动失败的原因，在于群众完全没有组织，又没有指导，所以形成了原始的暴动而至于失败。"不过，毛泽东对农民的伟大力量表示充分肯定。他在文章中明确指出，江浙农民因其痛苦，发生了众多的反抗运动，在农民中蕴藏着一股强有力的反抗力量，如果我们加以发动组织，江浙地区农民运动就会迅速高涨起来。该文发表在11月25日出版的《向导》周报上。

12月初，毛泽东到达汉口，并在汉口建立了中共中央农委办事处。

在武汉期间，毛泽东以中共中央农委书记身份参加了中共中央在汉口召开的特别会议。这次会议的中心议题是根据北伐战争形势的发展，制定党的主要斗争策略。

陈独秀在向会议所做的政治报告中提出，自北伐军攻下南昌、九江之后国共关系发生了许多新的变化，出现了破裂危机。他要求会议着重讨论一下国共关系问题。他在发言中分析了国共关系面临破裂的危机，认为原因有四个方面，即：江西战胜后，军事势力有离民众而往右走之倾向；工农运动之发展，使资产阶级恐惧；帝国主义改用新的分裂政策；中国共产党的失策。陈独秀说："以上四个危险倾向汇合起来，随时随地都会使联合战线破裂。"其中"国民党之右倾和我们党中之左稚病是主要的"。具体到农民运动问题上，陈独秀认为湖南农民运动"过火"、"幼稚"、"动摇北伐军心"、"妨碍统一战线"等。

这次会议错误地根据陈独秀的政治报告做出以下决议：当前"各种危险倾向中最要的严重的倾向是一方面民众运动勃起之日渐向'左'，一方面军事政权对于民众运动之勃起而恐怖而日渐向右。这种'左'右倾倘继续发展下去而距离日远，会至破裂联合战线，而危及整个的国民革命运动"。正是根据这一分析，会议规定当时中国共产党的主要策略是：限制工农运动发展，反对"耕地农有"，以换取蒋介石由右向"左"；同时扶持汪精卫取得国民党中央、国民政府和民众运动的领导地位，用以制约蒋介石的军事势力。

在会议上，李维汉汇报了湘区区委对土地问题的看法，主张立即解决土地问题。毛泽东赞成湘区区委的建议，提出根据湖南农民运动的发展趋势，开展土地革命，解决农民的土地问题。对此，李维汉在回忆中提到："毛泽东赞同湖南区委的主张，但陈独秀和鲍罗廷不赞成马上解决土地问题，认为条件不成熟。"① 陈独秀认为这是犯了"左稚病"，他在政治报告中说："解决土地问题，当然是对地主土豪最后的打击。可是目前中国大多数农民群众所争的还是减租减息，组织自由，武装自卫，反抗土豪劣绅，反抗苛捐杂税这些问题，而不是根本的土地问题，他们都还未能直接了解到这个根本问题。""若是马上拿农民群众还未能直接了解的土地问题做争斗口号，便是停止争斗。"② 虽然毛泽东"讲了他不同意陈独秀的看法，但讨论没有开展下去"③。会议最终还是接受了陈独秀的意见。

因为这次会议的影响，毛泽东在随后召开的湖南全省第一次农民代表大会上的讲话中，也说"我们现在还不是打倒地主的时候，我们要让他一步，在国民革命中是打倒帝国主义、军阀、土豪劣绅，减少租额，减少利息，增加雇农工资的时候"④。

湖南全省第一次农民代表大会于 12 月 1 日在长沙开幕，其时，毛泽东还在汉口。3 日，大会电请毛泽东莅临指导。电文称："敝会已于东日开幕，现正讨论各案。先生对于农运富有经验，盼即回湘，指导一切，无任感祷！"⑤（东日，即一日，引者注）12 月 17 日，毛泽东从汉口到达长沙，以中共中央农委书记身份出席了此次会议。

《湖南全省第一次工农代表大会日刊》报道说：

> 毛先生泽东奔走革命，卓著勋绩。对于农民运动，尤为注重。去岁回湘养疴，曾于湘潭韶山一带，从事农民运动，湘省之有农运，除岳北农会外，实以此为最早。后为赵恒惕所知，

---

① 李维汉：《回忆与研究》上册，中共党史出版社 1986 年版，第 104 页。

② 中央档案馆编：《中共中央文件选集》第 2 册，中共中央党校出版社 1989 年版，第 564 页。

③ 李维汉：《回忆与研究》上册，中共党史出版社 1986 年版，第 104 页。

④ 湖南省博物馆编：《湖南全省第一次工农代表大会日刊》，湖南人民出版社 1979 年版，第 87 页。

⑤ 同上。

谋置先生于死地，先生闻讯，间道入粤。在粤历任中国国民党中央党部要职，此次革命军势力北展，先生为发展全国农运，奠定革命基础起见，遂于前月离粤赴长江一带视察农运情形。农民代表大会开幕时，曾电请先生回湘，指导一切，现已抵湘。①

12月20日，湖南全省第一次农民代表大会和同时召开的湖南全省第一次工人代表大会联合举行了欢迎大会。毛泽东在欢迎大会上做了题为"工农商学联合的问题"的演说。他首先肯定了湖南一年来农民运动所取得的巨大成绩。他说："我去湘仅一年，而今年和去年的情形大不相同……去年农民运动仅是萌芽，今年已有120万有组织的农民了。这是各位同志努力的结果。"接着论述了中国国民革命的中心问题，指出："国民革命是各阶级联合革命，但有一个中心问题。国民革命的中心问题，就是农民问题，一切都要靠农民问题的解决。"

在湖南省第一次农民代表大会期间，毛泽东参加了议案起草委员会，同代表们一起共同商量起草各种决议案。在毛泽东的精心指导下，大会接受中国共产党政纲，通过了《湖南省第一次农民代表大会宣言》和减租减息，解散团防，铲除贪官污吏土豪劣绅，组织农民武装等40个决议案。

12月27日，湖南全省第一次工农代表大会闭幕，毛泽东在会上再次发表了讲演。他说：现在"反革命方面已有国际、全国和全省的联合战线，革命方面也应该联合起来抵抗他们"。他严厉斥责了"惰农运动"之类的对农民的诬蔑和"帝国主义没有打倒以前，我们内部不要闹事"的反动论调，指出："过去军阀政府时代只准地主向农民作加租加息的斗争，现在农民向地主要求减点租、减点息就是闹事了吗？""这种只准地主向农民压榨、不准农民向地主斗争的人，就是站在帝国主义、反革命一方面，就是破坏革命的。"毛泽东

① 湖南省博物馆编：《湖南全省第一次工农代表大会日刊》，湖南人民出版社1979年版，第304页。

还特别提醒代表们注意，现在"赵恒惕虽然不在湖南了，然而赵的余孽——土豪劣绅、贪官污吏在湖南还有很大的势力"①。毛泽东的讲演旗帜鲜明，使代表们进一步认识到率领广大农民继续向军阀、土豪劣绅做斗争的极端重要性，并起到了鼓舞斗志的作用。

大会闭幕后，中共湖南区委将代表中的共产党员留下，办了一个短期训练班，邀请毛泽东做了三次关于农民问题和调查方法的报告，进一步提高了党员骨干的政治觉悟和工作水平，加强了党对农运的领导。

---

① 《湖南民报》1927年1月29日。

第六章　主持全国农协工作

如果说中央农民运动讲习所是培养农民运动人才的大本营，那么，全国农民协会就是农民运动的统一指导机构，对中国革命事业起到了特殊的支持作用。而这个机构的主要负责人正是毛泽东。

当历史的车轮来到1927年的时候，中国革命也迎来了农民运动高涨的阶段。这一年，农民运动席卷全国大部分地区，已经遍及广东、湖南、湖北、江西、广西、福建、安徽、四川、浙江、江苏、河南、河北、山东、陕西等省份。其中，广东、湖南、湖北、江西四省已经成立了省农民协会。在此形势下，全国农民运动急需成立一个统一的农民协会组织。

关于成立全国性的农民协会组织，随着革命形势和农民运动的发展已经逐渐成为共识。早在1926年8月，广东省农民协会召开扩大会议时，阮啸仙在大会的报告中就提出："要筹备全国农民协会，号召全国农友一致起来，统一全国组织"，并要在广州设立全国农协筹备处，"以促进全国农民大团结之早日实现"。[1] 共产国际执行委员会远东局对此给予了肯定，认为这样的运动取得了很大的成效。[2] 同年9月，共产国际执行委员会远东局也建议中共中央："加强联合全国农民运动的工作。"[3]

这一年12月，湖南全省第一次农民代表大会召开。毛泽东应邀

---

[1]　阮啸仙：《全国农民运动形势及其在国民革命中的地位》，《犁头》第19、20期合刊。

[2]　《联共（布）、共产国际与中国国民革命运动》第3卷，北京图书馆出版社1998年版，第492页。

[3]　同上。

参加会议并在闭幕式上做了革命联合战线的讲演。他指出，现时湖南虽然由国民政府所统治，但实际上赵恒惕的余孽、贪官污吏、土豪劣绅的势力还很大。毛泽东强调，反革命方面已经有国际、全国和全省的联合战线，革命方面也应该有同样的联合战线来抵抗他们。这次大会通过的《请求成立全国农民协会的决议案》明确提出了成立全国性农民协会的目标，呼吁"应即联合广东、湖北、江西、河南之省农民协会，在最短期间，召集全国农民代表大会，成立全国统一的农民协会，以确定会后全国农民运动的方针，统一全国革命的农民之行动"①。到这时共识已然渐渐形成。到了第二年春，广东潮梅海陆丰 17 县农民代表大会也提请广东省农民协会发起组织全国农民协会。

1927 年 3 月 28 日，毛泽东以国民党中央农民运动委员会委员身份出席中央农民部召集的有各省农运负责人参加的全国农民协会筹备会议。这次会议深刻分析了农民运动形势，指出："全国农民运动发展极快，需要有中心领导机关，以收进行划一及势力团结之效。"会议决定，组织中华全国农民协会临时执行委员会，临时执行委员会有执行全国农民协会之职权并负责筹备全国农民代表大会。

根据全国农协筹备会的会议精神，两天之后，湖南、广东、湖北、江西四省农民协会的代表和河南省武装农民自卫军的代表，在武昌迅速召开了联席会议。会议讨论了农民运动的形势和任务，认为："全国农民运动之发展，已有一日千里之势，现在成立省农民协会者已有五省，成立省农协筹备处者已有十余省，全国有组织之农民已在一千万以上，急须有一全国之中心组织，以统一全国农民之战线。"会议旋即决定成立全国农民协会临时执行委员会，在全国农民代表大会选举正式执行委员会以前，行使全国农协的职权。会议推选出 13 名执行委员：广东彭湃、湖南易礼容、江西方志敏、湖北陆沉、河南萧寅谷和国民党中央的毛泽东、邓演达、谭平山、孙科、徐谦、张发奎、谭延闿、唐生智组成全国农协临时执行委员会，以邓演达、毛泽东、谭平山、陆沉、谭延闿为常务委员。毛泽东担任

---

① 《湖南革命史资料集》1964 年第二卷下（审查本），第 377 页。

组织部长，主持全国农协工作。①

全国农协执委会委员就职后，在《全国农协执委就职通电》里提出了农协的目标和任务：

> 吾国农民之痛苦，皆为国际帝国主义之侵略与国内封建阶级之压迫，农民之解放即国民革命之成功，故国民革命势力之进展，农民亦随之组织起来，同人深此为信不易之道，誓立于革命的地位，领导全国农民，努力奋斗，以完成国民革命与一切帝国主义者及封建阶级作最后之斗争。②

就在全国农协临时执委会建立之时，正值革命发生急剧变化、面临着严峻考验之际。4月12日，蒋介石在上海发动了震惊中外的反革命政变。18日，蒋介石建立了南京国民政府，与武汉国民政府分庭抗礼，宁汉对立由此形成。22日，在武汉的包括毛泽东在内的国民党中央执监委员、国民政府委员、军事委员会委员40人联名签发"讨蒋通电"，声讨蒋介石勾结帝国主义，纠集新老军阀，屠杀革命民众的罪行，号召全国人民，尤以武装部队，共同"去此总理之叛徒，本党之败类，民众之蟊贼"③。

中国革命正在接受严峻的考验，农民运动也不例外。它需要正确的指导、有力的支持，这正是毛泽东和他所主持工作的全国农协所要做的。回顾历史，综述全国农协的主要工作情况，可以概括为以下几点：

一是酝酿召开全国农民代表大会。

全国农协临时执委会多次举行会议，讨论召开全国农民代表大会事宜。5月8日，汉口《民国日报》刊载全国农协关于召开全国代表大会的决定。全国农协就大会的会期、代表选举标准、代表资格、代表选举手续、代表身份证书、提交大会的各地农民运动报告

---

① 《全国农民协会（资料）》，《武汉大学学报》（哲学社会科学版）1977年第3期。
② 同上。
③ 汉口《民国日报》1927年4月22日。

和提案等都做了详细的规定。规定如下：

（一）会期。大会定于7月1日开会，代表须于开会前二日报到。

（二）代表选举标准。（1）以县为直接选举区；（2）一县农协会员满1万者得选代表1人，不满1万人之县不派代表；（3）1万会员以上之县，得加派代表，该县代表人数，由该省农协按照该省会员数目比例酌定之；（4）每省代表总数不能超过大会规定之总数；（5）以上二、三、四项运用于农民运动特别发展的省，除会员满1万或1万人以上之县选派代表标准，仍照前列二、三、四项规定办外，应于该省代表总数中，以相当一部分分配于不满1万人之县；（6）正式省农民协会，至少须派代表1人，至多不能超过5人，省农民协会筹备处须派代表1人。

（三）代表资格。以纯农民为原则，如非农民，必须从事农民运动，具有劳绩，始能当选代表。1县以代表1人者，须尽量选派纯粹农民，1县出代表1人以上者，纯粹农民，至少须占半数。

（四）代表选举手续。各省农协按此通知后，须立即决定该省各县选派代表名额，迅速通知各县农协，火速通知各区农协，限期开乡农协会员大会选举代表至区农协开代表大会选举初选代表。

（五）证书。代表须携带县农协及省农协各种证明，不完备者，不能取得代表资格。

（六）各代表携带省农协及省农协筹备处农民运动报告，内容须依照规定之项目，不得缺陷。

（七）提案。各代表预备对大会的提议案，各县提议案，应由各乡、区县农协开选举会时，讨论定之。

为了营造氛围，开好这次大会，全国农协特地发出了《全国农民第一次代表大会宣传纲要》。该宣传纲要指出，中国农民不但担负着在国内铲除封建势力的重任，同时也是赶走帝国主义的主力，从这个意义上说，也担负了世界革命的使命。同时，还十分敏锐地指出，帝国主义正在引诱蒋介石走向反革命，地主阶级也在猛力破坏农民运动，这就要求全国农民加紧向反动派斗争，决不能软弱后退，须知"对敌人的宽恕，就是对自己的残忍，事实告诉我们：努力铲除封建势力的地方，封建地主阶级无法破坏我们；对封建势力让步的地方，封建地主阶级对我们进攻更厉害"。《宣传纲要》规定大会讨论的主要问题是：怎样铲除一切破坏压迫农民的特殊阶级；怎样建设农民政权；怎样解决土地问题；怎样废除重租、高利、苛捐及一切对农民之剥削，工农兵如何联合等最迫切需要解决的问题。这份《宣传纲要》既肯定了武汉政府初期农运的成绩，又提出以后运动的方针，是这个时期农民运动的一个重要文献。

可惜的是，由于局势的紧张，各省农运正进行组织整顿，7 月又是农忙季节等原因，加上全国农协忙于其他事务，筹备工作尚未完善，全国农协临时执委会只好又发出通知改在 10 月 10 日举行。最后因为汪精卫的叛变，大会未能举行。但是，为筹备此次大会而开展的各种活动，仍是有意义的，起到了推动革命发展的某种作用。

二是声援农民运动，痛斥残害工农的各种暴行。

1927 年 5 月 21 日，驻湖南长沙第三十五军第三十三团团长许克祥发动叛变。当晚，由许克祥统一指挥，第三十五军教导团团长王东原、第三十五军留守处主任陶柳等人率部分途袭击国民党湖南省市党部、省总工会、省农民协会、省党校、省农讲所等革命组织和机构，抢夺了工人纠察队、农民自卫军的枪支和武汉政府购买粮食的现金巨款，释放了全部被关押的土豪劣绅，到处捕杀共产党员和群众领袖，一夜之间，100 余人被杀害，40 多人被捕。其后，通令全省恢复反动政权，在各县实行反革命的清乡。湖南农民运动遭受到很大打击。

5 月 30 日，全国农协临时执委会发出《对湘鄂赣三省农协重要训令》，号召各地农民协会继续战斗，不要为反革命势力所吓倒，要更加巩固自己的队伍，"严密农民协会组织，整肃农民运动的步骤"，"巩固革命的联合战线，造成整个的打倒帝国主义及一切反动势力之森严的革命壁垒，以保障已得的革命胜利，力求耕地农有之实现，而达到解放全中国民众的目的"。① 另一方面，全国农协致电武汉国民政府，请求迅速解决长沙事件，处置凶犯。电文称：对于长沙事件，不能采取容忍姑息态度，必须"免职查办"、"明令讨伐，肃清乱源"，否则，反革命将"日益凶横，愈难制止"，"不惟湖南革命势力将被其消灭净尽，各地土豪劣绅、反动封建势力，亦将继之而起，使北伐之进展，及整个革命前途，均受极严重之打击"。② 同时针对各地农民运动的迅速发展，全国农协为巩固农民运动，有力抵御反革命的进攻，要求在乡村建立农民政权。为此，全国农协临时执委会致函国民政府及国民党中央党部，请求及时颁布乡村自治条例。函件指出：农民运动疾风暴雨阶段过去之后，乡村呈现出无政府状态，农民虽欲建立乡村政权，但没有得到党及政府的及时扶助，即便少数地域建立了良好秩序也不能长期保存，土豪劣绅对农民大则屠杀，小则破坏秩序，使乡村无政府状态加剧。因此，县区乡自治政府不建立，乡村自治条例不颁布，无以镇压反动封建势力，无以扶助农民之斗争。③ 这突出了对重新恢复社会秩序的重视和努力。

为了进一步推动这项工作，仅八天之后（6月7日），全国农民协会又一次发出重要训令，指出："许克祥借口湖南工农运动过火，称兵谋变，已属罪不容诛。"④ 6月13日，毛泽东、谭平山、邓演达等5人，以中华全国农民协会临时执行委员会常务委员的名义，发布《全国农协最近之训令——反抗土豪劣绅之武装袭击》，历数湘、鄂、赣三省土豪劣绅、反动势力进行反革命倒算的罪行："土豪劣绅进攻农民，非常猛烈"，"日来各地土豪劣绅勾结土匪溃军屠杀农民事实仍有愈演愈烈之势，贪官污吏离间政府与人民之图谋，亦复屡出不穷。各机关近来接得诬控农民之状纸，每日不下数起"。正是基

---

① 《农民运动》1927 年第 26 期。
② 《全国农协电请解决长沙事件》（1927 年 6 月 3 日），汉口《民国日报》1927 年 6 月 4 日。
③ 汉口《民国日报》1927 年 6 月 8 日。
④ 汉口《民国日报》1927 年 6 月 7 日。

于这一现状的考虑，训令号召"各级农民协会极应一致请求国民政府"：（1）明令保护工农组织及工人纠察队，农民自卫军，并惩办一切屠杀工农，扰乱后方之反动派，使工会农会共产党等革命组织，享有完全自由，团结革命势力，实行讨伐蒋介石。（2）肃清湖北各县勾结逆军土匪屠杀农民工人之土豪劣绅，严惩造谣离间的蒋介石奸细及一切反动分子以巩固武汉。（3）明令惩办许克祥、仇鳌、彭国钧、萧翼鲲，解散其救党委员会、清党委员会等反动机关，恢复湖南省政府省党部、省工会、省农协及一切被摧残之革命团体，接受湖南请愿代表团之请愿，并令湖南省政府唐主席从速镇压湖南之反革命派。（4）明令制止江西驱逐共产党及工农领袖之行动，并严惩屠杀民众之反动派。[①] 6 月 18 日，由毛泽东等 5 人署名并以全国农协常务委员会的名义，发出声讨通电，再次要求国民政府火速明令讨伐许克祥；以革命武装消灭长沙叛军，同时号召各地工农群众武装保卫革命。

三是根据形势的发展，制定农运发展规划。

比如，针对夏斗寅、许克祥的相继叛变，均以反对农民运动为旗帜，以农工运动过火为号召，全国农协指出，这是反革命派一贯之口号，而非农工运动本身真有所谓过火与否之问题；同时，全国农协也认为因革命潮流飞涨，初期农民运动之原始现象，未能完全免除，加上上级机关之指导能力，不能与需要相适应，确为不可否认之事实。

为了使新政策能够得到顺利实施，6 月 7 日，毛泽东与谭延闿、谭平山、邓演达、陆沉 5 人以中华全国农协临时执委会常务委员的名义，向各省农协发出训令，提出必须执行的五项规定，要求各省农民协会立转各级农民协会"切实遵行"，以巩固革命联盟，促进国民革命。这五项规定分别是：（1）注意强固组织严肃纪律。各乡农协，要"审查过去工作，监督会员行动。如有不良分子发现、必须立即执行革命纪律，予以严厉制裁"。（2）注意革命同盟者的利益。

---

① 《全国农协最近之训令——反抗土豪劣绅之武装袭击》，汉口《民国日报》1927 年 6 月 15 日、17 日。

农民协会应即领导农民与农村中的小商人建立"亲切的革命联盟"。要"使有余的谷米尽量流通，使小地主及富农不致感受不便"，"使中小商人之贸易，得以无障碍地发展"。（3）注意改良乡训旧习惯之步骤。改良旧习惯"必须经过长时间的宣传，使一般民众，俱能了解"，"倘操切从事，则不惟得不到良好效果，反使反动分子利用落后思想，造谣煽惑，向进步的农民运动进攻，以破坏乡村的革命联盟"。（4）开始乡村建设事业。"各级农民协会，应即联络乡村革命平民，努力进行，务于最短期间，使乡村自治机关，完全建立起来。农民银行，生产合作社，消费合作社，及其他建设事业，各级农民协会，亦应与其他革命平民，共事建设"。（5）加紧宣传工作。各级农民协会要"切实将贫苦农民受土豪劣绅压迫摧残之事实，充分呈露于革命同志革命民众之前，用以解除土豪劣绅进攻农民最大之武器"①。训令统筹考虑了各种可能的情况，与革命实际结合得十分紧密，有方向性和现实针对性，这也是这一份训令的一大特点。

四是积极配合武汉政府的北伐，开展宣传运动。

4月下旬，全国农协联合中央农民运动讲习所、中央军事政治学校、湖北省农民协会等发起"中央农民运动宣传周"的活动。武汉、长沙等地相继举行了大规模的群众性的农民运动宣传周。长沙举行宣传活动时，可谓盛况空前，参加者达到4万多人。4月26日，毛泽东在武汉出席国民党中央农民运动委员会第五次扩大会议时，提议"北方农民运动应该积极注意"，因为，第二期北伐期间，"北方农运是十分重要的。如不得北方农民的同情，北伐军是孤军奋斗的。所以直、鲁、豫农协应早日成立"②。这个提案得到了与会人员的普遍认同并获得通过。

为加强对北方农民运动的指导，4月29日，全国农协临时执委会和国民党中央农民部、国民革命军总政治部联合组织"战区农民运动委员会"，随北伐军进占河南，指导战区的农民运动。这又是农

---

① 《全国农民协会之重要训令——农运新规划五项》（1927年6月7日），《农民运动》1927年第27期。

② 《武汉中央农民运动委员会扩大会议记录》（1927年4月26日），转引自蒋永敬《鲍罗廷与武汉政权》，台北传记文学出版社1972年版，第205页。

讲所培养的人才大展身手的一次机会。身为战区农民运动委员会常委的毛泽东，从农讲所选拔了一批熟悉北方情形，并能吃苦耐劳、善于做宣传组织工作者百余人，赶赴河南战区做农运宣传。5月5日，战区农民运动委员会成员及农讲所部分学员前往河南，毛泽东以全国农协代表身份参加了欢送会，并勉励他们努力工作。①

青少年是革命力量的重要组成部分。鉴于青年农民和儿童已站在斗争的前线，已经是或者即将是农民运动的中心力量，是摧毁封建势力的生力军，全国农协特通告各级农会设立青年工作部，以加强青少年工作。北伐军向河南进军开始后，为加强士兵与农民的团结，全国农协邀请国民党中央农民部、国民政府农政部等十多个单位共同组织全国农民慰劳士兵委员会，开展了大量的工作。为支援北伐军，全国农协电令各级农民协会慰劳救护革命军人，指示各级农会应即"组织慰劳救护革命军人委员会，每个农民至少须捐铜元二枚，募集大宗捐款，购买大宗食品衣物"，以慰劳前方将士。②

在全国农协的领导下，农民运动有了更大的发展，表现出磅礴的社会正能量。

根据国民党武汉政府1927年6月的调查（见表6—1），湖南、湖北、陕西、广东、江西、河南的农民协会会员数分别达到：4517140人、2502600人、705160人、700000人、382617人、245500人。③

表6—1　　　　　　　1927年全国农民协会会员统计
（武汉政府农民部，1927年6月的调查）

类别 / 省名	是否成立省农民协会	各级农民协会数目				会员数
		县	区	乡	村	
湖南	已成立	41	638	13207	—	4517140
湖北	已成立	21	—	—	—	2502600

① 《战区农民运动委员会成立》，汉口《民国日报》1927年4月29日；《今日欢送战区农运委员》，汉口《民国日报》1927年5月5日。

② 《农民运动》1927年第27期。

③ 《第一次国内革命战争时期的农民运动资料》，人民出版社1983年版，第66页。

续表

类别 省名	是否成立 省农民协会	各级农民协会数目				会员数
		县	区	乡	村	
陕西	—	20	141	—	3894	705160
广东	已成立	73	—	—	—	700000
江西	已成立	10	171	2009	—	382617
河南	已成立	4	30	238	—	245500
四川	—	6	59	334	—	33200
福建	—	2	16	147	—	28415
山西	—	7	—	—	—	17050
广西	—	2	—	34	—	8144
安徽	准备成立	2	30	130	—	6600
热河	—	9	13	31	35	5423
察哈尔	—	1	—	—	—	600
直隶	—	1	4	—	82	360
山东	—	—	—	14	—	284
云南	—	2	—	—	—	—
总计	5	201	1102	16144	4011	9153093

注：江苏无调查，约有会员二三十万。

资料来源：《第一次国内革命战争时期的农民运动资料》，人民出版社 1983 年版，第 66 页。

第七章　考察湖南农民运动

大革命时期，湖南农民运动蓬勃发展。据 1927 年 1 月出版的《中国农民问题》报道："自一九二五年十二月至一九二六年十一月，已有五十余县有农民协会之组织，已成立之县农民协会四十九，特别区二，区农会四六二，乡农会六八六七，会员数有一三六七七二七人。"[①] 北伐军入湘后，农民运动由秘密走向公开。组织起来的农民，在农会的领导下，参加以推翻北洋军阀为目标的国民革命。他们积极援助北伐，革命军所到之处，农民组织宣传队、慰劳队、向导队、运输队、侦探队和交通运输队，支援前线，直接参战。农民建立了自己的武装，成立梭镖队或农民自卫军，开展经济斗争，废除封建宗法制度，打击农村中的封建恶势力。根据地主豪绅罪恶的大小，分别采取了清算、罚款、戴高帽子游乡、进监狱、驱逐、枪毙等手段，从经济、政治社会地位上打击地主阶级。这一史无前例的农村大革命，震撼了农村旧的封建统治秩序。"农民在乡里造反，搅动了绅士们的酣梦。乡里消息传到城里来，城里的绅士立刻大哗。"[②] 地主豪绅、国民党右派斥责诬蔑农民运动是"痞子运动"、"惰农运动"。在中国共产党内，陈独秀等也认为农民运动是"过火"，"过于左倾"，给农民运动泼冷水。

在 1926 年 12 月召开的汉口特别会议上，毛泽东之所以没有坚持大力发展农民运动，开展土地革命的主张，据毛泽东自己的解释，

---

① 转引自《第一次国内革命战争时期的农民运动资料》，人民出版社 1983 年版，第 361 页。

② 《毛泽东选集》第 1 卷，人民出版社 1991 年版，第 15 页。

是因为虽然"做了四个月的农民运动，得知了各阶级的一些情况，可是这种了解是异常肤浅，一点不深刻"①。毛泽东在八七会议上的发言中也说道："农民要革命，接近农民的党也要革命，但上层的党部则不同了。当我未到长沙之先，对党完全站在地主方面的决议无由反对，及到长沙后仍无法答复此问题。"②

但是，既然担任了中共中央农民运动委员会书记职务，毛泽东就有责任更深入地了解农民运动的真实情况，因此，就需要对正在开展的农民运动进行深入的考察。就如他自己所说，既然"中央要我管理农民运动。我下了一个决心，走了一个月零两天，调查了长沙、湘潭、湘乡、衡山、醴陵五县"③。

毛泽东所说的这次调查，从 1927 年 1 月 4 日起，到 2 月 5 日结束，历时 32 天，行程 700 公里。调查之前，国民党省党部召开常委会做了安排。④ 原定地点除长沙、湘潭、湘乡、衡山、醴陵之外，还要考察宁乡、新化、宝庆、攸县、武冈、新宁等县，因时间关系未能成行。

1927 年 1 月 4 日，毛泽东从长沙启程到达湘潭，在湘潭县城、银田、韶山一带考察。在湘潭县城，毛泽东召开有县农协、工会、妇联、商协、青年等组织的负责人参加的关于农民问题的座谈会。

1 月 5 日，在银田寺，毛泽东受到农会会员的热烈欢迎。在欢迎大会上，他做了《打倒土豪劣绅，一切权利归农会》的讲话，鼓励大家说：革命好比做屋子，先要清好屋角，打好基础，去掉绊脚石，革命的绊脚石就是土豪劣绅。通俗易懂、极富感染力的现场讲演，进一步拉近了革命理论与农民群众之间的距离。

毛泽东在湘潭县考察的重点是韶山，时间是 6 日至 9 日。在韶山期间，他多次召集农协干部和群众座谈，搜集了大量一手资料。

---

① 《毛泽东农村调查文集》，人民出版社 1982 年版，第 22 页。
② 《毛泽东文集》第 1 卷，人民出版社 1993 年版，第 46 页。
③ 《毛泽东农村调查文集》，人民出版社 1982 年版，第 22 页。
④ 省党部派戴述人偕往，并议定了毛泽东所要调查的六项内容：（1）考察各种纠纷之原因，指导解决方法；（2）宣传农工运动之重要；（3）解释开放米禁问题；（4）指示解决民食问题的方法；（5）注重全国的革命问题；（6）宣传国民党中央各省联席会议议决案。

在韶山，毛泽东了解到此时的韶山农民运动已经有了很大的发展，"农民都起来了，已经掀起了一个农村大革命"，祠堂庙宇成为农民协会会址，农民协会组织农民修塘、筑坝、禁烟赌、办农民夜校，韶山成了农民的天下。对当地妇女能够冲破族规进祠堂，毛泽东称赞不已。吃午饭时，毛泽东说：过去妇女受压迫，封建思想作怪，妇女进不得祠堂，现在打倒了族权，能进祠堂了，要请她们坐头席。毛泽东认为，"这是一个很大的进步"。他还说："我搞革命是为了无产阶级事业，我所爱、所交的朋友是穿草鞋的没有钱的穷人。我们的革命还才开始，要彻底消灭封建地主劣绅，打倒军阀，赶走帝国主义，还得三四十年。革命不成功，我毛润之也不回韶山来了。"[①] 这种崇高的革命理想和坚定的革命意志，令人动情。

1月9日，毛泽东来到湘乡县考察。在湘乡饭店住地，他召集县农协主要负责人开了调查会。在调查中，他问得仔细，记得认真，比如说农会组织得怎样，有多少区、乡农民协会，多少会员，农民武装情况怎样，乡里人对农民协会有什么看法，有没有反对农民协会的，等等。这样通俗易懂的提问，提高了调查的质量。为了更加广泛地了解农运的各种具体情况，毛泽东还先后邀集县工会、商协、学联、妇联、青年等群众组织的负责人进行了座谈；同时，他还邀集部分区农协委员长等人，听取关于农民运动的意见、建议，等等。在湘乡，毛泽东还发现监狱里关押着一些农协干部，郑重指出：这个错误非常之大，助长了反动派的气焰。毛泽东指示中共湘乡县委要坚决斗争，释放被关押的干部，并要放鞭炮迎接他们出狱。毛泽东多次强调，没有贫农便没有革命，若否认他们便是否认革命，若打击他们便是打击革命。毛泽东还指示湘乡农会同志，要把团防局几百条枪夺过来，并迅速发展梭镖队。

1月15日，毛泽东到达衡山县，先后在白果、福田铺、宋家桥、衡山县城考察。在白果召开了区农协干部座谈会，对岳北农民群众敢于在军阀赵恒惕的胞衣盘里闹革命给予了肯定和赞扬，并鼓励他

---

① 中共中央文献研究室编：《毛泽东年谱》上卷，中央文献出版社2013年版，第175页。

们要以南岳衡山革命烽火传播三乡七泽为榜样，"让革命风暴席卷全中国"①。在白果的芳山公祠堂，毛泽东召开妇女座谈会，赞扬了诸如放脚、剪发、组织妇女进祠堂之类的解放妇女的举措。

1月17日，毛泽东来到福田铺就农民运动有关问题进行考察。他出席了农民协会在燕形嘴召开的群众大会，并在农协所在地圣帝庙组织召开调查会，详细了解福田铺农运斗争以及农民禁赌情况。为了更加全面地了解农村情况，毛泽东还走访了几家商店，就营业额、捐税、工资、伙食开支、货路来源、供销行情变化等情况进行了详细调查。这有助于更加准确地把握乡村情况。

1月18日，毛泽东来到宋家桥（世上冲）。在戴聘公祠，他组织召开了党员及农协骨干座谈会，参加了乡农民协会组织召开的群众大会，并通过走访农户、找开明士绅座谈等方式获取更多一手资料，继续为分析群众对农运的看法和意见积累素材。

1月20日，毛泽东在衡山县城考察。在中共衡山地方工作委员会所在地，毛泽东邀集中共衡山地方执行委员会书记向钧和县农协、工会等负责人座谈农运情况，详细询问农民武装等问题。在出席中共衡山地方执行委员会召开的欢迎会和新党员宣誓会时，毛泽东提出"当前的任务是大搞宣传，发动群众，用革命的联合反对反革命的联合"②。继而，他强调了革命武装的重要性，提出要加强对农民自卫军的领导，提高农民自卫军的素质，要多吸收煤矿工人和农村贫农入党，等等。

毛泽东十分重视农民运动骨干的培养，在衡山期间，他还两次视察衡山县农民运动讲习所，同学员们进行了友好而热烈的座谈。同时，他还视察了县总工会、女界联合会和城郊农村，了解衡山工、农、青、妇、商等各方面情况。毛泽东指出，要提高农民的文化水平，办好夜校，编写适合农民需要的教材。

1月23日，在衡山考察结束时，毛泽东出席了国民党衡山县党部和县农协及各界团体举行的欢送会。欢送会上，毛泽东做了长篇

---

① 中共中央文献研究室编：《毛泽东年谱》上卷，中央文献出版社 2013 年版，第177 页。

② 同上。

讲话。讲话中，他称赞衡山农民运动和妇女的革命行动，并指出：农民要团结起来，要提防反动派的破坏，要夺取地主豪绅的武器，发展农民武装；要搞联合，搞团结，有团结才有力量，大团结就是大力量。

1月24日，毛泽东回到长沙，向中共湖南区委负责人比较详细地报告了湘潭、湘乡、衡山三县的调查情况，并到长沙郊区进行了相关考察。

1月27日到2月3日，毛泽东再次到农村去。此行主要在醴陵县考察农民运动的有关情况。他首先在县城邀集中共醴陵县地方执行委员会书记罗学瓒、县农会委员长孙筱山和县工、青、妇等部门负责人座谈，听取农运情况的汇报。随后，连续三个晚上召开中共醴陵县各地支部书记和区农协委员长座谈会，到会40多人。为了尽可能多地获得有价值的调研资料，每晚都座谈至深夜。座谈会上，到会人员主要汇报全县各地入冬以来开展农运的情况，研究如何加强领导，扩大农协组织，发展农民武装，建立和巩固农民政权等问题。有时候，他还与当地的党员群众谈心，既了解情况，又沟通思想，进行马克思主义教育。

在醴陵，毛泽东还召开了一个全县各区有代表性的农民和士绅座谈会，询问当地农民的土地占有、神祖祀会、出产品等方面的情况。随后，毛泽东到离县城25华里的东富寺考察了三天。在这里，毛泽东参加了三个会议：一是有共产党员、农会骨干、自卫队长、妇女和青年工作负责人参加的座谈会；二是三区区委扩大会；三是出席有各方面负责人及东富寺附近农民一千多人参加的大会。在前两个会上，毛泽东主要是听取工作汇报和了解各方面的情况反映。在后一个大会上，毛泽东还发表了讲话。为了启发到会的人员，他指着围墙说：这墙是用三合土做的，三合土中，沙子是散的，可是加上黄土和石灰，用水合拢，干了以后，羊角耙也扎不进去，使劲也推不倒，这叫团结就是力量。

2月4日，毛泽东回到长沙后在长沙县的板仓考察，在有各阶层群众代表参加的座谈会上，详细地了解了农民运动的历史和现状。毛泽东还调查了农村阶级状况，询问了板仓地区的自耕农、半自耕农、佃农所占比例等。

经过 32 天对五个县农村的深入考察，毛泽东对农民运动有了新的感受和认识。他如是说：

> 这五县正是当时农民运动很高涨的地方，许多农民都加入了农民协会。国民党骂我们"过火"，骂我们是"游民行动"，骂农民把大地主小姐的床滚脏了是"过火"。其实，以我调查后看来，也并不都是像他们所说的"过火"，而是必然的、必需的。因为农民太痛苦了。我看受几千年压迫的农民，翻过身来，有点"过火"是不可免的，在小姐的床上多滚几下子也不妨哩！①

在此前后，毛泽东在中共湖南区委做了几次报告，这对党更加全面认识农民运动具有重要意义。李维汉回忆说，"我们听取毛泽东调查归来的报告后，改变了对待农民运动的错误观念"。中共湖南区委在 2 月写给中央的《湘区一月份农民运动报告中》也指出，"自润之同志自乡间视察归来，我们才感贫农猛烈之打击土豪劣绅实有必要，非如此不足以推翻现在乡村之封建政治"，"故可说此时改变从前站在富农、中小地主方面限制贫农之错误观念矣"。②

毛泽东对调查所获取的第一手资料进行梳理、总结、分析，并于 2 月 16 日向中共中央提交了一份简要的报告，指明了党在农民运动中所犯的错误。报告指出："在各县乡下所见所闻与在汉口在长沙所见所闻几乎全不同，始发现从前我们对农运政策上处置上几个颇大的错误点。"党对农民运动的政策，应注意以"农运好得很"的事实，纠正政府、国民党、社会各界一致的"农运糟得很"的议论；以"贫农乃革命先锋"的事实，纠正"痞子运动"的议论；以

---

① 《毛泽东农村调查文集》，人民出版社 1982 年版，第 2 页。
② 转引自中共中央文献研究室编《毛泽东年谱》上卷，中央文献出版社 2013 年版，第 179 页。

从来并没有什么联合战线存在的事实，纠正农协破坏了联合战线的议论。①

随后，毛泽东根据此次调查获取的资料写成了著名的《湖南农民运动考察报告》，全文两万多字。在报告中，毛泽东热烈地赞颂农民群众打翻乡村封建势力的伟大功绩，尖锐地批驳党内外责难农民运动的各种谬论，阐明农民斗争同革命成败的紧密关系，总结了湖南农民运动的丰富经验，提出了解决大革命时期农民问题的理论和政策。

首先，报告尖锐地批驳了党内外对农民运动的各种责难，充分肯定了农民运动在中国革命中的伟大作用。毛泽东指出："宗法封建性的土豪劣绅、不法地主阶级，是几千年专制政治的基础，帝国主义、军阀、贪官污吏的墙脚。打翻这个封建势力，乃是国民革命的真正目的。"他强调："国民革命需要一个大的农村变动，辛亥革命没有这个变动，所以失败了。现在有了这个变动，乃是革命完成的重要因素。""孙中山先生致力于国民革命凡四十年，所要做而没有做到的事，农民在几个月内做到了。这是四十年乃至几千年未曾成就的奇勋。这是好得很。"一切革命的党派，革命的同志都应当站在农民的前头领导他们，而不是站在他们的背后指手画脚地批评他们，更不是站在他们的对面反对他们。

其次，报告强调了建立农村民主政权和农民武装的必要性。毛泽东指出，党在领导农民斗争的过程中，应当首先集中力量推翻地主政权，建立农民民主政权。在中国，要实现革命目标和一个大的农村变动，就必须放手发动农民，推翻地主阶级政权，建立农民的武装政权，由农民协会掌握农村一切权力，然后进行减租减息、分配土地等斗争。为此，毛泽东发出战斗号召，即"打倒土豪劣绅，一切权力归农会"。经过几个月的斗争，"其结果，把几千年封建地主的特权，打得个落花流水，地主的体面威风，扫地以尽，地主权力既倒，农会便成了唯一的权力机关，真正办到了人们所谓'一切

---

① 中共中央文献研究室编：《毛泽东年谱》上卷，中央文献出版社 2013 年版，第 179 页。

权力归农会'"。

再次，报告分析了农村各阶级对革命的态度。毛泽东指出，"这种革命大业，革命重要工作，是不是农民全体做的呢？不是的。农民有富农、中农、贫农三种，三种状况不同，对于革命的观感也各别"。对于革命的态度，富农是消极的，中农是游移的，贫农是坚决的。基于这一客观分析，毛泽东提出了依靠贫农、团结中农的阶级路线。他强调"没有贫农阶级，决不能造成现时乡村的革命状态，决不能打倒土豪劣绅，完成民主革命"。他还高度评价了贫农在革命中的作用，称他们是"革命的先锋"，"乡村中一向苦战奋斗的主要力量"，"他们最听共产党的领导。他们和土豪劣绅是死对头，他们毫不迟疑地向土豪劣绅营垒进攻"。

最后，报告阐述了放手发动群众、组织群众、依靠群众的革命思想。在毛泽东看来，要推翻几千年根深蒂固的地主权力，必须发动和组织亿万农民，造成一个大的革命热潮，在革命中出现"反常"的举动是完全必要的。他列举了农民协会做的14件大事，给予了充分肯定，认为都是革命的行动和完成民主革命的措施。

1927年3月5日到4月3日，《湖南农民运动考察报告》全文在中共湖南区委机关刊物《战士》周报连载。3月间，中共中央机关刊物《向导》、汉口《民国日报》的《中央副刊》发表其中的前两章。3月28日，《湖南民报》开始连载。毛泽东预示："很短的时间内，将有几万万农民从中国中部、南部和北部各省起来，其势如暴风骤雨，迅猛异常，无论什么大的力量都将压抑不住。他们将冲决一切束缚他们的罗网，朝着解放的路上迅跑，一切帝国主义、军阀、贪官污吏、土豪劣绅，都将被他们葬入坟墓。"① 毛泽东的远见是正确的，因为不久之后，湖南农会会员就发展到200万人，能直接领导的群众达1000万，差不多占了湖南农民的一半。

4月，以《湖南农民革命》为书名，《湖南农民运动考察报告》出版了全文的单行本，由长江书店刊印发行。中共中央、中央局委员瞿秋白为这本书写了序言，他热情洋溢地说："中国农民要的是政

---

① 《毛泽东选集》第1卷，人民出版社1991年版，第13页。

权和土地。……中国革命家都要代表三万万九千万农民说话做事，到前线去奋斗，毛泽东不过开始罢了。中国的革命者个个都应该读一读毛泽东这本书，和读彭湃的《海丰农民运动》一样。"在这篇《序言》里，瞿秋白还给了毛泽东和彭湃一个称号："农民运动的王！"①

5 月 27 日和 6 月 12 日，共产国际执委会机关刊物《共产国际》先后用俄文和英文翻译发表了《湖南农民运动考察报告》，这是《共产国际》杂志第一篇反映中国人对于中国革命重大问题的观点的论文。《共产国际》英文版的"编者按"指出："在迄今为止的介绍中国农村状况的英文版刊物中，这篇报道最为清晰。"时任共产国际执委会主席团委员的布哈林在执委会第八次扩大会全会上也说："我想有些同志大概已经读过我们的一位鼓动员记述在湖南省内旅行的报告了"，这篇《报告》"文字精练，耐人寻味"。②

毛泽东的这次调查活动，"在湖南发生了影响"③。中共湖南区委对毛泽东报告的原则精神表示赞同，改变了前一阶段对待农民运动的错误观念。

湖南省农民协会根据毛泽东的建议，发出《省字第六四二号训令》，批判了地主豪绅对农民运动的种种诬蔑和攻击，指出有些县开展什么"洗会运动"，"打击失业农民"，"这真是想要革命，却开倒车，并且不知不觉的中了反动派的圈套"。《训令》明确规定各地"不得以政治势力打击失业农民"，"区乡协会，失业农民可当选执委"；"罚款游园等事，如是豪劣罪有应得，不能强抑"；"各地土豪劣绅如向农民进攻，须坚决地对他们施以打击"，号召被压迫农民迅速起来，做推翻封建势力的斗争。

在蒋介石集团发动"四一二"政变后，湖南省委在毛泽东的关怀和支持下，发出了《湖南第一次农运宣传周宣传纲要》。《纲要》指出，此次农民运动是农民对土豪劣绅几千年来进攻的一种反攻。

---

① 瞿秋白：《湖南农民革命》（一）序言，汉口长江书店 1927 年版，第 8 页。
② 参见中共中央文献研究室编《毛泽东年谱》上卷，中央文献出版社 2013 年版，第 183 页。
③ 《毛泽东文集》第 1 卷，人民出版社 1993 年版，第 46 页。

土豪劣绅是农村中的直接统治者，所以农民运动一起来便首先反抗土豪劣绅。凡此所谓的农村纠纷，实际就是农民铲除封建制度下层势力的一种革命行动。几个月来的农民运动、将土豪劣绅的势力打得粉碎。虽然其中不免有过火的毛病，但是就大体而言，我们须得承认他们是革命的，承认他们的功绩超过了其他革命民众的总和。《纲要》进一步指出，"有人说农村纠纷是破坏社会秩序。实质上农民所破坏的是封建的社会秩序，而这种破坏，在民主革命的过程中，决不能避免的。日前农民仅将其一部分势力，对土豪劣绅打击了一下；至于站在同等反动地位的贪官污吏，还逍遥法外。进一步消灭贪官污吏、土豪劣绅势力，这便是我们对农村纠纷应有的态度"。

《湖南农民运动考察报告》诞生后不久，毛泽东的第三个儿子毛岸龙，也于4月4日在武昌呱呱坠地了。近在咫尺，可是父亲到第四天才见到自己的新生儿。这段时间，毛泽东太忙了。几天之内，毛泽东又新添了三个职务，都是关于农民运动的：3月30日，全国农民协会临时执行委员会正式组成，毛泽东担任常务委员兼组织部长。4月2日，国民党中央常务委员会第五次扩大会议决定，由邓演达、徐谦、顾孟余、谭平山、毛泽东五人组成土地委员会，并决定"由此会确定一个实行分给土地与农民的步骤"，"做成乡间普遍的革命现象"。4月4日，先期已开课的中央农民运动讲习所补行正式的开学典礼。邓演达、毛泽东、陈克文为农讲所常务委员，而毛泽东是实际上的主要负责人，"负实际主持之责"。

第八章　致力解决农民土地问题

前文指出，1926 年 12 月召开的汉口特别会议上，毛泽东赞成湖南区委的建议，提出根据湖南农民运动的发展趋势，开展土地革命，解决农民的土地问题。但这个主张并没有得到会议的采纳。

这时的形势是，贫苦的农民已经在自发地起来解决土地问题了。在国民政府管辖下的湖南、湖北、江西等地区，特别在湖南，有的农民已经自发起来没收地主的土地，进行分配。"自发"，这意味着革命已经行进到一个新的阶段，一位外国人也写道："农民已经自行夺取地主土地了，就连农民协会也控制不了这种夺地行动。"① 上述地区的农民运动，实质上已经进入到了土地革命的阶段。

1927 年年初的湖南，凡是农民革命推翻了地主豪绅统治的地方，农民都以各种方式提出了土地要求。三四月间，湖南一些地方的农民开始自动起来分地主的田。最早行动起来的是长沙附近的霞凝乡的农民，他们以人口为标准，每男子 1 人分田 8 亩，有妻室者倍之，有子或女者每丁加谷 4 石，田地被分者甚多。长沙、浏阳、衡山、湘潭、醴陵、湘乡等县一些区乡的农民，成立了土地委员会。用平均佃权、清丈田亩、插标占田、分田分谷等方式，在自行解决土地问题。②

湖北农民也提出了土地要求，开始分配地主的土地。黄安县的城关牌坊店农协实行"分种良田"，没收了大地主的 9 石良田；黄梅

---

① 《中国大革命武汉时期见闻录》，中国社会科学出版社 1985 年版，第 140 页。

② 林祖涵：《湖南的土地问题》，《中国农民》1927 年第 2 卷第 1 期；《湖南农民运动资料选编》，人民出版社 1988 年版，第 718—719 页。

县的独山农民协会已进行了清丈田亩、登记土地的工作；黄梅县蔡山农协，烧毁了地主的田契与债券。① 等等这些都预示着中国正一步步地进入到革命的中心地带。

早就主张解决农民土地问题的毛泽东，曾在参加国民党二届三中全会时，与邓演达、陈克文等以国民党中央农民运动委员会常务委员的名义提出《对农民宣言案》，强调解决农民土地问题的重要性。该案在会议上获得通过，即《对全国农民宣言》。《宣言》认为，"中国国民革命最大部分的目标在于使农民得到解放"，"革命的进展，农民的要求已是很迅速的由初步达到了第二步，即在许多地方已发生严重的土地问题"。"广东、湖南、湖北农民运动发展的地方，贫农对土地的要求，已甚迫切；北方贫农群众的土地问题，也是极其严重。"我们要"拥护农民获得土地之争斗，至于使土地问题完全解决而后止"。《宣言》强调指出："中国的农民问题，其内容即是一个贫农问题。"这个广大的贫农阶级之存在，即为革命动力的要素。贫农问题不解决，革命将终究没有完成的一日。"贫农问题的中心问题就是一个土地问题。"②

国民党的二届三中全会另一项重要决定是，成立中央土地委员合作为专门机构，作为解决土地问题、具体研究有关政策的机构，由毛泽东与邓演达、徐谦、顾孟余、谭平山五人组成。按照邓演达的解释，土地委员会的任务就是"确定一个实行分给土地与农民的步骤"，"做成乡间普遍的革命现象，然后可以推翻社会的封建制度"。③

随后，在4月2日至5月6日，国民党中央土地委员会召开了一系列会议讨论农民土地问题，包括二次委员会、六次委员会扩大会议、三次审查委员会。会议密集度不可谓不高。毛泽东在这一系列会议中多次发言阐述自己的主张和意见。为了更准确地分析毛泽东关于这一问题的主张，我们有必要进行简要的回顾。

---

① 《农民运动的伟大纲领》，人民出版社1978年版，第85页。
② 《中国国民党历次代表大会及中央全会资料》，光明日报出版社1985年版，第308—311页。
③ 蒋永敬：《鲍罗廷与武汉政权》，台北传记文学出版社1972年版，第278页。

4月12日，国民党中央土地委员会第二次会议主要讨论土地的没收和分配方法问题。毛泽东在发言中指出："所谓土地没收，就是不纳租，并无须别的办法。现在湘、鄂农民运动已经到了一个高潮，他们已经自动地不纳租了，自动地夺取政权了。中国土地问题的解决，应先有事实，然后再用法律去承认他就得了。"①

4月19日，在国民党中央土地委员会第一次扩大会议上，毛泽东提出解决土地问题应有一个纲领。他认为这个纲领的内容应该包括：（1）解决土地问题的意义；（2）土地没收的标准和分配的方法，这是解决土地问题的中心问题；（3）农民以什么政权机关来没收和分配土地；（4）禁止买卖土地和土地国有问题；（5）征收地税问题。他还从六个方面阐述了解决土地问题的意义：（1）解放农民，废除地主及一切压迫阶级的剥削和压迫，此为本题的主要意义；（2）增加生产，解决农民的生活痛苦和改良土地；（3）保护革命，解决土地问题后即能够解决财政问题及士兵问题；（4）废除封建制；（5）发展中国工业；（6）提高文化水平。会议还决定由毛泽东、谭平山、顾孟余起草解决土地问题的意义的文件。②

4月20日，国民党中央土地委员会第二次扩大会议召开。毛泽东出席了会议并在发言中指出，"没收土地为解决土地问题的中心问题。解放农民不仅包括现在耕种受痛苦的农民，也包括士兵在内"。这次会议采纳了毛泽东关于成立专门委员会讨论和起草解决土地问题的方案的提议。

两天之后的4月22日，毛泽东出席国民党中央土地委员会第三次扩大会议。邓演达代表毛泽东、易礼容、陆沉和岳尔克五人专门委员会做关于《解决土地问题决议草案》的报告。报告说：解决土地问题"原则上是平均地权，耕者有其田，以至土地国有"。为适应农民迫切要求使联合战线不受危害，在步骤上分为两步，第一步实行"政治的没收"，第二步实行"经济的没收"。接着，毛泽东对草案做了比较详细的补充说明。他说："现在所决定为政治的没收，如

① 中共中央文献研究室编：《毛泽东年谱》上卷，中央文献出版社2013年版，第191页。

② 同上书，第192页。

土豪劣绅军阀等等的土地，此为第一步。进一步再论凡自己不耕种而出租于他人的田皆行没收，此为经济的。经济没收在湖南已不成问题，农民已自行分配。在财政上，土地问题不解决，亦是没有办法的，是无出路的。军阀在湖南，是剥削农民的。国民政府到湖南后，仍未能免除剥削，因战争关系，财政上不能不继续旧政策，此种情形，恰与现在革命发生矛盾。如没有出路，革命必遭失败。现在的财政如登记税是收不到，田税是有许多不缴纳的，苛捐杂税，更不能收。故土地问题必须解决。"毛泽东指出，专就湖南的状况说，用政治没收的形式是不够的，但就一般而论，只能用政治没收。所以，国民政府应明定一般的法规，同时又须颁行单行的法规，如湖南。他说：湖北不能与湖南比，河南又不能与湖北比，其解决土地问题的办法当然不同，全国都实行经济的没收，则是空想。毛泽东还说，自耕农、中农的土地不没收，富农是要没收的。这种具体问题具体分析的精神可以说贯穿了毛泽东的一生。

又过了两天，4月24日，国民党中央土地委员会第四次扩大会议召开。毛泽东在会上多次发言，一方面对采取政治没收的办法解决土地问题表示同意，另一方面又表示"须再加以限制，说明界限，没收土豪劣绅军阀反革命派的土地是无人反对的"。在谈到土地制度和佃农问题时，毛泽东说：现在只可用"土地公有"的口号，不能用"国有"的口号。要尽快定出保障佃农的办法，如免减租税，田主不得虐待等。

5月6日召开的国民党中央土地委员会第六次扩大会议，讨论通过了新拟定的《解决土地问题决议案》。决议案规定，没收大地主即沃壤超过50亩、瘠壤超过100亩者之土地及官地公地荒地，分配给无地少地之农民。决议案还规定，要建立农民的政权和武装，以保障农民的政治和经济权利。这是正确的。但决议案又规定对小地主的土地不没收，并且还"确定小地主之标准，大约沃壤每人不过五十亩，瘠壤不过一百亩"。显然，这样就很难满足农民的土地要求。所以，《解决土地问题决议案》是存在着较大的局限性的。毛泽东关于土地问题的正确主张，由于种种原因未能在这个决议案中得到充分反映。

5月9日，国民党中央土地委员会5名委员邓演达、毛泽东等署名向国民党中央执行委员会呈送了报告，并附上《解决土地问题决议案》等七个决议案，请求核夺。当天，国民党中央执行委员会政治委员会第19次会议讨论了这个报告，决定只公布《处分逆产条例》和《保护佃农法》。这样，土地委员会讨论的中心议题《解决土地问题决议案》就被搁置下来。毛泽东在回忆中谈到了此时的"心潮"："一九二七年，大革命失败的前夕，心情苍凉，一时不知如何是好。这是那年的春季。"①

综观以上毛泽东在国民党中央土地委员会上的发言，可以将其关于土地问题的思想归纳为三个主要方面：一是指出土地革命的根本目的是要废除封建制度，使农民得解放，以进一步发展农业生产，解决财政问题，"保护革命"。二是提出土地革命的基本任务是要没收"凡自己不耕种而出租于他人的田"，分给农民耕种。没收土地还包括富农出租的土地，即要彻底消灭封建剥削制度。三是主张实施没收土地的阶段性和地域性，要采取自下而上和自上而下相结合的方法。分"政治的没收"和"经济的没收"两个阶段。一要自下而上，即"土地问题的解决应先有事实，然后再用法律去承认他"。二要自上而下，国民政府制定相关法律，加以积极引导。

毛泽东的上述思想，尽管没有在《解决土地问题决议案》中得到充分反映，《解决土地问题决议案》也没有被国共合作的武汉政府所接受，但是，这些思想对后来中共领导的土地革命运动，正确的土地革命的路线和政策的形成，无疑起到了特殊重要的作用。

需要指出的是，这一时期，毛泽东不仅在国民党土地委员会上力倡解决土地问题，在中国共产党内，也在积极努力，这主要表现在中共"五大"前后相关政策的形成和出台上。

毛泽东在参加湘鄂粤赣四省农协联席会议时，形成了一个土地问题的提案，后来提交给中共"五大"。他说，1927年春，"我到达武汉的时候，各省农民联席会议正在举行，我出席会议并讨论了我文章中提出的建议——广泛地重新分配土地。出席会议的还有彭湃、

① 毛泽东1958年在文物出版社刻印的《毛主席诗词十九首》书眉上的批注。

方志敏等人和约克、沃伦两个俄国共产党员，会议通过了决议，采纳了我的主张并提交共产党第五次代表大会考虑"①。4月7日召开的中共中央执行委员、中共湖北区委和共产国际代表团联席会议还曾决定，由瞿秋白和毛泽东负责为第五次全国代表大会准备农民土地问题的资料。但是，毛泽东的提案并没有被采纳。对此，毛泽东曾向斯诺表示，"但是，中央委员会把它（指毛泽东提交的'广泛地重新分配土地'的提案，引者注）否决了"。"我要求迅速加强农民斗争的主张，甚至没有加以讨论。"② 据李维汉回忆，之所以没有讨论毛泽东的提案，是因为考虑到国民党当时正在召开土地委员会讨论该问题。③

中共"五大"在讨论要不要立即发动农民群众由减租进到没收分配土地这个问题上，出现了争论和分歧。会上，毛泽东等人提出，要在湖南、湖北等地大力发展农民武装和建立农村革命政权，立即进行急进的土地革命，普遍解决农民的土地问题。会议经过争论，通过了《土地问题议决案》。该议决案第三部分"国民革命中的农民政纲"指出，在当前阶段，需要实行如下策略："（一）没收一切所谓公有的田地以及祠堂、学校、寺庙、外国教堂及农业公司的土地，交诸耕种的农民"；"（二）（甲）无代价的没收地主租与农民的土地，经过土地委员会，将此等土地交诸耕种的农民。（乙）属于小地主的土地不没收。（丙）革命军人现时已有的土地可不没收。（丁）革命军士兵中没有土地者，由革命战役完结后，可领得土地耕种"。单纯从文字上看，该议决案并没有采纳毛泽东"广泛地重新分配土地"的主张，却也明确提出要解决农民的土地问题，这乃其积极意义所在。

遗憾的是，这个议决案并没有得到贯彻落实。蔡和森后来在"八七"会议上的发言中曾说："五次大会的中心集中到土地革命，成立了很好的决议，但大会后中央不实行而且相反"，这是"五次

---

① ［美］埃德加·斯诺：《西行漫记》，董乐山译，生活·读书·新知三联书店1979年版，第136页。
② 同上。
③ 李维汉：《回忆与研究》上册，中共党史出版社1986年版，第107页。

大会后的错误"。① 其实，蔡和森也只说对了一半。因为，这个"很好的决议"之所以得不到实行，与中共"五大"本身也有关系，并非完全是中共"五大"以后的错误。

在中共"五大"关于如何解决土地问题的争论中，毛泽东与陈独秀等人就发生了争论。李维汉回忆说："以陈独秀为代表的一部分人，包括国际代表鲍罗廷、罗易认为，解决土地问题要以国民政府颁布的法令为遵循，因而主张等国民政府公布土地法令后进行工作。而毛泽东和湖南代表团则主张不要等法令公布，就可以在湖南实行自下而上的插标分田。"②

的确，在当时国共合作即将破裂的形势下，中共"五大"必须要指明如何去没收土地，如何才能挽救革命，即不要再顾及统一战线的破裂，应该放开手脚去开展土地革命。可惜的是，中共中央"为了迁就国民党"，大会还在强调要符合国民政府颁布的法令。为此，1927 年 5 月 25 日中共中央政治局通过的《对于湖南工农运动的态度》的决议，就对土地问题加以拖延："关于土地问题，我们固然不能根本放弃第五次大会所决定政纲；但我们须知道中国土地问题尚须经过相当宣传时期，并且必须先行解决土地问题之先决问题——乡村政权问题，因此我们即须：（1）扩大土地问题在各方面之宣传尤其在军队中；　（2）着手建立乡村自治政权及县自治政权。"③

这客观上影响了中国革命的进行。而毛泽东对中共中央实行这一政策是不赞成的。他后来对斯诺说："对于当时党的政策，特别是对农民运动的政策，我非常不满意。……如果当时更彻底地把农民运动组织和武装起来，开展对地主的阶级斗争，那么，苏维埃就会更早并更有力地在全国发展起来。"④

---

① 《蔡和森的十二篇文章》，人民出版社 1980 年版，第 70 页。

② 李维汉：《回忆与研究》上册，中共党史出版社 1986 年版，第 107—108 页。

③ 中央档案馆编：《中共中央文件选集》第 3 册，中共中央党校出版社 1989 年版，第 136—137 页。

④ ［美］埃德加·斯诺：《西行漫记》，董乐山译，生活·读书·新知三联书店 1979 年版，第 136 页。

第九章　大革命时期毛泽东农民问题的理论分析

随着革命的深入发展，毛泽东在实践的基础上不断深化对农民问题的认识，通过对农村阶级的分析、农民在中国革命中的地位和作用的阐释、农民政权和农民武装等问题的思考，逐渐形成了具有鲜明特色的农民问题理论。

一　关于对农村阶级的分析

运用马克思主义阶级分析法，在对中国农民的具体生活状况、农村各阶层的经济地位和政治态度的科学分析的基础上，正确认识中国农村阶级问题，是指导中国革命取得胜利的重要理论前提。毛泽东就此进行了长时期的思考和研究。

1921 年 8 月，毛泽东与何叔衡利用船山学社社址和经费创办了湖南自修大学。毛泽东任指导主任，负实际领导责任。毛泽东在自修大学授课讲义中对农村做了初步分析：

一是"土财主"：有多亩田地而自己不耕种，或雇人耕种，或租给人家种，自己坐家收租；

二是"中等农民"：自己拥有的土地自己耕种，而以这土地的出产可以养活全家，也有自己土地之外租人家的土地耕种；

三是"下级农民"：自己有一点土地，然而只靠自己土地的出产绝不能养活全家，所以不得不靠着耕人家的田，分得一钟而自赡；

　　四是"穷光蛋"：自己连插针的地方都没有，专靠耕人家的田谋生活。

　　这种分析方法虽然还不准确，所使用的"阶级"概念也并不科学。但是，毛泽东在这里基本上勾勒了地主、中农、贫农、佃农的经济状况，包含着极其重要的思想。

　　1925年以后，随着毛泽东领导农民运动的实践的丰富，以及对农民运动广泛的考察，使毛泽东对农村阶级的分析也更加深入了。这些分析主要体现在《中国农民中各阶级的分析及其对于革命的态度》①、《中国社会各阶级的分析》、《湖南农民运动考察报告》等文章当中。

　　在《中国农民中各阶级的分析及其对于革命的态度》一文中，毛泽东把全部农村人口划分为八种成分：大地主、小地主、自耕农、半自耕农、半益农、贫农、雇农及乡村手工业者、游民。八种人又归结为五个阶级，即：大地主阶级、中产阶级（小地主）、农村小资产阶级（自耕农）、半无产阶（半自耕衣、半益农、贫农）、农业无产阶级（长工、零工及游民无产阶级）。毛泽东作这种划分的依据是：以占有他人的剩余劳动力为准，即是否被他人剥削或是否剥削他人，剥削量或被剥削量是多少。这就是说，划分农村阶级，不仅要进行经济上的定性分析，还要进行经济上的定量分析。

　　接着，在《中国社会各阶级的分析》一文中，毛泽东进一步深化了上述阶级分析的方法。他把农村各阶级放在中国社会总体阶级关系中进行考察，紧紧地抓住各阶级在社会经济结构中的地位，确定它们的阶级性。把城市阶级分析和农村阶级分析统一起来，根据它们的经济地位大致相同，把全国的阶级划分为五种："大资产阶级（买办阶级、大地主、官僚、军阀）、中产阶级（华资银行工商阶级、小地主、民族资产阶级知识分子）、小资产阶级（自耕农、小

----

　　①　《中国农民中各阶级的分析及其对于革命的态度》，最早发表在1926年1月1日中国国民党中央农民部主办的《中国农民》第1期。这是毛泽东为《中国农民》撰写的文章，全文约4200字。

商、手工业主、小知识分子）、半无产阶级（半自耕农、半益农、贫
民、手工业工人、店员）、无产阶级（工业无产阶级、都市苦力、农
业无产阶级、游民无产阶级）。"

在《湖南农民运动考察报告》中，毛泽东分析了富农、中农、
贫农三个阶层的不同情况。[①] 富农是农村中的资产阶级，占有较多的
土地、较优裕的生产工具和活动资本，大多有一部分土地出租，并
进行雇工剥削、放高利贷，他们的剥削也很残酷，带有半封建性。
这种经济地位就决定了他们看不起贫农、讥笑贫农、怀疑革命、害
怕革命。但由于当时农民运动攻击的主要目标是土豪劣绅、不法地
主，依据有步骤、有分别地消灭封建剥削制度的原则，他们暂时还
不是革命的对象，还没有从根本上触犯到他们的经济利益。因此，
他们"在反对地主的土地革命斗争中也可能保持中立"。

中农是农村小资产阶级。一方面，中农作为劳动者，一般不剥
削别人，也反对地主富农对他们的剥削，这就使他们和贫农接近。
同时，面对各种剥削和压迫，中农自给自足的经济状况日益难以维
持。因此，中农会参加农村革命。另一方面，中农是私有者，经济
上能自给自足。这种经济地位，又使他们只顾眼前的个人利益。因
此，对待革命是"游移的"，"暂时还不甚积极，他们还要看一看"。
但只要向他们多做宣传教育工作，使他们认识到自己的根本利益所
在，以及革命的前景，中农是可以同贫农团结起来，参加革命的。

贫农是"革命的先锋"，"乡村中一向苦战奋斗的主要力量"。
贫农的这种态度也是由其经济地位决定的。贫农"上无片瓦，下无
插针之地"。贫农又可以分为赤贫、次贫两类。其中，赤贫就是全无
业，即既无土地，又无资金，完全失去生活依据，不得不出外当兵，
或出去做工，或打流当乞丐。次贫就是半无业，即略有土地，略有
资金，但终年是在劳碌愁苦中过生活，如手工工人、佃农（富佃除
外）、半自耕农等。贫农所受压迫、剥削最为深重。这就决定了他们

---

① 美国学者罗尔斯·特里尔认为，"毛泽东把农民划分为贫农（70%）、中农（20%）
和富农（10%）。作为社会科学的划分，这样分类只是粗略的，但是作为变迁的杠杆来说这是
英明的"。[美] 罗尔斯·特里尔：《毛泽东传》，中国人民大学出版社 2006 年版，第 97 页。

具有最强的革命性。[①]

二　强调农民在中国革命中的地位和作用

第一，毛泽东从分析农民所遭受的残酷剥削入手，指出农民中蕴藏着巨大的革命性。

毛泽东指出，农民深受帝国主义、军阀、地主阶级的三重压迫。毛泽东认为，帝国主义对中国各种形式的经济侵略，造成中国民族经济的破产，而给反动军阀政府的贷款、不平等条约的赔款，十分之九都是农民负担本利，中国农民成为反帝国主义剥削的主要对象，因而"打倒帝国主义的口号十之八九是代表农民叫出来的"。军阀对农民的剥削分直接剥削和间接剥削两种。直接剥削分田赋和捐税两大类，几十种名目。"仅田赋一项，1925年达1.5亿元。"地主阶级以重担、重息、重捐、预征米粮等手段剥削农民，榨取贫苦农民的血汗。还设立团防、民团，肆意征收亩捐、丁捐、猪牛捐、临时捐等作为民团费用。地主从农民身上刮去的，大约要占农民收获的60%至65%。深受三重压迫和残酷剥削的农民已蕴藏着极大的革命力量，只要引导，必然会如火山般爆发。

第二，从农民人口所占的数量上看，毛泽东肯定农民是中国革命的主力军。

在广州农民运动讲习所讲授《中国农民问题》时，毛泽东指出，"中国人口四万万，农民占80%，当有三万万二千万以上，在人口看，我们就不能否认农民问题在中国国民革命中的重要"。这众多的农民中，70%是贫苦农民。他们整个都能积极参加革命，20%是中农，虽然他们的革命态度"游移"，但"全部可以倾向革命"。[②] 因此农民当中所爆发出来的力量是猛烈的。他说："目前农民运动的兴起是一个极大的问题。很短的时间内，将有几万万农民从中国中部、

① 《毛泽东选集》第1卷，人民出版社1991年版，第19—21页。
② 《中国农民中各阶级的分析及其对于革命的态度》，《中国农民》1926年第1期。

南部和北部各省起来，其势如暴风骤雨，迅猛异常，无论什么大的
力量都将压抑不住。他们将冲决一切束缚他们的罗网，朝着解放的
路上迅跑。一切帝国主义、军阀、贪官污吏、土豪劣绅，都将被他
们葬入坟墓。一切革命的党派、革命的同志，都将在他们面前受他
们的检验而决定弃取。"① 在谈到农民的功绩时，毛泽东说，若"论
功行赏，如果把完成民主革命的功绩作十分，则市民及军事的功绩
只占三分，农民在乡村革命的功绩要占七分"②。因此，毛泽东在
《国民革命与农民运动》一文中指出："农民问题乃国民革命的中心
问题；农民不起来参加并拥护国民革命，国民革命不会成功。"

　　第三，毛泽东分析并强调了农民的解放对其他阶级的解放的
意义。

　　在讲授《中国农民问题》时他还提出，工人要求得政治上的自
由，"不与农民合作，要求能否得到所求是一个疑问"。"经济方面，
工人要求加工资，减时间非罢工不可，但是罢工又常常失败，这是
因为农民不帮助。"因此，"工人经济政治问题，是与农民有密切关
系"。商人的利益与农民关系密切。"农民既穷则农产品也不好，商
人购买也难其选。再农民购买不足，则对工业品当然不要，而工业
品之销售多属于农民，农民既如此，则商人亦遭痛苦。假若农民问
题解决，则商人问题也解决。"毛泽东举例说，"反对帝国主义反军
阀是联合各阶级的，自辛亥革命以后，继续未断的。最近'五卅'
能造成反帝国主义的运动，是工商学联合起来的"。但是失败了，
"最大原因，就是全国生产主力军——农民未有起来，而让工人孤军
奋斗"。"以上意思是各界皆知起来革命，若没有农民的援助是不成
功的。"

　　在《国民革命与农民运动》一文中，毛泽东从评述"以为买办
阶级之猖獗于城市，完全相同于地主阶级之猖獗于农村，二者应相
提而并论"出发，强调了农民运动对于城市革命的重要意义。他说：
"这话说猖獗对，说完全相同不对。买办阶级集中的区域，全国不过

---

① 《毛泽东著作选读》上册，人民出版社 1986 年版，第 12 页。
② 《向导》1927 年 3 月 12 日。

香港、广州、上海、汉口、天津、大连等沿海沿江数处，不若地主阶级之领域在整个的中国各省各县各乡。政治上全国大小军阀都是地主阶级（破产的小地主不在内）挑选出来的首领，这班封建地主首领即封建军阀利用城市买办阶级以拉拢帝国主义，名义上实际上都是军阀做主体，而买办阶级为其从属。财政上军阀政府每年几万万元的消耗，百分之九十都是直接间接从地主阶级驯制下之农民身上括得来，买办阶级如银行公会等对北京政府有条件的借债，究竟比较甚少。故我总觉得都市的工人、学生、中小商人应该起来猛击买办阶级，并直接对付帝国主义，进步的工人阶级尤其是一切革命阶级的领导，然若无农民从乡村中奋起打倒宗法封建的地主阶级之特权，则军阀与帝国主义势力总不会根本倒塌。"[1]

　　毛泽东在 1926 年年底召开的湖南第一次农民代表大会上的一番演说，表达了相同的意思。他说："国民革命中工人的要求，要原料充足、生产品丰富，解决这个问题的，就只有农民。国民革命中的商人问题有两种：一种是工业家，一种是商业家。工业品的市场是在农村，购买工业品的是农民。商人货物的原料，是从农村运来的。商人货物的销场，也在农村中。商人若想货物畅销，就要农民问题解决，有余钱可以购用品。"

三　必须建立农民政权和农民武装

　　早在 1921 年年初，毛泽东在写给蔡和森的信中就说：你关于"无产阶级获得政权来改造社会"的说法，"见地极当，我没有一个字不赞成"，"试问政权不在手，怎样去改造社会？"事实上，"非得政权不能发动革命不能保护革命不能完成革命"。[2] 由此足见毛泽东对政权的重视。

　　毛泽东在大革命时期就已经明确指出了建立农民政权的重要意

---

　　① 《毛泽东文集》第 1 卷，人民出版社 1993 年版，第 38 页。

　　② 《新民学会资料》，人民出版社 1980 年版，第 163 页。

义。他认为，农民在农村的斗争，"非推翻土豪劣绅的政权"，"便不能有农民的地位"。他在《国民革命与农民运动》一文中这样写道："乡村的农民，则一起来便碰着那土豪劣绅大地主几千年来持以压榨农民的政权（这个地主政权即军阀政权的真正基础），非推翻这个压榨政权，便不能有农民的地位，这是现时中国农民运动的一个最大的特色。我们从五年来各地的农民运动的经过看来，……不由得不有此感觉。"①

农村大革命在湖南方兴未艾之际，毛泽东及时指导农民进行推翻地主阶级的封建政权和建立农民民主政权的斗争。在由他指导起草的《湖南省第一次农民代表大会宣言》中，明确指出："农民在乡村中打击土豪劣绅，虽所取手段出于法律之外，其实这是革命争斗中所必取的手段。……我们只有大家建设新的政策，即是使农民在乡村中建立民主的自治，根本铲除土豪劣绅的封建政权。"② 接着，在《湖南农民运动考察报告》中，毛泽东更加系统地阐明了农民夺取政权的极端重要性。他指出："农村革命是农民阶级推翻封建地主阶级和权力的革命。"农民有了组织之后，"第一个行动，便是从政治上把地主阶级特别是土豪劣绅的威风打下去，即是从农村的社会地位上把地主权力打下去，把农民权力长上来"。这个夺权的斗争是"一个极严重极紧要的斗争"，是"革命时期的中心斗争"。这个斗争不胜利，"一切减租减息，要求土地及其他生产手段等等的经济斗争，决无胜利之可能"。因此，目前时期我们应该领导农民"极力做政治斗争，期于彻底推翻地主权力"，使农会真正成为农村唯一的权力机关，实现"打倒土豪劣绅，一切权力归农会"的革命目标。③

1927 年 4 月 19 日，在出席国民党土地委员会第一次扩大会议时，毛泽东进一步指出，在农村革命的时候，政权集中在农民协会；只要能够扩大农民协会的组织，农民的政权是不成问题的。"现在我

① 《毛泽东文集》第 1 卷，人民出版社 1993 年版，第 41 页。
② 《第一次国内革命战争时期的农民运动》，人民出版社 1983 年版，第 400 页。
③ 《毛泽东选集》第 1 卷，人民出版社 1991 年版，第 17、23、33、14 页。

们须要承认农民的政权，并且促进农民的政权。"① 他还指出，革命结束后，农民政权应在国民政府的系统之下，颁布区乡自治条例。这意味着毛泽东认为，实行区、乡村自治是革命胜利之后农村政权的重要特征。

毛泽东认为，建立和巩固农民政权的重要支柱是建立农民武装。那么，究竟如何建立起强大的农民武装呢？他曾经提出从两个方面着手：第一，将地主阶级的旧武装拿过来建立农民武装。他说："封建地主阶级的武装，如民团、保卫团及团防局等均须解除，交与农民。"第二，将农民武装起来，组成农会的梭镖队。他要求"每个青壮年农民都有一柄梭镖"，这支梭镖武装，"是使一切土豪劣绅看了打颤的一种新起的武装力量"②。毛泽东在广州第六届农讲所的教学中，也向广大学员灌输建立农民武装的思想。他告诫学员，"搞革命就要刀对刀，枪对枪，要推翻地主武装团防局，必须建立农民自己的武装，刀把子不掌握在自己人手里，就会出乱子"③。这些都为他日后提出"以农村包围城市、武装夺取政权的革命道路思想"奠定了基础。

毛泽东在阐述农民政权问题时还解释了建立农民政权目的的问题。一是打击和镇压宗法封建性的土豪劣绅、不法地主阶级的专制。"宗法封建性的土豪劣绅、不法地主阶级是几千年专制政治的基础，是帝国主义、军阀、贪官污吏的墙脚，打翻这个封建势力，乃是国民革命的真正目标。"二是打破农村封建的旧秩序，建设民主的新秩序。他指出，那种认为开展农民运动，建立农民政权的行为"糟得很"的人，就是站在地主利益方面打击农民的观点，就是对地主阶级企图保护封建旧秩序，阻碍建设民主新秩序的支持。不仅如此，他还列举了农民政权摧毁旧秩序，建设新秩序的具体行为，主要表现在农民协会领导下农民做的 14 件大事中，除了政治上、经济上打击地主，推翻县衙门的政权外，还包括清算族权、神权、夫权，普

① 《毛泽东文集》第 1 卷，人民出版社 1993 年版，第 44 页。
② 《毛泽东选集》第 1 卷，人民出版社 1991 年版，第 29 页。
③ 广东农民运动讲习所旧址纪念馆编：《广州农民运动讲习所资料选编》，人民出版社 1987 年版，第 326 页。

及政治宣传、清匪、禁赌、禁牌和鸦片、废苛捐、文化运动、合作社运动、修道路等。通过这些措施，使农村秩序有了明显好转，"农会势盛地方，牌赌禁绝、盗匪潜踪。有些地方真个道不拾遗，夜不闭户"。三是解决农民的土地问题，在经济上彻底使他们翻身。毛泽东认为，民主革命的基本问题是农民问题，而农民问题的核心则是土地问题，只有解决土地问题，才能调动农民参加革命的积极性。1926 年，他在广州农民运动讲习所讲课时就曾指出，农民的土地问题应分减租减息和分配土地两个步骤解决，目前应先进行第一步，待建立农民政权后，再进行第二步。1927 年 3 月，他在提出经济上打击地主的活动中指出"目前我们对农民应该领导他们极力做政治斗争，期于彻底推翻地主权力。并随即开始经济斗争，期于根本解决贫农的土地及其他经济问题"。1927 年 4 月，毛泽东在国民党中央土地委员会会议上，指出目前革命形势虽然有所发展，但危机仍然存在，如果没有作为生力军的农民的补充，革命必归于失败。只有解决土地问题，才能保护革命的生力军——农民，才能解决财政问题，也才能提高士兵（主要来源于农民）的积极性。毛泽东这种从消灭封建剥削，保护革命生力军的高度，论证解决农民土地问题的思想，是他以后在土地革命时期、抗日时期、解放战争时期等阶段提出相应的土地革命政策，最终形成完备的土地问题理论的萌芽。

第二部分

探路：理论探索与实践回应

第一章　向农村进军——"上山"思想及其实践

"上山"——向农村进军，依靠农民进行革命——是大革命失败前后毛泽东在实践中逐步形成的重要策略思想。这一策略思想随着时间的推移而丰富和发展，并运用于革命的实践之中。

前文所述，在大革命的洪流中，毛泽东长时间地从事农民运动，对农民蕴藏的巨大力量有深刻的认识。他担任过中共中央农民运动委员会书记，主持过两届农民运动讲习所的工作，是全国农协的实际负责人，是国民党土地委员会的主要成员之一。毛泽东的这些工作经历，使他深信：中国革命只有动员千百万农民参加才能取得胜利。要发动农民起来斗争，就必须离开城市，到农村去——"上山"。可以说，这是中国革命的逻辑必然。

一　"上山"是为了保存革命力量

毛泽东提出"上山"思想的初衷是保存革命力量。

1926 年 5 月，毛泽东在主持第六届农民运动讲习所时，就教导学员，干革命就是要刀对刀、枪对枪，要推翻地主的团防局，就必须建立农民的武装，刀把子不掌握在自己手里，就会出乱子。① 大革命进入紧急时期后的 1927 年 3 月，面对湖南农民运动的蓬勃发展和蒋介石为首的右派势力日益走向革命的对立面，毛泽东预计到危机

---

① 《回忆毛主席》，人民文学出版社 1977 年版，第 59 页。

已经是不可避免的了。如何保存农民手中的刀把子，毛泽东经过深刻思考之后，曾对湘南特委书记陈佑魁道出了"要带农民'上山'"的打算。①

毛泽东正式提出"上山"，则是在 1927 年 6 月中旬。据袁任远回忆，在汉口日租界一旅社，毛泽东把湖南工会、农协干部等人员召集到一起开会，要求大家"回到原来的岗位，恢复工作，拿起武器，山区的上山，滨湖的上船，坚决与敌人作斗争，武装保卫革命"②。据李维汉回忆，"毛泽东同志自 1927 年马日事变以后，就明确指出农民武装在处境十分不利的情况下，即应上山，上山可造成军事势力的基础。当时只有他提出了这种马克思列宁主义与中国国情具体相结合的远见卓识"③。

当时，革命形势已经到了岌岌可危的地步。蒋介石"四一二"反革命政变、夏斗寅武装叛乱、许克祥马日事变等相继发生，湘鄂赣三省已处于严重的白色恐怖之中。在湖南，许克祥袭击了省农民协会、省总工会及一切革命组织，杀害共产党员、国民党左派和革命群众，共产党的组织被迫转入地下。

为恢复和发展湖南革命运动，毛泽东主动提出回湖南工作。在 6 月 17 日的中共中央常委会上，蔡和森提议改组湖南省委，并鉴于毛泽东在农民运动方面的工作能力，特推荐他任湖南省委书记。④ 6 月 24 日的常委会上决定成立以毛泽东为书记的新的中共湖南省委。

此时，唐生智也回到长沙。他悍然取消工农团体，停办中等以上学校，取缔"二五减租"，公开打出反对共产党的旗帜，默认长沙市公安局逮捕共产党员数十名，杀害五人。在这种情况下，以毛泽东为首的中共湖南省委毅然举起了反对唐生智的旗帜，制订了《中

---

① 转引自刘晓农《袁文才与井冈山革命根据地的创建》，《中共党史研究》1989 年第 6 期。

② 《星火燎原》第 1 集，人民文学出版社 1964 年版，第 429 页。

③ 李维汉：《回忆与研究》上册，中共党史出版社 1986 年版，第 172 页。

④ 后来，蔡和森回忆说：一九二六年冬季以来，毛泽东"完全代表湖南土地革命的倾向，为一切敌人之所痛恨，而为一切农民之所欢迎，所以，马日事变后，和森主张他回湘工作。"蔡和森：《党的机会主义史》（1927 年 9 月），载《蔡和森的十二篇文章》，人民出版社 1980 年版，第 101 页。

共湖南省委目前的工作计划》，明确提出"一切经济的和政治的斗争，一切口号的鼓动，都以推翻唐生智的统治为目的"。该计划提出要秘密恢复省农协和各级农协，宣传土地革命的意义，并着重提出了保存工农武装的形式："第一编成合法的挨户团；次之则上山；再次之则将枪支分散埋入土中。"①

中共湖南省委根据毛泽东制订的上述计划，对工农武装进行了具体安排。已经暴露的工农武装力量，全部"上山"；尚在潜伏状态的工农武装力量，暂时保持挨户团名称的，以等待时机；力量弱小、组织也不健全的工农武装，枪支入土，人员隐蔽，或投入贺龙、叶挺部队。做出上述规划后，湖南省委发出通告，要求各地党组织认真贯彻执行。据潘心源报告记载："我们退到浏阳县城时，省委又派郭静茄（即郭亮——引者注）由平来浏，……他主张我们退到浏阳与江西边界当'大王'。对平江也一样主张。"② 在毛泽东"上山"思想指导下，湖南保存了大量工农武装，约有二千支枪。集中在安源的工农武装和湘赣边的平江、浏阳农军，后来成了秋收起义的基本队伍；宜章、郴州、资兴、汝城、桂东、耒阳、安仁等地农军，成了湘南起义的重要力量。

二 "上山"是为了发展革命武装力量

在大革命失败前夕的 7 月 4 日，毛泽东进一步把"上山"思想提到中共中央政治局常委会上讨论。这次会议讨论湖南农民协会、农民自卫武装应当如何对付敌人的搜捕和屠杀，以及反动到来时如何保存农村革命力量问题。陈独秀提出，国民革命军备军招兵时，农民协会的会员和自卫武装可应征加入，即"我们可以不客气地多将群众送给他们"③。毛泽东不同意这一主张。他认为保存武装力量

---

① 《湖南革命历史文件汇集》甲 5，湖南省档案馆 2007 年版，第 110—111 页。

② 《广州农民运动讲习所文献资料》，毛泽东同志主办农民运动讲习所旧址纪念馆 1986 年印，第 104 页。

③ 唐宝林、林茂生：《陈独秀年谱》，上海人民出版社 1988 年版，第 332 页。

的策略主要有两种："1. 改成安抚军合法保存，此条实难办到。2. 此外尚有两条路：A. 上山。B. 投入军队中去。上山可造成军事势力的基础。"在毛泽东看来，武力发挥着重要作用，"不保存武力则将来一到事变我们即无办法"①。毛泽东的这一意见获得了蔡和森的支持。但因陈独秀固执己见，毛泽东的正确意见并没有被采纳。

尽管如此，毛泽东仍然没有放弃自己的主张。比如，他在准备湘南暴动的计划中，明确把土地革命列入。8 月初，毛泽东为中共中央起草了《湘南运动大纲》。要点是："湘南特别运动以汝城县为中心，由此中心进而占领桂东、宜章、郴州等四、五县，成一政治形势，组织一政府模样的革命指挥机关，实行土地革命，与长沙之唐政府对抗，与湘西之反唐部队取联络。"② 正因此，八七会议后，主持中共中央工作的瞿秋白，征求毛泽东的意见，要他到上海中央机关去工作时，毛泽东明确表示："我不愿跟你们去住高楼大厦，我要上山结交绿林朋友。"③

8 月 9 日，毛泽东出席中共中央临时政治局第一次会议。毛泽东发言时仍然强调"上山"，即便付出沉重代价也应如此。他说，湖南省委要组织一个师的武装去广东是很错误的。大家不应只看到一个广东，湖南也是很重要的。湖南民众组织比广东还要扩大，所缺的是武装，当前处在暴动时期更需要武装。"前不久我起草经常委通过的一个计划（即《关于湘南运动的大纲》，引者注），要在湘南形成一师的武装，占据五六县，形成一政治基础，发展全省的土地革命，纵然失败也不用去广东而应上山。"④ 这一思想对后来他领导的湘赣边界秋收起义并向井冈山进军有着积极的意义。这次会议同时决定毛泽东回湖南传达"八七"会议精神，并全权负责改组湖南省委。

---

① 《湖南农民运动资料选编》，人民出版社 1988 年版，第 14—15 页。
② 中央档案馆编：《秋收起义（资料选辑）》，中共中央党校出版社 1982 年版，第 27 页。
③ 井冈山革命博物馆：《井冈山革命根据地》下卷，中共党史出版社 1987 年版，第 10 页。
④ 中共中央文献研究室编：《毛泽东年谱》上卷，中央文献出版社 2013 年版，第 207 页。

三　"上山"之路

8月18日，湖南省委在长沙市郊沈家大屋召开会议，讨论如何贯彻"八七"会议精神。在讨论土地问题时，毛泽东分析道：中国大地主少，小地主多，若只没收大地主土地，不能满足农民对土地的要求，因此必须没收整个地主阶级的土地分配给农民。而为了解决农民的土地问题，必须有武装力量的支持。他说："秋收暴动是要解决土地问题，必须有一两团兵力作为骨干，单靠农民不行；暴动是要夺取政权，没有正规武装拥卫，是自欺欺人的话；党从前的错误，就是忽略军事，现在应以百分之六十的精力注意军事运动，实行在枪杆子里面夺取政权，建设政权。"① 在这里，毛泽东的"上山"思想得到了进一步的发展，不再是单纯为保存实力，而是以军事暴动为主要方式，在农村实行土地革命，建设红色政权。

当然，不能说此时毛泽东已经确立了以农村为中心的思想。从实践上看，这一时期毛泽东领导湘赣边秋收起义的目标仍然是占领城市：长沙。换句话说，仍然是"城市中心"。

9月初，毛泽东在安源张家湾召开军事会议。会上正式成立了以毛泽东为书记的前敌委员会，并拟订了起义部队进长沙的方案：第一团由江西修水出发，攻取长寿街，进攻平江；第二团从江西安源出发，攻取萍乡、醴陵后，向浏阳集中；第三团从江西铜鼓出发，夺取浏阳的东门市，然后南下，与第二团合攻浏阳，各路进攻得手后，以长沙城内工人为内应，内外夹攻，占领长沙。

起义爆发后，由于力量对比的悬殊，各路起义部队的军事行动均遭受严重挫折。毛泽东当机立断，决定放弃原定攻取长沙的计划（在当时的环境下，这有可能被中共中央视为"逃跑"行动），将剩下的起义部队集中到浏阳文家市的里仁学校。随后，毛泽东召集前

---

① 中央档案馆编：《秋收起义（资料选辑）》，中共中央党校出版社1982年版，第113页。

委会议，讨论部队今后的行动问题。在会上，毛泽东一方面鼓励大家，指出："起义虽然受了挫折，但算不了什么，胜败乃兵家常事。我们的武装斗争刚刚开始，万事开头难，干革命就不要怕困难。我们有千千万万的工人和农民群众的支持，只要我们团结一致，继续勇敢战斗，胜利是一定属于我们的。我们现在力量很小，好比是一块小石头，蒋介石好比是一口大水缸，总有一天，我们这块小石头，要打破蒋介石那口大水缸。"另一方面，毛泽东分析敌我力量分布情况，指出："大城市现在不是我们要去的地方，我们要到敌人统治比较薄弱的农村去，发动农民群众，实行土地革命。"① 他举历史上农民起义占山为王的例子说，大家知道，历史上每个朝代里都有山大王，可从来没听说有谁把山大王彻底剿灭过。我们共产党人也要当山大王，但这是个特殊的山大王，一是共产党领导的，二是有主张、有政策、有办法的，这与历史上的山大王完全不同。

会议经过激烈的争论，否定了"取浏阳直攻长沙"的意见，决定保存实力，向江西萍乡、莲花方向退却，到敌人力量薄弱的农村、山区去寻求落脚点，以谋求发展。从进攻大城市转向进攻农村地区，这是中国革命的一次战略性退却，符合马列主义的基本原则。正是这一次退却，开启了中国革命新的历史起点。②

毛泽东的"上山"行动，面临着不小的压力。就在毛泽东为首的前敌委员会在文家市里仁学校做出"上山"决定的同一天，中共中央根据共产国际驻长沙代表马也尔的报告做出决议，要求湖南省委"应一面命令萍（乡）、浏（阳）、（平）江一带工农军进攻长沙，一面立即爆发长沙的暴动"。决议指责中共中央特派员和湖南省委停止长沙暴动和实行战略退却是"临阵脱逃"，责令湖南省委命令秋收起义部队再攻长沙。③ 中共中央这个决议送到湖南时，起义部队早已南下，无法执行了。后来，毛泽东因为没有执行中共中央决议

---

① 中共中央文献研究室编：《毛泽东年谱》上卷，中央文献出版社 2013 年版，第 218 页。
② 同上书，第 217 页。
③ 中央档案馆编：《秋收起义（资料选辑）》，中共中央党校出版社 1982 年版，第 53 页。

而受了处分，他的中共中央临时政治局候补委员和中共湖南省委常委的职务被撤销了。

9月20日，在毛泽东的率领下，部队离开文家市，沿湘赣边界南下，向井冈山进军。经过一个多月艰难的行军，10月27日，毛泽东率部到达井冈山茨坪。行军途中，由于当地群众并不了解这支新军队，都害怕得躲进了山里。毛泽东便要求各单位分头上山喊话，向群众做宣传。这样，群众才陆续回到村里。

上山后，在毛泽东为首的前委领导下，部队深入发动群众，帮助地方恢复、整顿和建立党的组织，开展土地革命，建立赤卫队和工农革命政权，广泛开展游击战争，大力加强红军建设，井冈山成了全国第一个农村革命根据地，点起了"工农武装割据"的星星之火。1930年，毛泽东在著名的《星星之火，可以燎原》一文中明确指出："红军、游击队和红色区域的建立和发展，是半殖民地中国在无产阶级领导之下的农民斗争的最高形式，和半殖民地农民斗争发展的必然结果；并且无疑地是促进全国革命高潮的最重要的因素。"① 毛泽东的论述包含着两个鲜明的思想，其一是进一步肯定了农民是中国革命主力军的地位，从战略高度视中国革命为无产阶级领导之下的农民革命；其二是初步回答了中国革命何以建立农村根据地，以农村包围城市、武装夺取全国政权的新道路问题。

井冈山革命根据地的建立，是毛泽东在革命处于低潮情况下，领导秋收起义队伍向井冈山进军，是中国共产党组织的最有秩序、最少损失的退却，但又是最强有力的进攻。即向敌人统治力量最薄弱的偏僻的山区、农村进攻。毛泽东为书记的湘赣边特委和红四军军委给湖南省委的报告中指出："此种主张绝非保守观念，过去全国暴动，各地曾蓬勃一时，一旦敌人反攻，则如水洗河，一败涂地。此皆不求基础巩固，只求声势浩大之故。我们此刻力矫此病，一面为军事建立大本营，一面为湘赣两省暴动前途建立一巩固基础，现我们全力在永新、宁冈工作……深入土地革命，创建地方武装，再

---

① 《毛泽东选集》第1卷，人民出版社1991年版，第98页。

能有一些工夫，敌人再来进攻，颇有胜利的把握。"① 因此，毛泽东率部"上山"是把战略退却与战略进攻巧妙地结合在一起的光辉典范，从而把夺取政权和在农村搞武装斗争结合起来的伟大创举。可以讲这是生存需要的现实选择，也可以说这是毛泽东远见卓识的体现。不管怎样，结果是，他的"上山"思想为中国革命找到了进行武装斗争的正确突破口，在敌强我弱的情况下，革命武装可以向敌人统治力量薄弱的农村进军，建立革命根据地，配合城市起义夺取革命胜利。对此，1938 年，毛泽东还在"抗大"多次谈到"上山"。他在"抗大"一大队成立大会上生动地解释说："为什么我们上井冈山呢？因为下面住不得，所以才上山去。为什么要上井冈山，打游击战，因为要实行半殖民地半封建国家的资产阶级民主革命的任务，便是反帝反封建，我们就举起了反帝反封建的大旗。这旗帜不准我们在城里插，就到山顶上去插，永不放下。"

"整个的罗霄山脉我们都走遍了。""各部分比较起来，以宁冈为中心的罗霄山脉的中段，最有利于我们的军事割据。"② 毛泽东在《湘赣边特委致省委转中央的信》中，向中共中央报告了以宁冈为大本营的三条理由："A、此间系罗霄山脉中段，地势极好，易守难攻。B、党在此间是由无组织进为有组织，民众比较有基础（赤卫队、赤色游击队组织了），弃之可惜。C、湘南、赣南只能影响一省并只及于上游，此间可影响两省并能及于下游"，并向湖南和江西省委及中共中央提出"普遍发展六县之党"、"发动当地农民的暴动"、"改造军队变成真正的红军"、"在军队中建立坚强的党"、"办军校及党校"等意见。③ 11 月 25 日，毛泽东撰写了《井冈山前委对中央

---

① 江西人民出版社编写组：《井冈山的武装割据》，江西人民出版社 1980 年版，第 146 页。
② 《毛泽东选集》第 1 卷，人民出版社 1991 年版，第 79 页。
③ 井冈山革命博物馆：《井冈山斗争史料选编》，中央文献出版社 2010 年版，第 71 页。需要说明的是，在此书所收录的中央档案馆保存的《湘赣边特委致省委转中央的信》原件上，所记载的时间是 1928 年 4 月 29 日，但此时间与文件内容明显不符，因信中提到："杜同志来及来信均悉五月三十日此间军委召集扩大会议，由杜报告政治情形并宣传省委来信。"由此看来，毛泽东写报告的时间应在 1928 年 5 月 30 日以后，至于准确的日期，学术界尚无统一、有说服力的意见，有待考证。参见王永华《星星之火，何以燎原——试论井冈山斗争经验的传播与推广》，《中共党史研究》2013 年第 2 期。

的报告》（该报告是《井冈山的斗争》的前身）。在报告中，毛泽东向中共中央说明了湘赣边界的困境，进而向中共中央解释了当时红四军不能离开井冈山根据地，不能执行中央关于向湘南、湘东进军，以"赣南为退步"的指示的原因，并总结了 1927 年下半年和 1928 年井冈山根据地和其他地区的武装斗争经验。

第二章　改造农民武装

　　毛泽东率领的工农红军能在井冈山站稳脚，与两支当地农民武装的支持有关。这就是袁文才、王佐两支绿林式的农民武装。他们各有一百五六十人、六十支枪，在井冈山一带有着不小的影响，"许多群众拥护他们"①。王佐部驻在山上的茨坪和大小五井等处，袁文才部驻在井冈山北麓的宁冈茅坪。谭震林说：袁文才、王佐"他俩是地头蛇，没有他们两个人支持，建立井冈山革命根据地没那么容易。我们上了井冈山，有了这个险要地方，也还要靠他们来守，群众拥护他们，他俩对建立井冈山革命根据地是有功劳的"②。如何对待他们，是毛泽东碰到的一个棘手问题。

　　袁文才，又名袁选三，宁冈县茅坪马沅坑村人。贫苦农民家庭，因家境贫寒，早年求学时断时续。1923 年，他激愤于地主豪绅的残酷压迫和凌辱，加入井冈山绿林武装马刀队，不久任参谋长。1925 年 10 月，马刀队改编为县总保卫团，袁文才任团长。1926 年 9 月，受湖南农民运动影响，他率部参加宁冈起义，任宁冈农民自卫军总指挥。同年 11 月他加入中国共产党。王佐，原名云辉，遂川县下庄人。他幼年丧父，因家境贫寒，从小就外出为人打短工，后学裁缝，为生活所迫，他走遍了井冈山的百里山乡。1923 年，他参加了当地的绿林队伍。1924 年春，他离开原来的队伍，自行组织起一支农民队伍。1925 年，王佐和另一支农民队伍罗冬生部被官军招抚改编为

---

① 逢先知、金冲及：《毛泽东传》第 1 册，中央文献出版社 2011 年版，第 163 页。
② 谭震林：《回顾井冈山斗争历史》，转引自《井冈山革命根据地全史》，江西人民出版社 2007 年版，第 142 页。

"新遂边陲保卫团"。1926 年，王佐自行取消团防，与井冈山的"马刀队"袁文才部互相配合，共同抗击官府的进剿。1927 年 1 月，王佐在遂川县农民协会王文铮的帮助下，将队伍改为农民自卫军。

虽然，袁文才、王佐两支武装力量没有明确的政治纲领，没有严格的组织纪律，在一种自发、朴素的"劫富济贫"的利益驱动下，过着散荡的"绿林生涯"。但是，他们都是农民武装力量，都是被封建军阀、地主豪绅的横征暴敛、巧取豪夺，逼上梁山的。他们"多次领着贫苦农民抗捐抗租"，因而"深得宁冈和井冈山群众的拥护"。① 毛泽东意识到，这一武装力量具备接受党的领导的基础。毛泽东 1928 年 11 月写给中央的报告中谈及袁文才率部参加的宁冈起义时，指出："前年至去年，宁冈的土籍革命派和客籍结合，在共产党领导之下，推翻了土籍豪绅的政权，掌握了全县。"② 就在毛泽东率部上井冈山之前，1927 年 7 月，根据党的指示，袁文才会同王佐等率领的农民自卫军，一举攻破永新县城，打开监狱，营救了一批共产党员和群众，并成立了永新县革命委员会。

因此，毛泽东对这两支农民武装确定了联合并改造的方针。这是关系到工农革命军能不能在井冈山地区站住脚的关键性决策。

1927 年 9 月，毛泽东在安源张家湾召开军事会议，部署秋收起义事宜时，曾参与领导永新暴动的王新亚在会议上向毛泽东详尽地介绍了大革命时期井冈山的斗争情况，特别提及袁、王两部。这一介绍，使毛泽东对袁、王的认识进一步加深了。③

秋收起义后，部队南下途中，毛泽东接到宋任穷送来的江西省委书记王泽楷的亲笔信，信里说："宁冈有几十条枪是我们党领导

---

① 井冈山革命博物馆：《井冈山斗争大事介绍》，解放军出版社 1985 年版，第 40 页。

② 《毛泽东选集》第 4 卷，人民出版社 1991 年版，第 74 页。

③ 参见刘晓农《秋收起义部队向井冈山进军浅谈》，《湘潭大学学报》1983 年第 3 期。陈士榘回忆说："毛泽东在安源张家湾军事会议上，从赣西农民自卫军总指挥王新亚的汇报中得知，罗霄山脉中段的井冈山上有两支绿林队伍。首领一个叫袁文才，一个叫王佐。这两个人都参加过绿林组织，也曾响应党的号召，在大革命时期举行过农民自卫军暴动。大革命失败后，袁、王二人毅然带领各自的武装走上山冈，占山为王。"《从井冈山走进中南海——陈士榘回忆毛泽东》，中共中央党校出版社 1993 年版，第 16 页。

的。"① 工农革命军到达三湾的当天，毛泽东就派人送信与袁文才联系。

据陈士榘回忆，毛泽东此信的大意是：久闻大名，难得幸会。今我工农军路过贵地，为工农革命，打土豪惩劣绅，奉上标语数条；为我军主张宗旨。择日拜访，显同贵军结为友好，联合一致，共对反动军阀。② 其中"路过贵地"一词，意味着没有久留此地的计划，可以消除袁文才担心被吞并的疑虑；"结为友好，联合一致"的愿望也有助于获得袁文才对工农军的好感。

袁文才接信后，立即召集部属商议，决定派他的文书、曾在武昌中央农民运动讲习所学习、听过毛泽东讲课的陈慕平为代表，随同宁冈县党组织负责人龙超清到三湾联系。在三湾，毛泽东向他们说明了工农革命军的来意，要袁文才同工农革命军合作，共同开展革命斗争。

1927年10月3日，毛泽东率领工农革命军第一军第一师第一团到达宁冈古城。当晚，毛泽东在古城联奎书院（文昌宫）主持召开有宁冈县党的负责人参加的前委扩大会议，即"古城会议"。三天的会议，全面分析了面临的形势和所处的环境，确定了在罗霄山脉中段建立以宁冈为中心的井冈山革命根据地的重大决策，还重点讨论了如何对待井冈山上的两支农民武装。

会议一开始，毛泽东就指出："袁、王两支队伍在大革命时期积极参加了打倒豪绅地主阶级的斗争，大革命失败后，又曾举行了武装反抗国民党反动统治的永新暴动，并保存了实力。在井冈山一带长期活动，他们十分熟悉那里的山形地势，是创建罗霄山脉中段政权必须联合的一支重要力量。"③ 毛泽东的这一主张并不是所有与会者都能接受的。对于不同意见，毛泽东进行了详细的解释。据何长工回忆，当时工农革命军中，"有人曾提议，解除他们的武装，把他

---

① 《党史通讯》1984年第8期。《宋任穷回忆录》，解放军出版社2007年版，第21页，表述为：宁冈"有党领导的武装，有枪"。这指的就是袁文才的农民武装。

② 《从井冈山走进中南海——陈士榘回忆毛泽东》，中共中央党校出版社1993年版，第59页。

③ 同上书，第58页。

们解决，他们那几十支枪，一包围缴械就完了。毛泽东同志说，谈何容易，你们太狭隘了，度量太小啦。我们不能采取大鱼吃小鱼的吞并政策，三山五岳的朋友还多呢！历史上有哪个能把三山五岳的土匪消灭掉？三山五岳联合起来总是大队伍。毛泽东同志说服我们，不能只看到几十个人、几十杆枪的问题，是个政策问题；对他们只能用文，不能用武，要积极地争取改造他们，使他们变成跟我们一道走的真正革命武装"①。毛泽东还指出：这两支农民武装从成立的那天起，就和反动统治阶级有深刻的阶级矛盾，在大革命失败后，他们没有交枪投降，这就足以证明他们的本质是好的，如果能够把它们团结和改造过来，将很有利于在这里建立根据地。②会议最后决定，联合并改造这两支农民武装。

为顺利地对两支农民武装进行改造，毛泽东决定先从已加入中国共产党的袁文才入手，再通过他去做王佐的工作。毛泽东从袁文才的代表陈慕平的谈话中已经知道，他们最看重的是枪，人可以少一个，枪却不能少一支。根据了解到的情况，袁部总共有一百五六十人，枪却只有六十支。为了能够争取到袁文才，毛泽东向前委提议，准备一下子送他们一百支枪，将袁文才的全部人员武装起来。

为了积极、稳妥地开展改造工作，1927 年 10 月 6 日，毛泽东委托宁冈县委书记龙超清做介绍，带领少数随员，在距茅坪不远的大仓村第一次会见了袁文才。毛泽东充分肯定袁文才反抗豪绅地主阶级的革命精神，详细分析了当时的政治形势，谈到了工农革命军的性质和打算，指明革命的道路和前途，并当场宣布送给他们 100 支枪、一些马鞍及手枪套给他们。在那"有枪便是草头王"的动乱年代，袁文才深深懂得枪的重要性。毛泽东诚恳合作的态度感动了袁文才。袁当即拿出 1000 块银洋回赠给工农革命军，其预先在林家祠堂埋伏了 20 多人枪则始终未露面；次日，他又亲自带领部队和当地群众热烈欢迎毛泽东和工农革命军进驻茅坪。接着，袁文才将宁冈全县的公产、神产、族产的租谷集中到茅坪，每天派十几个农民为

---

① 井冈山革命博物馆：《井冈山革命根据地》下卷，中共党史出版社 1987 年版，第247 页。

② 《毛委员在井冈山》，江西人民出版社 1977 年版，第 33 页。

之砻谷筛米。随后，又派人协助工农革命军建起了医院、留守处、修械所、被服厂等后方机关。工农革命军终于在井冈山下安了家，史称"茅坪安家"。

赠枪一举拉开了团结袁、王的序幕，为进一步使袁文才解除疑虑，工农革命军在茅坪驻扎后不久，又主动开到湖南酃县水口一带游击，以消灭地方民团，开展土地革命，并发展了一批党员。应袁文才要求，在水口工农革命军团部派游雪程、徐彦刚、陈伯钧等党员干部，到茅坪袁文才部，在步云山帮助练兵，进行政治训练和军事训练。袁文才分别委任他们为连长、副连长、排长等职。这样就一步步地实现了对袁文才部队的改造。

为了把袁文才部早日锻炼成懂政治、会打仗、有远大革命目标的革命队伍，游雪程等与袁文才确定了练兵的目标。

其一，从政治思想工作入手，对农民战士进行无产阶级思想教育，帮助他们明白为谁打仗，为谁斗争的道理；为了推广官兵一致、上下平等的建军经验，在部队中组织了士兵委员会，推广了各项民主制度。在征得袁文才同意的情况下，在部队中建立了党组织，设立党代表，从而保证了党的路线、方针、政策的贯彻执行。

其二，在军事上严加要求，学习军事知识，学队列，学刺杀，学射击，苦练杀敌本领。工农革命军派来的干部帮助农民部队学习运用正确的游击战术，提高指挥能力，改变了他们单纯打圈子的战术，教会他们"既要会打圈子，又要会打仗"，部队的战术由消极防御变成了积极防御，有利于争取军事上的主动权。

其三，组织上进行整顿。毛泽东对正在开展的练兵极为关心，当时，毛泽东因患脚疾，留在茅坪养伤。为使袁部早日摈弃过去沾染的旧思想、旧习气、旧作风，毛泽东抓紧时机，与袁文才促膝谈心，告诫他要下决心整顿部队，将那些豪门子弟和不良分子清除出去，吸收些阶级觉悟高的青年参加部队。袁文才接受了毛泽东的劝说，将那些不良分子清洗了出去，从砻市等地新招了一个连队，不仅充实扩大了队伍，而且使队伍显得更年轻、更富有战斗力。

经过政治教育、军事训练和组织整顿，部队的面貌起了很大变化，包括袁文才在内的全体农民自卫军指战员思想觉悟都有了明显的提高，战斗力也大为加强。看到这些显著的变化，袁文才无限感慨地说："没有毛委员，就没有农民自卫军的今天。我们一辈子都要跟定毛委员啊!"①

王佐和袁文才是知己，曾八拜金兰结为兄弟，因此信服袁文才。袁文才投身革命、欢迎工农革命军的举动对王佐影响很大。当毛泽东率领工农革命军进驻宁冈茅坪时，王佐持怀疑态度。后来，他从袁文才那里听到毛泽东派人到袁部帮助训练，使部队面貌为之一新等情况，逐渐消除了疑虑，开始欢迎毛泽东派干部到他的部队工作。

1927年10月下旬，工农革命军自酃县水口分兵后经遂川大汾、黄坳，到达荆竹山。在这里，毛泽东向部队作动员讲话，指出上井冈山要建立根据地，要求大家一定要和山上的群众及王佐部队搞好关系。为此，宣布工农革命军三项纪律：第一，行动听指挥；第二，不拿群众一个红薯；第三，打土豪要归公。当晚，率部队上山到达大井，受到王佐及其部队的欢迎。

毛泽东会见王佐后，赠给王佐70条枪，还有一些马鞍和手枪套等物品，王佐也回赠工农革命军500担稻谷作为军粮，还有一些银洋。10月27日，王佐陪同毛泽东到达茨坪，请毛泽东及其领导的工农革命军在茨坪、行洲等地进行了一个多月的整训。毛泽东利用这段时间与王佐促膝长谈，讲了许多浅显实际的革命道理，使王佐大受启发，对毛泽东折服不已。

1927年年底，国民党开始酝酿针对井冈山的进剿行动。严峻的革命形势使毛泽东清楚地认识到，必须加速对王佐所部的改造。1928年年初，工农革命军攻占遂川县城的胜利激励了王佐，他主动请求毛泽东派革命军干部到他那里去工作。

随后，毛泽东派何长工到王佐部队担任党代表。

何长工回忆说："一天吃饭的时候，毛泽东同志向我说：决定派你上山，去做王佐的工作，怎么样？我问：去多少人？毛泽东同志笑笑说：又不是去打仗，要许多人去干甚？你先去做'长工'。人还是要派去的，只是现在不是时候。你的工作，就是要他们请我们的

---

① 《毛委员在井冈山》，江西人民出版社1977年版，第41页。

人上山。"见何长工有一些顾虑，毛泽东鼓励他说："不要怕。去了以后，困难是有的，要边工作，边学习，不入虎穴，焉得虎子！"毛泽东还强调了改造王佐、袁文才部队的重要意义，指出，把他们争取过来改造好了，一是巩固了后方，二是为今后改造旧军队搜索一些经验，三是通过对王佐、袁文才的团结，能和解边界各县土客籍之间矛盾，团结广大群众。①

何长工到王佐部后，很快就把握了王佐重义气、讲情面、自尊心强和疑心重的特点，既灵活又坦率地与王佐接触。初到山上，王佐怀有较强的戒心，特别对何长工说："你初来山上，人生地不熟，千万不要随便走动，以免发生意外！"这话实际上是给何长工的警告：不许私下活动，不准与士兵接近。此外，瞒着何长工，继续摆香堂、拜把子。何长工遵照毛泽东"既不能缓，又不能急"的指示，有条不紊地开展工作。一方面，为了消除王佐的戒心，何长工经常到他家里坐坐，有时还帮他办些家务事，趁机间接向他的母亲、哥哥、妻子宣传革命道理，从而拉近了与王佐的距离；另一方面，何长工抓住一个机会，赢得了王佐的信任。当时，驻扎在拿山、勾结官府、欺压贫民的永新地主武装靖卫团团总尹道一是王佐的宿敌，当王佐筹划消灭有深仇大恨的尹道一时，何长工主动为地做了军事部署。针对尹道一打仗喜欢追击的特点，何长工寻找有利地形，设计埋伏，同时派出工农革命军予以帮助，最后一举除掉了尹道一。这一事件使何长工赢得了王佐及其部下的广泛信任。

经过多方面的努力，王佐逐渐认识到共产党是真正为劳苦大众谋利益的，彻底抛弃了对工农革命军的重重疑虑，愿意接受共产党的领导。

1928年2月上旬，袁文才、王佐两支农民自卫军改编大会在大陇的朱家祠前举行。袁、王两部合编为中国工农革命军第一军第一师第二团。下辖两个营，第一营以袁文才部为基础，第二营以王佐部为基础，共500余人。袁文才为团长，兼第一营营长；王佐为副团长，兼第二营营长；何长工为团党代表，贺敏学为团党委书记，

---

① 何长工：《改造王佐部队（革命斗争回忆录）》，《解放军文艺》1978年第8期。

从第一团派来的游雪程、徐彦刚、陈伯钧、金蒙秀、熊寿祺、陈东日、康健、萧万侠等分别在一、二营担任连、排长或党代表。

大陇改编，标志着毛泽东和前委对袁、王两支农民武装队伍的改造工作取得重大胜利。但是，改编并不意味着改造工作已经结束。毛泽东仍强调："不能满足已有的成绩，要继续加紧部队的政治工作。"① 根据毛泽东的指示，何长工等分析研究了部队的特点，做出了进一步的工作计划。通过开展文娱活动，发现士兵中的积极分子进行党的发展工作；开始建立了政治课、文化课的制度；通过新旧事物的对比教育、时事教育启发广大士兵的阶级觉悟；等等。毛泽东也亲力亲为，多次跟袁文才、王佐讲革命道理，耐心地做教育和转化工作。这使他们对毛泽东也愈加敬仰，并常引用毛泽东的话教育战士。袁文才十分佩服，对部下说："跟毛委员一起干革命不会错。"王佐曾经对何长工说："毛委员是最有学问的人，跟他谈上一次，真是胜读十年书啊！"②

改造后的袁、王农民部队，成为党领导下的一支新型的人民军队。朱德、毛泽东两部会合后，袁、王部改编为红四军三十二团，1929 年 5 月又改编为红五军第六纵队。

这支农民部队和红军并肩战斗，为巩固和发展革命根据地做出了贡献。第二团成立后三天，部队便参加了新城战斗，3 月，又与一团一起到湖南接应朱德部队。在著名的龙源口战斗和黄洋界保卫战中，部队都起了很大的作用，立下了战功。

井冈山失守后，袁、王部队和红五军李灿部转入深山，坚持游击战争。敌主力撤离后，他们打败靖卫团，迅速收复了部分失地，迎接红五军重返井冈山。随后，他们又和红五军转战湘粤赣边，纵横茶陵、宁冈、莲花、遂川、桂东、太和、万安、安福等地，推动革命形势的发展。

随着斗争的不断深入和发展，袁文才、王佐本人也有长足的进步。袁文才先后担任了团长、湘赣边界工农兵政府主席、红四军参

---

① 何长工：《改造王佐部队（革命斗争回忆录）》，《解放军文艺》1978 年第 8 期。
② 中共中央文献研究室编：《毛泽东年谱》上卷，中央文献出版社 2013 年版，第 233 页。

谋长等职；王佐也先后担任了副团长、湘赣边界防务委员会主任。1928 年 5 月召开的湘赣边界党的第一次代表大会上，袁文才当选为第一届特委委员。在边界党的"二大"上，袁文才、王佐都当选为二届特委委员。毛泽东到达陕北后，仍不忘袁、王二人，对斯诺说："这两个人虽然过去当过土匪，可是率领队伍投身于国民革命，现在愿意向反动派作战。我在井冈山期间，他们是忠实的共产党人，是执行党的命令的。"①

总之，对袁文才、王佐两支农民部队的改造具有重要的历史意义，就如有人所指出的：

> 对袁、王两支农民武装的成功改造，是井冈山斗争史上的一篇杰作，不仅使我们在当地站稳了脚跟，而且壮大了红军的力量，人心归向，军民空前团结，造成了很好的政治影响。由这两支队伍升编的第 2 团和以后改编的第 32 团，在创建和坚持井冈山根据地的斗争中，作出了重要贡献，同时也为改造旧军队提供了宝贵的经验。从此以后，我们对大批国民党军队及其俘虏所进行的改造工作，便成为我军发展壮大的途径之一，这显示了新型人民军队的巨大凝聚力和战斗力。

----

① ［美］埃德加·斯诺：《西行漫记》，董乐山译，生活·读书·新知三联书店 1979 年版，第 143 页。

第三章 论证革命的"农村中心"

经过艰辛的探索和伟大的实践，井冈山斗争的经验逐渐得到中共中央的重视和肯定。1928 年 11 月 28 日，中共中央在给共产国际的报告中，指出"湘鄂赣粤的农暴没有完全被镇压下去，有几处（如赣西朱毛区域）斗争比前更为深入"，在叙述了江苏、广东、湖北等地党组织因遭破坏而陷入停滞后，充分肯定了毛泽东和朱德领导的井冈山的斗争，"惟朱毛在湘赣边界所影响之赣西数县土地革命确实深入了群众"①。接着，中共中央从推广井冈山斗争的经验出发，于 1929 年 2 月 7 日发出了《给润之、玉阶两同志并转湘赣边特委信》（即"二月来信"）。信中提到："中央依据于目前的形势，决定朱毛两同志有离开部队来中央的需要……朱毛两同志于来到中央后更可将一年来万余武装群众斗争的宝贵经验贡献到全国以至整个的革命。"②

然而，毛泽东和朱德在井冈山的斗争得到这一肯定并不容易。这是因为"在历史上无论古今中外都找不到农村包围城市的经验"③。欧洲资本主义国家的无产阶级及其政党在革命过程中，以工人阶级为主力军，将自己的工作重心放在城市，在一个较长的和平时期内主要在城市进行合法斗争，争取工人群众，积蓄革命力量；

---

① 中央档案馆编：《中共中央文件选集》第 4 册，中共中央党校出版社 1989 年版，第716、721 页。

② 江西档案馆、中共江西省委党校党史研究室：《中央革命根据地史料选编》中册，江西人民出版社 1982 年版，第 57 页。

③ 《周恩来选集》上卷，人民出版社 1980 年版，第 178 页。

待全国革命形势成熟时，再举行城市工人武装起义，先占领城市，然后将革命推进到农村。这是一条欧洲无产阶级革命曾经走过并被俄国十月革命证实是正确的道路。

列宁在领导俄国无产阶级取得十月革命的伟大胜利后，并没有要求所有国家和民族都要按照十月革命的"城市中心"的模式来进行革命，而是谆谆告诫各国无产阶级：马克思主义的基本原理在各国运用时必须与各国的具体实际相结合，各国革命的方法或具体道路会有所不同。这也就是说，马克思主义是行动的指南，不是教条。在中国革命的特殊条件下，必须将马克思主义基本原理与中国革命的具体实际相结合，找到一条适合中国的革命道路，革命才能取得胜利。

遗憾的是，从20世纪20年代末开始，共产国际和苏联党的一些领导人，把马克思主义教条化，把共产国际指示和俄国革命经验神圣化，用以指导各国革命。在这一指导思想下，欧洲无产阶级革命曾经走过并被俄国十月革命证实是正确的"城市中心"道路，自然就影响到中国共产党。可以说，在建党初期很长的一段时期内，"城市中心论"是全党的共识。毛泽东本人在新中国成立后总结党的历史经验时谈到过："农民是无产阶级最主要的同盟军。我们党开始也是不懂得农民工作的重要性，把城市工作放在第一位，农村工作放在第二位。"①

在中国革命危急关头的"八七"会议前后，中共中央领导的几次起义还都是试图通过以城市为暴动起点的方式来推进革命，即主张以城市为暴动的起点，以此作为总暴动的信号和开始。如湖南的秋收起义，中央和湖南省委都主张以长沙暴动为起点。湖南省委在给中央的信中指出："长沙暴动与秋收暴动是一回事。长沙暴动是秋收暴动的起点。"② 中央还把在大城市广州举行的起义看成是"广东总暴动的开始"，是"全国各地工农暴动的信号"。③在当时的中共中央看来，"城市工人暴动的发动是非常之重要；轻

---

① 《毛泽东文集》第7卷，人民出版社1999年版，第132页。
② 《湖南省委来信》，1927年8月30日。
③ 《中央致广东省委信》，1927年12月18日。

视城市工人，仅仅当做一种响应农民的力量，是很错误的；党的责任是努力领导工人日常斗争，发展广大群众的革命高涨，组织暴动，领导他们到武装暴动，使暴动的城市能成为自发的农民暴动的中心及指导者。城市工人的暴动是革命的胜利在巨大暴动内得以巩固而发展的先决条件"①。

根据"六大"《政治决议案》及"六大"闭幕后中共中央决策层的有关阐释，"六大"战略要旨为：虽然 1928 年之前的第一个革命高潮已经过去，但不可避免，新的革命高潮又将到来。党的"六大"以后，中共（全党）的工作重心（中心）仍放在城市。中央进一步提出要选择产业区域和重要城市作为工作的重心区域。② 因为"城市是一切政治经济的中心，他可以领导乡村，得着了城市，乡村便可以很快的起来……务要使总的工作精神由单纯的乡村转变到着重城市"③。而农民和农村的革命仅仅是一个"主要的支流"，"最主要的革命高潮之象征，还是工人运动的复兴"。④ 换句话说，与"六大"战略兼容的是"城市中心"思想以及"农村工作重要"论而非"乡村（农村）中心"思想。⑤

中共六大通过的《政治决议案》还特别指出："至今保存苏维埃政权的根据地（南方各省）及其少数工农革命军，更要成为这一新的高潮的重要成分"⑥，在农村，党要"赞助农民的游击战争"，农村革命根据地的巩固和发展"是要成为更大发展的基础的"⑦。对此，毛泽东曾说：中国革命根据地和红军能否存在发展的问题，中

① 中央档案馆编：《中共中央文件选集》第 3 册，中共中央党校出版社 1989 年版，第 373 页。

② 中央档案馆编：《中共中央文件选集》第 4 册，中共中央党校出版社 1989 年版，第 309—314 页。

③ 《中央给鄂东北特委指示信》，1928 年 7 月 14 日。

④ 中央档案馆编：《中共中央文件选集》第 6 册，中共中央党校出版社 1989 年版，第 5 页。

⑤ 欧阳小松在《党史研究与教学》2012 年第 6 期撰文《对〈毛泽东给林彪的信〉是否表达了"乡村中心"思想问题的再认识》。

⑥ 中央档案馆编：《中共中央文件选集》第 4 册，中共中央党校出版社 1989 年版，第 313 页。

⑦ 同上书，第 322—323 页。

共六大"又作了一次答复。中国革命运动，从此就有了正确的理论基础"①。

一个国家的革命，必须从这个国家的实际情况出发，这是马克思主义的一条基本原则。中国的国情不同于俄国，具有许多特殊性。由于中国人口众多，虽然中国无产阶级的绝对数量，不比十月革命时俄国工人少多少，但工人阶级的相对数量则很少。十月革命时，俄国工人占全国总人口的1/6，而这时中国工人只占总人口的1/200。正因为中国农民占人口的绝大多数，是革命的主力军，所以无产阶级的领导作用，就不能体现在城市罢工、暴动之类的行动上，而是体现在派遣自己的先锋队到农村领导农民进行土地革命和革命战争。无产阶级领导农民，就不能像欧洲那样表现为城市工人首先参加战斗来带动农民。毛泽东认为，"封建主义严重的国家里，无产阶级政党要到农村中去找农民。知识分子下乡找农民，如果态度不好，就不能取得农民的信任。城市的知识分子对农村事物、农民心理不大了解，解决农民问题总是不那么恰当。根据我们的经验，要经过很长的时期，真正和他们打成一片，使他们相信我们是为他们的好处而斗争，才能取得胜利。绝不能认为农民一下子就会相信我们。切记不要以为我们帮助一下农民，农民就会相信我们"②。

1925—1927年，毛泽东全面研究了中国农村的问题，敏锐地发现了农村革命与城市工人运动具有不平衡性。基于此，他得出了农民革命在中国革命中占有特殊地位的结论。但是，正如毛泽东本人所说，"在这个时期，我研究过农村，办过几期农民运动讲习所，虽然有些马克思主义，但是看得不深入"③。

毛泽东领导秋收起义后，已经认识到要占领反革命力量集中的中心城市是难以成功的，把武装力量转移到反革命力量相对薄弱的广大农村是当时的出路。在湘赣边秋收起义进攻长沙的计划失利后，毛泽东及时地做出了正确的决断，分析指出革命正处于敌强我弱的低潮时期，现在需要的不是进攻，而是退却。起义部队在毛泽东率

---

① 《毛泽东选集》第1卷，人民出版社1991年版，第188页。
② 《毛泽东文集》第7卷，人民出版社1999年版，第132页。
③ 同上。

领下，放弃原定会攻长沙的计划，向敌人统治力量薄弱的罗霄山脉中段进军，开辟了第一块农村革命根据地即井冈山革命根据地。正如毛泽东所说，"目前长沙那样的城市，还不是我们蹲的地方，那就不要去了。我们要到敌人管不着或难得管的地方去，在乡下站住脚跟，养精蓄锐，发展我们的武装力量"①。而这一思想转变对中国革命具有重要而特殊的意义。

实践的成功具有强大的感召力和说服力。在井冈山革命根据地革命形势的影响下，从 1928 年 1 月开始，一系列农村革命根据地相继开辟，逐步形成了拥有 15 个革命根据地、遍及 10 多个省、300余县的革命大好形势。各革命根据地将土地革命、武装斗争和根据地建设密切结合起来，最大限度地孤立了反动力量集中的敌中心城市，巩固和扩大了革命力量。这样，在革命斗争的实践中，在广大农村事实上已经形成了"工农武装割据"的革命形势。这时，把"工农武装割据"的斗争实践经验上升到革命理论的高度，并加以深化，以正确指导革命的发展成为毛泽东考虑的一项重大理论问题。

1928 年 10 月，毛泽东为中共湘赣边界第二次代表大会起草了《中国共产党湘赣边界第二次代表大会决议案》。在决议案第一部分《政治问题和边界党的任务》中，他指明了中国革命的性质、任务以及中国革命政权的实质，总结了井冈山根据地及其他地区建立小块红色政权的经验和教训，阐明了在广大农村、依靠农民进行革命的重要思想。

毛泽东指出："一国之内，在四围白色政权的包围中，有一小块或若干小块红色政权的区域长期地存在，这是世界各国从来没有的事。这种奇事的发生，有其独特的原因。而其存在和发展，亦必有相当的条件。"②

第一，中国是一个半殖民地半封建的大国，地方性的农业经济占着主导地位，中国没有形成统一的资本主义经济。这种经济基础造成了政治上的大小封建军阀割据的局面。同时，中国不是某个帝

---

① 参见萧克、何长工主编《秋收起义》，人民出版社 1979 年版，第 42 页。
② 《毛泽东选集》第 1 卷，人民出版社 1991 年版，第 48—49 页。

国主义国家直接统治的殖民地，而是许多个帝国主义国家间接统治的半殖民地。不同帝国主义国家支持的各派军阀相互间进行着持续不断的纷争。因此，中国统治集团的不统一和矛盾冲突，为中国革命首先在农村发展并取得胜利提供了可以利用的巨大空间。同时中国又是一个大国，使红色政权获得了存在与发展的缝隙和广泛的回旋余地。

第二，良好的群众基础。湘、鄂、赣、粤等地在国民革命的影响下有过高涨的革命群众运动，这是红色政权存在和发展的客观条件。毛泽东指出，中国红色政权首先发生和能够长期地存在的地方，不是那种并未经过民主革命影响的地方，例如四川、贵州、云南及北方各省，而是在 1926 年、1927 年资产阶级民主革命过程中工农兵士群众曾经大大地起来过的地方，例如湖南、广东、湖北、江西等省。这些省份的许多地方，曾经有过广大的工会和农民协会的组织，有过工农阶级对地主豪绅阶级和资产阶级的许多经济的政治的斗争。

第三，向前发展的革命形势。毛泽东指出，全国革命形势是向前发展的，小块红色区域的长期存在，不但没有疑义，而且必然地要作为取得全国政权的许多力量中间的一个力量；全国革命形势若不是继续地向前发展，而有一个比较长期的停顿，则小块红色区域的长期存在是不可能的；现在中国革命形势是跟着国内买办豪绅阶级和国际资产阶级的继续的分裂和战争，而继续地向前发展的；不但小块红色区域的长期存在没有疑义，而且这些红色区域将继续发展，日渐接近于全国政权的取得。因此，可以说，国民革命失败后，引起中国革命的基本矛盾没有解决，革命形势继续向前发展，这是红色政权能够存在和发展的重要客观条件。

第四，相当力量的正式红军的存在。这是红色政权存在和发展必要的主观条件。毛泽东指出，若只有地方性质的赤卫队而没有正式的红军，则只能对付挨户团，而不能对付正式的白色军队。所以虽有很好的工农群众，若没有相当力量的正式武装，便决然不能造成割据局面，更不能造成长期的和日益发展的割据局面。

第五，毛泽东最后指出，中国共产党的正确领导是红色政权存在的关键性的主观条件。井冈山的斗争经验充分证明了，湘赣边界根据地的存在和发展，正是因为中共边界特委以军队的党帮助地方党的发展，正式红军帮助地方武装的发展，建立红色政权和革命根据地中心区域为依托的政治、经济和军事的基础，采取波浪式推进革命的政策，逐步壮大和巩固了农村革命根据地。

但在这时毛泽东也还没有明确把工作中心放在乡村的思想上升到自觉的程度，"他也还是认为要以城市工作为中心的。开始他还主张在闽浙赣边创造苏区来影响城市工作，配合城市工作"①。

一个月之后，毛泽东代表中共红四军前委给中央写报告，全面地总结井冈山工农武装割据的经验，进一步阐明"工农武装割据"的思想。该报告编入《毛泽东选集》时，题为"井冈山的斗争"。②

报告指出："只要买办豪绅阶级间的分裂和战争是继续的，则工农武装割据的存在和发展也将是能够继续的。"因为，井冈山的工农武装割据具备下列的条件："（1）有很好的群众；（2）有很好的党；（3）有相当力量的红军；（4）有便利于作战的地势；（5）有足够给养的经济力。"

报告强调了党的领导的重要意义，指明党的领导正确是进行武装斗争、土地革命和农村革命根据地建设的保障，并进一步阐述如何把党的领导、武装斗争、土地革命和农村革命根据地建设紧密联合为一体。

报告强调了"工农武装割据"三方面内容的相互依存关系，指出没有革命的武装斗争就不能进行有效的土地革命和发展农村革命根据地，没有土地革命红军战争就得不到群众的支持、农村革命根据地也就不能巩固和发展，不建设农村革命根据地武装斗争就没有后方的依托、土地革命成果就无法保持。报告对在农村建立革命根据地的各个基本问题，如土地革命中如何争取中间阶级的问题，政权建设中如何推行民主制度的问题，建党问题上如何纠正非无产阶级思想的问题，做了明确的阐述。

---

① 《周恩来选集》上卷，人民出版社1980年版，第179页。
② 《毛泽东选集》第1卷，人民出版社1991年版，第57—84页。

报告还具体说明了井冈山斗争的策略："坚决地和敌人作斗争，造成罗霄山脉中段政权，反对逃跑主义；深入割据地区的土地革命；军队的党帮助地方党的发展，军队的武装帮助地方武装的发展；对统治势力比较强大的湖南取守势，对统治势力比较弱的江西取攻势；用大力经营永新，创造群众的割据，布置长期斗争；集中红军相机迎击当前之敌，反对分兵，避免被敌人各个击破；割据地区的扩大采取波浪式的推进政策，反对冒进政策。"

但是，在农村环境下的革命并不是一帆风顺的，同样会遭到许许多多的挫折。

1929 年 10 月，红四军根据中央指示出击广东梅州，招致重大损失。年底，国民党军队对闽西根据地又展开第二次"三省会剿"，赣敌金汉鼎、粤敌陈维远以及蒋介石嫡系部队蒋和鼎部对红四军日渐形成合围之势。如此严峻的军事形势，在红四军创建赣南、闽西革命根据地的过程中也是前所未有的。

在这种情况下，"红旗到底打得多久"的悲观思潮在部队中滋生蔓延，对建立农村根据地缺乏信心，主张轻便游击、走州过府的流寇主义思潮迅速抬头。1930 年元旦，林彪给毛泽东写了一篇《新年贺词》，对革命前途悲观失望，对建立农村革命根据地缺乏信心，建议毛泽东"用比较轻便的流动游击方式去扩大政治影响"[1]。

对此，刚刚返回红四军前委领导岗位的毛泽东高度重视，不遗余力地进行了纠正。此前，他在古田会议上就已经明确指出："不耐烦和群众在一块作艰苦的斗争，只希望跑到大城市去大吃大喝。凡此一切流寇思想的表现，极大地妨碍着红军去执行正确的任务，故肃清流寇思想，实为红军党内思想斗争的一个重要目标。应当认识，历史上黄巢、李闯式的流寇主义，已为今日的环境所不许可。"[2]

毛泽东曾表示，十年内战的头几年对农村了解还是不那么深刻，后来才比较了解，了解得也比较深刻。

1 月 5 日，毛泽东以《时局估量和红军行动问题》为题给林彪

---

① 《毛泽东选集》第 1 卷，人民出版社 1991 年版，第 97 页。

② 同上书，第 94 页。

复信，以党内通信形式印发给部队干部，对广大指战员进行革命形势与革命任务的教育。这就是后来收入《毛泽东选集》的《星星之火，可以燎原》一文。①

毛泽东在这封复信中强调中国革命要从中国的实际出发，以农村为中心进行革命的重大意义。② 他指出：“全国范围的、包括一切地方的、先争取群众后建立政权的理论，是于中国革命的实情不适合的。”毛泽东认为这种观点的“理论的来源”“主要是没有把中国是一个许多帝国主义国家互相争夺的半殖民地这件事认清楚”，也就是没有认清中国的国情。毛泽东分析认为，中国是多个帝国主义互相争夺的半殖民地，统治阶级与俄国不一样，长期混战而始终不能有统一的政权。在这种情况下，农民的斗争、工农民主政权、红军和游击队即“工农武装割据”就会长期存在。在统治阶级薄弱地区，在统治阶级的大分裂时期，如果中国共产党人的政策不失误，这些割据就会不断巩固、扩展。

毛泽东指出，弄清中国革命的性质以后，自然就会懂得“农民问题的严重性”。中国社会的半殖民地半封建性质决定了农民问题是民主革命的中心问题，民主革命实质上就是农民革命，无产阶级领导民主革命也就是领导农民进行革命。无产阶级在民主革命中，如果不重视农民力量，不解决农民问题，就不能实现领导，从而也不能夺取革命的胜利。因之，也就会明白农村起义何以有现在这样的全国规模的发展；就会明白工农民主政权这个口号的正确；就会明

---

① 全文见《毛泽东选集》第 1 卷，人民出版社 1991 年版，第 97—108 页。

② 《时局估量和红军行动问题》（1930 年 1 月），是否应视为“农村包围城市”理论形成的标志？对此问题，20 世纪 80 年代党史学界即有讨论。讨论中有不少论者持肯定态度，肯定的理由主要是认为，毛泽东在该信中提出（表达）了“乡村中心”思想（以下简称“表达”说）。在 20 世纪 90 年代，虽然“表达”说作为主流观点仍具有很高的认同度，但对“表达”说的质疑之文亦时有所见。质疑之文中，较有影响力的当数 1990 年鲁振祥的《略谈“农村包围城市”道路理论的形成与确立》。《略谈》明确认为“表达”说难以成立，并对“表达”说的立论依据多有否证。之后，《中共党史研究》1992 年第 4 期上刊登王福选、阮守应的商榷之文：《也谈“农村包围城市”道路理论的形成》，文中反驳了《略谈》所谓的“表达”说难以成立，力图证明此说之确当无误。对《略谈》与《也谈》等文，欧阳小松在《党史研究与教学》2012 年第 6 期撰文《对〈毛泽东给林彪的信〉是否表达了“乡村中心”思想问题的再认识》，表示认同《略谈》观点：“表达”说难以成立。

白红军和游击队的存在和发展，以及伴随着红军和游击队而来的，成长于四围白色政权中的小块红色区域的存在和发展。

毛泽东强调了农村革命根据地的重要地位，指出农村根据地是无产阶级领导之下的农民斗争的最高形式，是半殖民地农民斗争发展的必然结果，并且"无疑义地是促进全国革命高潮的最重要因素"①。中国革命有了"工农武装割据"，"才能给反动统治阶级以甚大的困难，动摇其基础而促进其内部的分解。也必须这样，才能真正地创造红军，成为将来大革命的主要工具。总而言之，必须这样，才能促进革命的高潮"。②毛泽东批评那种"单纯的流动游击政策"，指出这"不能完成促进全国革命高潮的任务，而朱德毛泽东式、方志敏式之有根据地的，有计划地建设政权的，深入土地革命的，扩大人民武装的路线是经由乡赤卫队、区赤卫队、县赤卫队，地方红军直至正规红军这样一套办法的，政权发展是波浪式地向前扩大的，等等的政策，无疑义地是正确的"。

毛泽东根据以上的分析，高度概括了农村革命根据地在中国革命中的重要战略地位，即："必须这样，才能树立全国革命群众的信仰，如苏联之于全世界然。必须这样，才能给反动统治阶级以甚大的困难，动摇其基础而促进其内部的分解。也必须这样，才能真正地创造红军，成为将来大革命的主要工具。总而言之，必须这样，才能促进革命的高潮。"③这就有了明确的以乡村为中心的思想。正如周恩来指出的那样，"毛泽东同志对这个问题的认识也是有其发展过程的"，"到给林彪的信中才明确指出要创造红色区域，实行武装割据，认为这是促进全国革命高潮的最重要因素，也就是要以乡村为中心"。④正是这样，毛泽东在《星星之火，可以燎原》一文主张以农村为中心，把党的战略发展中心由城市转向农村，意味着农村包围城市、武装夺取政权的理论的基本形成。这是以毛泽东同志为

---

① 六大以来版本，"最重要因素"本作"重要因素"。
② 六大以来版本，"主要工具"本作"重要工具之一"。
③ 《毛泽东选集》第1卷，人民出版社1991年版，第98—99页。
④ 《周恩来选集》上卷，人民出版社1980年版，第179页。周恩来这一观点，欧阳小松在文中进行了有说服力的分析。

代表的中国共产党人独立领导革命战争，探索适合中国革命特点的、新的革命道路的伟大创造，是毛泽东思想形成的一个重要标志。

综述以上内容，可以看出毛泽东的农村中心思想包括以下内容：

其一，阐明了无产阶级政党领导对建立农村革命根据地的重要性。

毛泽东为中共湘赣边界第二次代表大会起草并被会议通过的《中国共产党湘赣边界第二次代表大会决议案》指出，中国共产党的正确领导是红色政权存在的"要紧的条件"①。毛泽东代表中共红四军前委给中央的报告中，将"有很好的党"作为井冈山的工农武装割据存在的条件，指出："我们感觉无产阶级思想领导的问题，是一个非常重要的问题。边界各县的党，几乎完全是农民成分的党，若不给以无产阶级的思想领导，其趋向是会要错误的。"②针对红军第四军党内存在的一些非无产阶级思想，毛泽东为中国共产党红军第四军第九次代表大会起草决议。指出："红军第四军的共产党内存在着各种非无产阶级的思想，这对于执行党的正确路线，妨碍极大。若不彻底纠正，则中国伟大革命斗争给予红军第四军的任务，是必然担负不起来的。"毛泽东指出了红四军党内各种非无产阶级思想的表现、来源及其纠正的方法，并"号召同志们起来彻底地加以肃清"③。

其二，阐明了土地革命是农村根据地斗争的基本内容。

毛泽东指出，中国民主革命的中心问题是农民问题。在半殖民地半封建的中国，农民是无产阶级最可靠的同盟军和革命的主力军。中国革命的任务除了对外要推翻帝国主义在中国的统治，实现民族独立以外，对内主要是推翻封建主义的统治，改变封建剥削制度，解放农民。因此，农民问题是中国民主革命的基本问题。而农民问题主要是土地问题。无产阶级政党只有解决了农民的土地问题，才能把农民紧紧地团结在自己的周围，结成巩固的工农联盟，形成强大的革命力量。如果没有根据地，土地革命是不可能开展的。中国

---

① 《毛泽东选集》第1卷，人民出版社1991年版，第50页。
② 同上书，第57、77页。
③ 同上书，第85、86页。

共产党领导革命武装开辟农村根据地，这就使土地革命的开展有了一个可靠的基地。各根据地土地革命的开展，在根据地内消灭了封建剥削制度，使广大农民从封建剥削制度下解放出来，这就使农民问题真正从根本上得到了解决。土地革命，在毛泽东开创农村革命根据地的早期实践中显得尤为重要。湘赣边界更是交通阻塞的农业区域，居民几乎都是农民，土地则大半在地主手里。毛泽东指出："边界土地状况：大体说来，土地的百分之六十以上在地主手里，百分之四十以下在农民手里。江西方面，遂川的土地最集中，约百分之八十是地主的。永新次之，约百分之七十是地主的。万安、宁冈、莲花自耕农较多，但地主的土地仍占比较的多数，约百分之六十，农民只占百分之四十。湖南方面，茶陵、酃县两县均有约百分之七十的土地在地主手中。"向地主租种土地的农民，每年要把收获量的一半以上缴给地主，还要受其他种种压迫和剥削。获得土地，是贫苦农民最强烈的渴望。没有土地革命，不满足贫苦农民的土地要求，农村根据地建设也就不可能得到广大农民的真心实意的支持，难以坚持下去，只会归于失败。红军所以能不断发展壮大，农村革命根据地所以能在极端困难的条件下坚持和扩大，它们的力量源泉就在于取得人数众多的农民的这种由衷支持。所以，1928年12月，毛泽东总结了土地革命经验，制定了我党历史上的第一个土地法——《井冈山土地法》，它第一次用法律的形式肯定了农民分配土地的神圣权利。[①] 红四军开辟赣南根据地后，毛泽东经过调查研究，制定了《兴国土地法》，把原来规定的"没收一切土地"，改为"没收公共土地和地主阶级的土地"。这是一个原则性的修订。在随后的土地革命实践中，制定颁布了《二七土地法》、《苏维埃土地法》以及《中华苏维埃共和国土地法》等，逐步形成并坚持了一条正确的土地革命路线：依靠贫雇农，联合中农，限制富农，保护中小工商业者，消灭地主阶级，变封建半封建的土地所有制为农民的土地所有制。

其三，阐明了武装斗争在农村根据地斗争中的地位。

---

① 对此，毛泽东在延安曾表示，此土地法是1928年冬天在井冈山（湘赣边界）制定的。这是1927年冬天至1928年冬天一整年内土地斗争经验的总结，在这以前，是没有任何经验的。（《毛泽东文集》第1卷，人民出版社1993年版，第51页。）

　　毛泽东指出，中国革命的主要斗争形式是武装斗争。他说："边界的斗争，完全是军事的斗争，党和群众不得不一齐军事化。怎样对付敌人，怎样作战，成了日常生活的中心问题。所谓割据，必须是武装的。哪一处没有武装，或者武装不够，或者对付敌人的策略错了，地方就立即被敌人占去了。这种斗争，一天比一天激烈，问题也就非常的繁复和严重。"① "离开了武装斗争，就没有无产阶级的地位，就没有人民的地位，就没有革命的胜利。"② 中国革命武装斗争的特点决定了中国革命的主要形式是军队，因此，毛泽东非常重视建设一支新型的人民军队。

　　从大革命失败到井冈山根据地的创立，毛泽东特别强调军事问题的极端重要性，他主张"实行枪杆子夺取政权，建设政权"。他在八七会议上就认识到，"要发动暴动，单靠农民的力量是不行的，必须有一个军事的帮助"。他指出，"暴动的发展是要夺取政权。要夺取政权，没有兵力的拥卫或去夺取，这是自欺的话。我们党从前的错误就是忽略了军事，现在应以60%的精力注意军事运动"③。在毛泽东看来，"相当力量的正式红军的存在"和"共产党组织的有力量和它的政策的不错误"等是开展好军事斗争的重要内容，并可以据此建立若干小块共产党领导的红色区域。毛泽东采取了一系列具体的措施去实践"抓枪杆子"的思想。

　　首先，进行著名的"三湾改编"。1927年9月29日，毛泽东率领湘赣边界秋收起义部队进驻永新县的三湾村，进行了著名的"三湾改编"，整编组织，决定将支部建在连上，军队内部实行民主管理。

　　其次，提出三大纪律六项注意。1927年10月，毛泽东为工农革命规定了三大纪律：第一，行动听指挥；第二，打土豪要归公；第三，不拿老百姓一个红薯。1928年年初，在遂川分兵发动群众时，又为部队规定了六项注意：第一，上门板；第二，捆铺草；第三，

---

　　① 《毛泽东选集》第1卷，人民出版社1991年版，第63页。
　　② 《毛泽东选集》第2卷，人民出版社1991年版，第610页。
　　③ 井冈山革命博物馆：《井冈山革命根据地》上卷，中共党史出版社1987年版，第29页。

说话和气；第四，买卖公平；第五，借东西要还；第六，损坏东西要赔。三大纪律六项注意以后发展成为中国人民解放军的三大纪律八项注意，成为人民军队行动的准则。

再次，提出"十六字诀"。在敌强我弱的形势下，为了战胜敌人，毛泽东在井冈山斗争实践中，逐步形成并提出了"敌进我退，敌驻我扰，敌疲我打，敌退我追"的十六字诀。

最后，起草古田会议决议，进一步解决军队的思想建设问题。决议规定了红军必须置于中国共产党绝对领导之下的原则，规定了红军的性质、宗旨和任务，明确指出：红军是一个执行革命的政治任务的武装集团，是完成政治任务的工具，必须绝对服从党的领导，必须担负起打仗、筹款和做群众工作这三位一体的任务，要反对单纯军事观点和流寇主义、盲动主义等错误思想倾向。要求红军各部队，认真进行人民军队的宗旨教育，以保持红军的无产阶级性质和人民军队的本色。决议还规定了红军的内部外部关系，重申了三大纪律，实行军民一致、官兵一致、军政一致的原则和废止肉刑、宽待俘虏等政策，从而形成了红军政治工作的基本原则。

第四章　教育农民党员

大革命失败后，"左"倾中央机械地套用资本主义国家无产阶级政党建设经验，坚持"城市中心论"，过分地、不切实际地强调党员的工人成分，认为农民成分过多是一种危险——党的基础有由工人阶级转到农民的危险。因此，要求地方党组织在发展党员时，"必须坚决努力复建党的基础在工人阶级、尤其是城市大工业和交通工人之上"①。在"八七会议"上及会议以后，中央认为党内右倾机会主义产生的根源是党的领导机关中工人太少。党内对机会主义的批判带有明显的"唯成分论"倾向，"党的改造"过分强调单纯工人成分的意义。从已公布的六大档案史料看，中共六大通过了《农民问题议决案》、《土地问题议决案》、《苏维埃政权的组织问题决议案》等一系列与农村斗争相关的决议，虽然这意味着共产国际和中共中央开始给予土地革命、游击战争、红军建设和根据地建设更多的重视，但城市中心论仍旧表现得十分明显。② 周恩来就说过："六大"前后，"共产国际的一切文献，一讲到无产阶级政党的领导，就是同工人运动联系在一起的"③。1928 年 7 月，中共中央发布的《关于城市农村工作指南》中明确指出："党的组织成分是农民占百分之八十以上，这是我党的绝大危机！" 1928 年 11 月的《中国共产党中央执

---

① 中央档案馆编：《中共中央文件选集》第 4 册，中共中央党校出版社 1989 年版，第 586 页。

② 刘晶芳：《古田会议与开辟革命新道路的关系新探》，《中国井冈山干部学院学报》2010 年第 5 期。

③ 《周恩来选集》上卷，人民出版社 1980 年版，第 178 页。

行委员会告全体同志书》认为：“到产业工人中去，建立巩固的工厂支部，增加党的工人的成份，集中注意于全国产业区域的党的组织的健全，造成党的新生命，这是目前党的布尔什维克化主要的道路。”① 1929 年 6 月，党的六届二中全会通过的《组织问题决议案》中还坚持认为：“党的主要的弱点是无产阶级基础还不宽广，工人党员的成份仅占全党百分之七，重工业工人中党的发展极弱，支部生活多不健全，从斗争中吸收进来的积极分子还不见多，党的干部缺乏尤其是工人干部缺乏，……农村党员中还包含富农甚至地主的成份，农村支部多与群众混合。”当时的中央认为，在党的工作中，“应当坚决相信，在任何一个重工业中就是建立数人的支部，比我们在农村中发展百余同志割据一个乡村还要宝贵”②。

但是，大革命失败后，中国革命被迫从城市退向农村。农村成为中国革命新天地和牢固的根据地，使中国革命重获新生。随着革命进一步向农村的发展，从毛泽东带领秋收起义的队伍上井冈山建立农村革命根据地开始，一个个农村根据地纷纷建立起来。周恩来指出：“中国革命的特点是农民斗争与武装割据。”③ 广大农民纷纷踊跃参加到革命队伍中来，其中的先进分子积极地加入中国共产党。随着大批农民的入党，农民出身的党员在党内的比例不断增大。1927 年 5 月，党的“五大”召开时，农民出身的党员占全体党员数的 18.7%，到 1928 年 6 月，党的“六大”时，这个比例上升到76%。而工人党员 1928 年占党员的比例还是 10%，到 1929 年时减到 7%，到 1930 年时又减到 5.5%。这一情况同当时党中央对组织工作的指导思想和部署正好相反。

在中国这样一个半殖民地半封建的社会里，无产阶级怎样领导革命，是一个需要探索的课题。没有无产阶级政党的领导，就不能取得革命的最后胜利；没有广大农民的加入，中国共产党就难以成长为一个伟大的群众性的马克思主义政党。这实际上与中国革命的

---

① 中央档案馆编：《中共中央文件选集》第 4 册，中共中央党校出版社 1989 年版，第 451 页。

② 《中央给湖南省委的指示信》，1929 年 7 月 9 日。

③ 《周恩来选集》上卷，人民出版社 1980 年版，第 186 页。

道路问题密切联系着。就如 1944 年周恩来总结六大前后党的历史经验时所说：“讲到乡村中心的时候，还必须联系到一个问题，即农民必须由无产阶级政党领导”，“如果没有坚强的无产阶级政党的领导，即使以‘乡村为中心’，也难免要失败”。[①] 对此，毛泽东做出了杰出的贡献。他在寻找农村包围城市、最后夺取全国胜利这一独特的革命道路过程中，找到了“从思想上建设党”这一独特的党的建设道路，用无产阶级思想去教育农民，克服非无产阶级思想。

首先，毛泽东肯定中国共产党要以工人阶级为阶级基础。早在 1920 年，在他同蔡和森的建党通信中就一致认为，党必须是无产阶级的先锋队、政治领袖，是中国革命的发动者、领导者、先锋队、作战部，为无产阶级运动的精神中枢。毛泽东在建立和发展中国共产党的过程中，始终认为，虽然中国的产业工人在全国人口中只占少数，但比资产阶级实在要强若干倍。

同时，毛泽东从来没有忽视和低估农民在中国革命中的地位和作用，而是认为农民是中国革命的动力和主力军。毛泽东强调，农村问题乃国民革命的中心问题；农民不起来参加并拥护国民革命，国民革命不会成功。他指出：“国民革命需要一个大的农村变动。辛亥革命没有这个大变动，所以失败了”；“农民问题乃国民革命的中心问题，农民不起来参加并拥护国民革命，革命不会成功”。在《中国社会各阶级的分析》和《湖南农民运动考察报告》中，毛泽东论证了中国无产阶级的最广大和最忠实的同盟军是农民。他指出，中国革命要在农村发展，党要在农村生存，必须坚决赞助中国农民解决民主民生问题，而使自己获得占人口百分之八十的最伟大的同盟军，借以组织雄厚的战斗力量。到井冈山创建革命根据地后，毛泽东针对党内存在着的害怕农民运动、抛弃农民力量的错误观点指出：“畏惧农民势力的发展，以为将超过工人的势力而不利于革命，如果党员中有这种意见，我们以为也是错误的。因为半殖民地中国的革命，只有农民斗争得不到工人的领导而失败，没有农民斗争的发展

---

① 《周恩来选集》上卷，人民出版社 1980 年版，第 178 页。

超过工人的势力而不利于革命本身的。"① 也就是说，党处于农村环境中，必须大力依靠人数众多的农民阶级作为自己可靠的主力军，借以组织雄厚的战斗力量，保证井冈山的星星之火发展成夺取全国政权的燎原烈火。

毛泽东指出，在中国革命以农村为中心的特定条件下，大量吸收农民出身的党员是不可避免的。正确的态度是面对中国革命中的这一实际情况，用马克思主义来教育农民出身的党员，用无产阶级思想来纠正农民党员中的非无产阶级思想，使之无产阶级化。

农民作为小生产者，受长期落后生产力方式的限制，受长期的私有观念的影响，在他们身上有分散、保守、狭隘、自私的弱点，缺乏革命的坚定性，这些思想人们习惯称之为农民意识。由于农民存在着固有的缺陷，农民起来参加革命后，无产阶级政党必须用无产阶级思想来教育他们。农民中广为存在的狭隘的地方主义，目无组织纪律的自由散漫作风，根深蒂固的绝对平均主义乃至种种剥削阶级的落后思想，对党的组织建设、革命军队的建设、根据地的巩固都有着不可低估的危害。对于此种情况，毛泽东指出："作为党来说，作为领导思想来说，我们和农民要分清界限，不要和农民混同起来……我说不要和农民混同，是说要把农民提高一步，提高到无产阶级的水平。"② 这样，农村党员数量多了，也不会削弱无产阶级政党的领导，反而成为无产阶级政党的新鲜血液。

正是基于上述考虑，毛泽东在领导革命斗争的实践中一方面大力吸收农民进入革命队伍，另一方面加强对农民思想和农民意识的克服。

毛泽东率领的湘赣边界秋收起义部队成分很复杂，有相当数量的农民，包括平江、浏阳的农民义勇军，通城、崇阳的农民自卫军，以及醴陵的起义农民，组织很不健全，思想也很混乱。起义部队南下过程中，毛泽东主持召开了前委会议，进行了著名的"三湾改编"。部队缩编为1个团，称工农革命军第1军第1师第1团，抓住

---

① 《毛泽东选集》第1卷，人民出版社1991年版，第102—103页。
② 《毛泽东文集》第3卷，人民出版社1996年版，第317—318页。

"政治训练水平低"这个核心问题采取了两项重大措施：

其一，在部队加强了党的组织建设。把党的支部建在连上，班设党小组，连以上各级设党代表，营、团建党委，全军由党的前敌委员会统一领导，建立健全了党的各级组织，既确保了党对军队的领导，也确保了通过"政治训练"改造农民落后思想的方法能够施行。"支部建在连上"不仅为包括农民出身的党员在内的工农革命军全体指战员贯彻党的路线、方针、政策，接受党的领导，开展党的工作，提供了组织上的保证，而且使党找到了密切联系群众的有效途径，正如有的老红军战士所说："支部一建立，连队立刻有了灵魂，各种工作迅速地开展起来。……由于支部设在连里，党通过党员和广大群众保持着密切的联系，因而工作十分活跃。连里的政治空气逐渐浓厚，党员数量逐渐增多。这样，支部就真正形成了连队的核心和堡垒。……而我们的连队，也由于党的基层组织的建立并发挥了作用，变得更加巩固和坚强了。"① 毛泽东后来写给中央的报告中指出："党的组织，现分连支部、营委、团委、军委四级。连有支部，班有小组。红军所以艰难奋战而不溃散，'支部建在连上'是一个重要原因。"②

其二，规定长官不打士兵，官兵待遇平等，建立士兵委员会，参加部队管理，协助进行政治工作和群众工作，废除旧军队的雇佣制，建立了新型的官兵关系，实行民主制度。通过民主制度的施行，士兵们得到了自我教育，增强了官兵的团结，增加了部队的凝聚力。红军内以组织士兵委员会的形式实行民主制度是一大创造，也是红军区别于白军的重要标志，它对于健全党内、军内民主，反对军阀主义，克服官僚主义，维护军队内部的团结，密切党同士兵群众的关系，都具有积极的作用，因此，受到了广大指战员的热烈拥护。特别是士兵群众，享受了民主生活，精神上获得了解放，正如毛泽东所指出的那样："红军的物质生活如此菲薄，战斗如此频繁，仍能维持不敝，除党的作用外，就是靠实行军队内的民主主义。""军队

---

① 《星火燎原》（选编之一），中国人民解放军战士出版社 1979 年版，第 176—177 页。

② 《毛泽东选集》第 1 卷，人民出版社 1991 年版，第 65—66 页。

内的民主主义制度，将是破坏封建雇佣军队的一个重要的武器。"①

三湾改编意义重大，但也仅仅是在农村条件下建设新型人民军队，加强党对人民军队领导和对广大农民出身的党员的思想教育的开端。罗荣桓在《秋收起义与我军初创时期》一文中指出："三湾改编，实际上是我军的新生，正是从这时开始，确立了党对军队的领导。当时，如果不是毛泽东同志英明地解决了这个根本性的问题，那么，这支部队便不会有政治灵魂，不会有明确的行动纲领，旧军队的习气，农民的自由散漫作风，都不可能得到改造，其结果即使不被强大的敌人消灭也只能变成流寇。当然，三湾改编也只是开始奠定了新型的革命军队的基础，政治上、思想上的彻底改造是一个长期斗争的过程。"②

"三湾改编"后，毛泽东率领队伍走上井冈山，建立了第一个农村革命根据地。井冈山的斗争异常艰难困苦，随着大量农民加入无产阶级政党和革命军队，思想教育的问题就更加突出。对当时的这种困难，曾任湘赣边界特委书记的杨克敏说："社会经济政治文化一切落后，封建宗法思想充满乡村。农民做梦也想不到机器工业是一个什么样儿，是一回什么事，帝国主义到底是一回什么事，因此，实在很难使农民有进步的思想发生。在这样的环境下，去组织共产党，当然是不容易的事。"③ 毛泽东在写给中央的报告中指出："我们感觉无产阶级思想领导问题，是一个非常重要的问题。边界各县的党，几乎完全是农民成份的党，若不给以无产阶级思想教育，其趋向是会要错误的。"④ 据 1929 年 5 月的统计：红四军约 4000 人，其中党员 1329 人，占 33.2%。在这些党员中，工人成分的 311 人，占 23.4%；农民成分的 626 人，占 47.1%；小商人成分的 106 人，占 8.0%；学生成分的 192 人，占 14.4%；其他成分的 94 人，占 7.1%。由此可见，红四军党员中农民的比重最大。在这支以农民成

---

① 《毛泽东选集》第 1 卷，人民出版社 1991 年版，第 65 页。
② 《解放军报》2001 年 6 月 25 日第 6 版。
③ 井冈山革命博物馆：《井冈山革命根据地》上卷，中共党史出版社 1987 年版，第 271—274 页。
④ 《毛泽东选集》第 1 卷，人民出版社 1991 年版，第 77 页。

分为主体的年轻红军队伍中落后思想十分严重，单纯的军事观点、流寇思想和军阀主义在军中很有市场，并直接导致了井冈山根据地的"三月失败"和"八月失败"，有的甚至对革命前途悲观失望，提出了"红旗到底能打多久？"的疑问，表现出革命的不彻底性，严重影响了红军的自身建设。

农民出身的党员占党员的大多数，导致党在农村中的基层组织因为农民中存在的落后的宗法关系以及与此相联系的观念严重渗透，这势必会影响到根据地的建设。毛泽东意识到："党在村落中的组织，因居住关系，许多是一姓的党员为一个支部，支部会议简直同时就是家族会议。在这种情形下，'斗争的布尔什维克党'的建设，真是难得很。说共产党不分国界省界的话，他们不大懂，不分县界、区界、乡界的话，他们也是不大懂得的。各县之间地方主义很重，一县内的各区乃至各乡之间也有很深的地方主义。"①

还有土客籍问题。毛泽东说："边界各县还有一件特别的事，就是土客籍的界限。土籍的本地人和数百年前从北方移来的客籍人之间存在着很大的界限，历史上的仇怨非常深，有时发生很激烈的斗争。……这种土客籍的界限，在道理上讲不应引到被剥削的工农阶级内部来，尤其不应引到共产党内部来。然而在事实上，因为多年遗留下来的习惯，这种界限依然存在。例如边界八月失败，土籍豪绅带领反动军队回宁冈，宣传客籍将要杀土籍，土籍农民大部分反水，挂起白带子，带领白军烧屋搜山。十月、十一月红军打败白军，土籍农民跟着反动派逃走，客籍农民又去没收土籍农民的财物。这种情况，反映到党内来，时常发生无谓的斗争。"②

对这种现象，毛泽东为首的前委采取的办法是："一面宣传'不杀反水农民'，'反水农民回来一样得田地'，使他们脱离豪绅的影响，安心回家；一面由县政府责令客籍农民将没收的财物退还原主，并出布告保护土籍农民。在党内，加紧教育，务使两部分党员团结一致。"③ 曾任湘赣边界特委副书记的陈正人回忆说："毛泽东同志

① 《毛泽东选集》第1卷，人民出版社1991年版，第74页。
② 同上。
③ 同上。

为了克服土客籍矛盾和地方主义，首先在党内进行教育，指出，土客籍对立、地方主义都是封建社会的产物，是封建剥削阶级思想的反映，我们是共产主义者，我们要用阶级斗争的观点，反对封建的土客籍对立和地方主义。并且明确指出，土客籍矛盾和地方主义，都是地主阶级搞起来的，天下穷人是一家，工农是一家，要讲共产主义、国际主义，共产党员不能分你姓什么，他姓什么，你是土籍，他是客籍，也不能分县界、区界、乡界，这些都是和共产党的思想不相合的，我们只要分谁是那一个阶级。"①

"小农生产社会的中国，不善于组织，散漫已成了中国人一般的习性，无形中亦反映到中国无产阶级的政党——共产党中来。"② 为解决用无产阶级思想建党建军的问题，1929 年 12 月，红四军党的第九次代表大会在福建上杭县古田举行，史称古田会议。

会议一致通过了毛泽东为大会起草的《中国共产党红军第四军第九次代表大会决议案》，即《古田会议决议》。决议共分 9 个部分：（1）关于纠正党内错误思想；（2）党的组织问题；（3）党内教育问题；（4）红军宣传工作问题；（5）士兵政治训练问题；（6）青年士兵的特种教育；（7）废止肉刑问题；（8）优待伤病兵问题；（9）红军军事系统与政治系统问题。其中，关于纠正党内的错误思想是决议的核心部分。它深刻批判了红四军党内存在的单纯军事观点、极端民主化、非组织观点、绝对平均主义、主观主义、个人主义、流寇思想和盲动主义残余等错误倾向，并列举了各种错误倾向的根源和具体表现，提出了纠正的办法。

毛泽东指出，克服非无产阶级思想意义非常重大。"红军党内最迫切的问题，要算是教育的问题。""红军第四军的共产党内存在着各种非无产阶级的思想，这对于执行党的正确路线，妨碍极大。若不彻底纠正，则中国伟大革命斗争给予红军第四军的任务，是必然担负不起来的。"产生这些错误思想，其根源是什么呢？毛泽东指

---

① 井冈山革命博物馆：《井冈山革命根据地》下卷，中共党史出版社 1987 年版，第 34 页。

② 中央档案馆编：《中共中央文件选集》第 4 册，中共中央党校出版社 1989 年版，第 76 页。

出："四军党内种种不正确思想的来源，自然是由于党的组织基础的最大部分是由农民和其他小资产阶级出身的成分所构成的；但是党的领导机关对于这些不正确的思想缺乏一致的坚决的斗争，缺乏对党员作正确路线的教育，也是使这些不正确思想存在和发展的重要原因。"① 他在分析绝对平均主义时说："红军中的绝对平均主义，有一个时期发展得很厉害。"毛泽东举例说：发给伤兵用费，反对分伤轻伤重，要求平均发给；官长骑马，不认为是工作需要，而认为是不平等制度；分物品要求极端平均，不愿意有特别情形的部分多分去一点；背米不问大人小孩体强体弱，要平均背；住房子要分得一样平，司令部住了一间大点的房子也要骂起来；派勤务要派得一样平，稍微多做一点就不肯；甚至在一副担架两个伤兵的情况，宁愿大家抬不成，不愿把一个人抬了去。毛泽东归纳认为："这些都证明红军官兵中的绝对平均主义还很严重。"为什么在红军中存在这种绝对平均主义思想呢？毛泽东分析指出："绝对平均主义的来源，和政治上的极端民主化一样，是手工业和小农经济的产物，不过一则见之于政治生活方面，一则见之于物质生活方面罢了。"②

为了开展好思想教育，决议具体规定了党内教育的内容和目的。毛泽东在认真分析各种错误思想的表现和来源的基础上，有针对性地提出了若干纠正的方法。强调党的各级领导机关必须教育一切党员，用马克思列宁主义的立场、方法、观点去作政治形势的分析和阶级势力的估量，以代替主观主义的分析和估量；使党员注意对社会生活的调查研究，明了离开深入实际的调查和研究，就要堕入空想和盲动的泥潭；教育党员正确对待党内批评，认识到党内批评是巩固党的组织、增加党的战斗力的武器。通过这些教育，使党员的思想和党内的生活政治化、科学化。

决议还具体规定了党内教育的 10 种材料，提出了党内教育的 18 种方法。主要的方法有通过报纸书刊进行教育，包括办好党报、政治简报，编辑各种宣传教育的小册子；通过开办党员训练班进行教

① 《毛泽东选集》第 1 卷，人民出版社 1991 年版，第 85 页。
② 同上书，第 90—91 页。

育，组织党员干部集中学习讨论；通过各种形式的会议进行教育，包括小组会、支部大会、支委扩大会、组长以上活动分子大会、支书以上活动分子大会以及书记、组委、宣委联席会议；通过个别谈话进行教育；通过批评和自我批评进行教育；通过给党员分配适当的工作进行教育，等等。据陈正人回忆：党内教育的内容主要涉及"共产党是干什么的，共产党是什么样的党"，"除了讲民主革命阶段当的纲领以外，对共产主义也作了一些通俗的解释，指明将来的目标是要实现共产主义"；"在训练班里还讲阶级和阶级斗争，讲工人、农民是受压迫、受剥削的阶级"；训练班告诉大家，穷人要翻身，"就要打倒地主这个剥削阶级，要打垮压迫穷人的国民党反动政权"，"要推翻帝国主义和军阀"。[①] 这些教育内容深入浅出，生动活泼，对于提高农民党员的政治觉悟有重要作用。

在强调党的思想建设的同时，决议也解决了保证和巩固党的思想政治一致的组织建设问题。

为了保证党组织的质量，搞好党的组织建设，决议提出：（1）旧的基础要厉行洗除。如政治观念错误，吃食鸦片，发洋财及赌博等，屡戒不改的，不论干部及非干部，一律清洗出党。（2）明确了红军中发展党员的条件。决议明确指出，必须是以下五个条件完备的人，才能介绍他们入党。五个条件分别为："1. 政治观念没有错误（包括阶级觉悟）；2. 忠实；3. 有牺牲精神，能积极工作；4. 没有发洋财的观念；5. 不吃鸦片、不赌博。"并制定了党员的发展路线："以战斗兵为主要对象。同时，对非战斗兵如勤务兵等亦不应忽视。"肯定每连建立一个党支部，班、排建立一个党小组的重要原则。

决议强调了在组织上厉行集中指导下的民主生活，指出党的纪律之一是"少数服从多数"，并强调要严格地执行纪律，废止对纪律的敷衍现象。其路线是：

1. 党的领导机关要有正确的指导路线，遇事要拿出办法，

---

① 井冈山革命博物馆：《井冈山革命根据地》下卷，中共党史出版社 1987 年版，第32—33 页。

以建立领导的中枢。2. 上级机关要明了下级机关的情况和群众生活的情况，成为正确指导的客观基础。3. 党的各级机关解决问题，不要太随便。一成决议，就须坚决执行。4. 上级机关的决议，凡属重要一点的，必须迅速地传达到下级机关和党员群众中去。其办法是开活动分子会，或开支部以至纵队的党员大会（须看环境的可能），派人出席作报告。5. 党的下级机关和党员群众对于上级机关的指示，要经过详尽的讨论，以求彻底地了解指示的意义，并决定对它的执行方法。①

这些举措为纯洁和巩固党组织提供了必要的措施。

古田会议初步解决了长期处于农村游击战争环境、以农民为主要成分的党，能不能建设成为真正的无产阶级政党的问题，这是突破把共产国际决议神圣化的教条主义束缚的结果。当时，共产国际以"城市中心"论来指导中国共产党党的建设和军队的建设。周恩来指出："共产国际的一切文件，一讲到无产阶级政党的领导，就是同工人运动联系在一起的。"② 在共产国际看来，以城市为中心，开展工人运动，党员中多数是工人出身，才能体现无产阶级政党的领导；而以农村为中心，大量党员出身于农民，就不如建设成为无产阶级的政党了。当时的中共中央，是一切都以共产国际指示和苏联经验为圭臬，坚持革命道路上的"城市中心"。李立三将其形象地解释为："乡村是统治阶级的四肢，城市才是他的头脑和心腹，单只斩断了他的四肢，而没有斩断他的头脑，炸裂他的心腹，还不能制他的最后的死命，制他死命的是工人'武装暴动'。"③ 可见，当时组织工作的指导思想，就是要大量发展工人党员，认为这样才能坚持和发扬党的无产阶级性质。所以，即便是古田会议闭幕已有近四个月，1930 年 3 月，《中央通告第七十三号——发展产业工人党员加强党的无产阶级基础》中仍然是延续着以城市为中心，开展工人运动的主导思想，明确规定了各地发展工人党员的指标。通告指出：

---

① 《毛泽东选集》第 1 卷，人民出版社 1991 年版，第 89 页。
② 《周恩来选集》上卷，人民出版社 1980 年版，第 178 页。
③ 《红旗》1930 年第 88 期。

"在党的组织上，目前最严重而且最中心的任务，是要很坚决的，大胆的向产业工人开门，尤其是重工业工人，尽量吸收新旧先进的，勇敢的分子到党内来，扩大党的组织，加强党的基础。同时在客观事实的表现上，群众斗争的发展更加深了群众的阶级觉悟，在许多地方群众自动的迫切的找党，要求党的领导，成为极普遍的现象。所以党在这一客观条件下，吸收先进的工人入党，扩大与加强党的组织基础是有很大的可能的。"①

毛泽东不是这样。据陈毅后来回忆，古田会议前，毛泽东就常常强调，马列主义只规定了中国革命的基本原则，中国革命的具体做法，还要靠我们在实际斗争中去创造。毛泽东同志主持起草的古田会议决议，正是在这样的历史条件下，在中国党和红军的建设史上最早系统提出了农民占大多数情况下，如何教育农民党员，以建设无产阶级政党的思想。古田会议决议规定了坚持用马克思主义教育农民和其他非无产阶级出身的党员，初步解决了如何使农民由落后的小生产者转化为无产阶级的先锋战士的问题，解决了中国共产党在农村环境下进行革命，建设无产阶级政党、坚持无产阶级领导的重大历史课题，从而保证了"工农武装割据"的不断巩固和扩大，为中国共产党人最终找到中国民主革命道路准备了一个极其重要的前提条件。

---

① 虽然该通告也提及了在农村发展党员，但是仍然强调阶级成分，指出："吸收雇农分子入党，改造党的组织，加强党在农村中无产阶级的基础。此次必须将雇农党员的数量作详细调查报告中央。"参见中央档案馆编《中共中央文件选集》第 6 册，中共中央党校出版社 1989 年版，第 49—54 页。

第五章　发动农民参加革命

　　早在第一次国内革命战争时期，毛泽东等共产党人就已经认识到动员、组织人民群众，尤其是农民进行革命，参加武装斗争的重要性。中共二大宣言指出："中国三万万的农民，乃是革命运动中的最大要素。农民因为土地缺乏、人口稠密、天灾流行、战争和土匪的扰乱、军阀的额外征税和剥削、外国商品的压迫、生活程度的增高等原因，以致日趋穷困和痛苦"，"如果贫苦农民要除去穷困和痛苦的环境，那就非起来革命不可。而且那大量的贫苦农民能和工人握手革命，那时可以保证中国革命的成功"。① 1925 年 5 月，第二次全国劳动大会通过的《工农联合的决议案》指出："中国农民占全国人口总数百分之七十五，他们所受的压迫和剥削，较工人尤甚。中国工人阶级要想得到解放，更非联合农民共同奋斗不可。"②

　　毛泽东在《国民革命和农民运动》一文中指出，农民问题是国民革命的中心问题，农民不起来参加并拥护国民革命，国民革命就不会成功；农民武装"是使一切土豪劣绅看了打颤的一种新起的武装力量，应使这种武装力量确实普及于七十五县二千余万农民之中"。1926 年 6 月，毛泽东在为农民运动讲习所学员准备的讲稿中，总结了中国农民斗争的历史，尤其是辛亥革命以来的中国革命斗争历史，指出辛亥革命和五卅运动失败的根本原因是"完全未得三万

---

① 中央档案馆编：《中共中央文件选集》第 1 册，中共中央党校出版社 1989 年版，第 113 页。

② 同上书，第 643 页。

万两千万农民来帮助和拥护"①。1927年3月，毛泽东在《湖南农民运动考察报告》中指出："一切革命同志须知：国民革命需要一个大的农村变动。辛亥革命没有这个变动，所以失败了。现在有了这个变动，乃是革命完成的重要因素。"②

工农武装割据的斗争实践，使毛泽东更认识到动员广大农民群众参加革命的重要意义。毛泽东指出："革命战争是群众的战争，只有动员群众才能进行战争，只有依靠群众才能进行战争。"为了广泛地动员和发动农民群众投入革命战争，毛泽东强调："我们现在的中心任务是动员广大群众参加革命战争，以革命战争打倒帝国主义和国民党，把革命发展到全国去，把帝国主义赶出中国去。"他认为，取得中国革命的胜利最根本的，是要靠"千百万真心实意地拥护革命的群众"，"这是真正的铜墙铁壁，什么力量也打不破的，完全打不破的"。只有"在革命政府的周围团结起千百万群众来，发展我们的革命战争，我们就能消灭一切反革命，我们就能夺取全中国"③。在向井冈山进军的途中，毛泽东与张宗逊交谈时明确说："中国革命离不开农民，武装斗争一定要与农民运动相结合，把农民武装起来。"④

如何才能发动广大农民起来参加革命？同时，又要让这种动员具有稳定性、持久性？最基本的原则是要满足农民对土地的渴望。因为土地是农民的生存之本，谁能解决土地问题，谁就能赢得农民的支持，谁就能赢得革命的胜利。毛泽东经过大量的农村调查认识到，封建地主土地所有制严重束缚了农村生产力的发展，广大农民非常渴望得到土地这一赖以生存的生产资料，要制定和不断完善解决农民土地问题的基本政策。1930年10月，毛泽东在江西兴国调查时发现，土地分配不均是农民要求革命的主因，并由此断定，中

---

① 中共中央文献研究室编：《毛泽东年谱》上卷，中央文献出版社2013年版，第163页。

② 《毛泽东选集》第1卷，人民出版社1991年版，第16页。

③ 同上书，第136—139页。

④ 中共中央文献研究室编：《毛泽东年谱》上卷，中央文献出版社2013年版，第223页。

国共产党领导的革命是能"获得百分之八十以上人民的拥护和赞助的"①。在根据地建设过程中，毛泽东及时制定和调整了与此相关的土地政策，修改土地法令。从《井冈山土地法》到《兴国土地法》，再到《赣西南苏维埃土地法》（史称"二七"土地法），对有关内容进行的修改，体现了毛泽东对解决农民土地问题的极大关注。1929年4月，毛泽东起草了《兴国土地法》，把"没收一切土地"改为"没收一切公共土地及地主阶级土地"，对没收土地的范围、分配土地的数量标准、山林分配办法、土地税的征收都做了具体规定。1933年6月1日，中华苏维埃共和国发布《关于实行土地登记》布告，指出："有些地方发了一种耕田证，这只证明土地的使用权，而不是证明所有权。加以土地分了好几次，许多农民不相信土地是分定了的，以为现在我耕的田，难保将来不归别人，因此耕种不肯尽力，妨碍生产，妨碍了农民利益的保障与发展。"规定土地登记后由苏维埃发给农民土地证，"用这个土地证去确定农民的土地所有权他人不得侵占，政府不得无故没收"②。由"耕田证"改为"土地证"，进一步确保了农民自由支配土地的权利，极大地调动了农民的积极性。在上述政策下，毛泽东积极领导农民开展土地革命，短短的时间内，仅赣南、闽西根据地就解决了50多个区、500多个乡的土地问题，出现了一场"分田分地真忙"的农村社会大变动，大约有60万缺地、无地的贫苦农民获得了土地。通过土地革命，中国共产党赢得了农民的衷心拥护。广大农民被广泛发动起来，积极参加革命斗争，热情支持根据地建设。

除了通过土地革命解决农民迫切需要的主要生产资料，以发动农民参加革命之外，毛泽东在创建革命根据地过程中还注意从多个方面建立党和人民之间的"鱼水情"。

其一，严明人民军队纪律，取信于农民。

工农红军进军井冈山开辟农村革命根据地的过程中，不仅遭到

---

①　《毛泽东农村调查文集》，人民出版社1982年版，第26页。
②　《第一、二次国内革命战争时期土地斗争史料选编》，人民出版社1981年版，第731页。

国民党方面武装力量的"围剿"，还经受着国民党为了隔绝农民群众与红军的联系的反动和污蔑宣传，使红军起初遇到了很大的困难，甚至于遭遇到"坚壁清野"。当时，国民党为了隔绝农民群众与共产党和红军的联系，竭力强化反动宣传，诬蔑共产党、红军"杀人放火"、"共产共妻"，骂共产党、红军是"赤匪"。这种污名化的办法，因为红军是新生力量，起初十分奏效，使得广大农民群众因担心生命财产的安全而不敢接近共产党、红军，更不用说参加革命了。1927 年 9 月底，毛泽东率领秋收起义队伍向井冈山进军途中就遇到沿途农民群众纷纷躲避的情况。这对革命事业是非常不利的，面对严峻形势，毛泽东严明部队纪律，强调保护农民群众原有财产，爱护农民群众的一草一木。

湘赣边界秋收起义部队在三湾时，正当红薯收获季节。在初次助民劳动中，有的官兵吃老乡的红薯。对此，毛泽东给部队规定了不拿老百姓一块红薯的纪律。10 月 3 日，三湾改编后的工农革命军第一军第一师第一团向宁冈古城前进。出发前，毛泽东在枫树坪向战士和干部讲话，并宣布行军纪律：说话要和气，买卖要公平，不拿群众一个红薯。[①]

不久，部队到茶陵筹款，在打土豪时又有个别官兵将没收的财物据为己有。于是，毛泽东又提出打土豪归公的纪律。1928 年 1 月，部队到遂川发动群众和筹款。当时，部队以连、排为单位分兵发动群众，与群众广泛接触，也出现了一些损害群众利益的不良现象。毛泽东了解情况后，又给部队规定了上门板、捆禾草等六大注意事项。3 月，部队南下湘南到根据地外活动，纪律显得更重要。4 月初，毛泽东在桂东沙田，将过去陆续制定的纪律和注意事项合在一起，并作简单修改补充，正式定为三条纪律六项注意予以颁布。三条纪律为：一是不拿工人、农民、小商人一点东西；二是打土豪要归公；三是一切行动听指挥。六项注意为：一是上门板；二是捆禾草；三是讲话和气；四是买卖公平；五是借东西要还；六是损坏

---

① 中共中央文献研究室编：《毛泽东年谱》上卷，中央文献出版社 2013 年版，第 220 页。

东西要赔。

三条纪律六项注意鲜明地体现了人民军队的本质特征。对此，红四军的代表曾在 1930 年 5 月全国红军代表大会上，向党中央、中央军委和其他地区的红军代表做了报告和说明。其中说，三条纪律六项注意，是红军"四、五、六军及闽西、赣西南各地赤卫队共同用的政治纪律"。具体为："不拿工人、农民、小商人一点东西"，"着重在一点上，如一根草也是一点"；"上门板"，是"指宿营时借老板的门板走时要上好才走"；"捆禾草"，是"指宿营时借老板的禾草，走时要捆好才走"；"讲话和气"，是"指买卖东西不许强买强卖"；"借东西要还"，是"指借老板的任何东西都要送还才走"；"损坏东西要赔"，是"指损坏了老板的任何东西，要赔偿他才走"。

1930 年 5 月以后，毛泽东又对六项注意做了修改，增加了"七、不得胡乱屙屎；八、不搜敌兵腰包"，从而发展为三大纪律八项注意，并写进了 9 月 25 日红一方面军颁布的《红军士兵会章程》中。1931 年，中共中央代表欧阳钦在向党中央报告中央苏区情况时，具体地报告了红一方面军的三大纪律八项注意。此后，三大纪律八项注意的条文措辞略有改动，并成为人民军队的纪律。

这些纪律，曾经是红军政治工作的重要内容，对于人民军队的建设，对于正确处理军队内部关系、团结和发动农民群众、取信于农民群众，都起了极为重要的作用。

严守纪律的红军用事实揭破了国民党方面的污蔑之词，广大的农民群众逐渐改变了对共产党率领的这支队伍的看法，认识到这是一支真正为贫苦人民奋斗的人民军队。红军战士赖春风回忆当时情景说：当毛泽东率领部队快到古城时，沿途"老表们纷纷腾出房子，准备粮食蔬菜，为迎接自己的队伍而忙碌着"[①]。1929 年，红军在瑞金大柏地曾经留下一些农民群众的欠条，毛泽东非常重视，惦记在心。后来红军要转移时，毛泽东特意决定再次进军大柏地，偿还款子。等等说明，毛泽东非常注意人民军队的形象。

其二，关心农民群众日常生活，激发农民群众的革命热情。

---

① 《毛泽东同志八十五诞辰纪念文选》，人民出版社 1979 年版，第 142 页。

维护人民群众的切身利益，是马克思主义政党的本质属性，也是中国共产党的宗旨的重要内容，尤其是赢得人民群众充分信任和广泛支持、与国民党争夺民心的有效途径和根本保障。

1928年毛泽东率领红军去井冈山东南的遂川城，在这仅70公里长的路上，遂川靖卫团要抽税收五次，任何农副产品都不例外，农民群众十分痛恨。了解这些情况后，毛泽东便发动群众，没收了土豪劣绅的浮财，打掉了靖卫团设立的层层税卡，取消了各种苛捐杂税。这一行动赢得了广大农民的拥护和信任。

1934年1月，他在江西瑞金召开的第二次全国工农代表大会上指出："我们现在的中心任务是动员广大群众参加革命战争……我们的同志如果把这个中心任务真正看清楚了，懂得无论如何要把革命发展到全国去，那末，我们对于广大群众的切身利益问题，群众的生活问题，就一点也不能疏忽，一点也不能看轻。"他还强调指出："如果我们单单动员人民进行战争，一点别的工作也不做，能不能达到战胜敌人的目的呢？当然不能。我们要胜利，一定还要做很多的工作。"要发动群众的积极性，"就得关系群众的痛痒，就得真心实意为群众谋利益，解决群众的生产和生活的问题"。他指出，除了分配土地给农民外，一切群众的实际问题都是必须注意的。"假如我们对这些问题注意了，解决了，满足了群众的需要，我们就真正成了群众生活的组织者，群众就会真正围绕在我们的周围，热烈拥护我们。"因此，毛泽东要求各级党组织和苏维埃政府各部门，对于"一切这些群众生活上的问题，都应该把它提到自己的议事日程上。应该讨论，应该决定，应该实行，应该检查。要使广大群众认识我们是代表他们的利益的，是和他们呼吸相通的。要使他们从这些事情出发，了解我们提出来的更高的任务"①。

为了启发和教育领导干部重视农民群众切身利益问题，毛泽东深入农村进行社会调查，主持编写了两个模范乡的典型材料，用事实说明关心群众的生活与发动农民群众、完成党的政治任务之间的紧密关系。同时，他还提出了具有针对性和可操作性的建议，对领

---

① 《毛泽东选集》第1卷，人民出版社1991年版，第136—141页。

导干部提高做群众工作的水平具有很直接的帮助。

1933 年 11 月，毛泽东到长冈乡调查时，深入贫困农民当中，对农民日常生产、生活中的困难进行了细致的调查，对妇女耕地、军属生活、孩子上学等诸多问题非常关心，意识到关心广大农民生活的重要性。毛泽东在《长冈乡调查》中指出："苏维埃是群众生活的组织者，只有苏维埃用尽它的一切努力解决了群众的问题，切切实实改良了群众的生活，取得了群众对于苏维埃的信仰，才能动员广大群众加入红军，帮助战争，为粉碎敌人的'围剿'而斗争。"① 后来，毛泽东把这些调查心得又写入了《关心群众生活，注意工作方法》一文。在文中，毛泽东谆谆告诫从事实际工作的党员干部，要得到群众的拥护，要群众全力支持革命，最重要的是要"关心群众的痛痒"，"真心实意地为群众谋利益"，"解决群众的生产和生活的问题、盐的问题、米的问题、房子的问题、衣的问题、生小孩子的问题，解决群众的一切问题"。毛泽东表示相信：党员干部只要这样做了，广大群众就必定拥护共产党，"把革命当作他们的生命，把革命当作他们无上光荣的旗帜"②。为解决瑞金部分农民群众吃水难的问题，毛泽东亲自指导挖井，"吃水不忘挖井人"的佳话由此传开。

毛泽东在才溪乡调查时也非常注重对农民群众日常生活的调查，对暴动后农民群众生活得到改善表示满意。在 1934 年 1 月召开的第二次全国苏维埃代表大会上，中华苏维埃共和国临时中央政府将这个调查报告的油印单行本发给参加的代表，题目就是：《乡苏工作的模范（二）——才溪乡》。毛泽东在调查报告中详细记述了农民群众生活改善的情况：

> 米：暴动前，贫农雇农平均每年只有三个月吃米饭，其余九个月均是吃杂粮，青黄不接时要吃"羊蹄子"，更有吃糠的。现在，有了六个月的米饭吃，配合六个月的杂粮，一年就够了。本地产米本来很少，故还需一半依靠杂粮，现在杂粮的

---

① 《毛泽东农村调查文集》，人民出版社 1982 年版，第 308 页。
② 《毛泽东选集》第 1 卷，人民出版社 1991 年版，第 124—125 页。

生产也比前多了。以每餐说，暴动前不能吃饱，现在能吃饱了。并且自己吃外，还可卖给红军，完土地税，买公债票与兑换油盐。总之，吃饭改善了百分之一百（三个月米饭与六个月米饭之比）。

肉：暴动前贫农雇农平均每人每年吃肉约一元（大洋），现在为二元，增加百分之一百。暴动前百家只有六十家养猪，现在百家有九十五家养猪。

衣：暴动前平均每人每两年才能做一套衫裤，暴动后平均每人每年能做一套半，增加了百分之二百。今年情形又改变，因为封锁，布贵，平均每人只能做半套，恢复到暴动前。暴动前一套单衣服值十八毛（十五毛布，三毛工），去年每套二十一毛（十七毛布，四毛工），合大洋一元半，今年每套三十四毛（三十毛布，四毛工），合大洋二元四角。反革命使我们的衣服贵到如此程度！

盐：暴动前每人平均每月吃盐一斤，今年十一月每人每月只吃三两二钱，即暴动前五个人的家庭月吃盐五斤者，今年十一月只吃一斤。不打倒国民党无盐吃！

油：暴动前平均每人每月吃油（从江西来的木油，本地的猪油）六两，现在未减少也未加多。但因江西的木油来得少了，群众吃的多是猪油。[1]

其三，要求红军指战员认真做好动员农民群众的工作。

1927年11月在红军打下茶陵县城后，毛泽东明确提出了红军的三大任务：一是打仗消灭敌人，二是打土豪筹款子，三是宣传组织群众。1929年12月，毛泽东在古田会议的决议中，把三大任务进一步理论化，指出红军是一个执行革命政治任务的武装集团。红军决不是单纯地打仗的，它除了打仗消灭敌人军事力量之外，还要负担宣传群众、组织群众、武装群众、帮助群众建立革命政权以至建立共产党的组织等项重大的任务。例如，1928年1月5日，毛泽东

---

① 《毛泽东农村调查文集》，人民出版社1982年版，第348—349页。

率领工农革命军占领遂川县城后，立即组织以班排为单位的分散活动，向广大群众宣传党的主张，发动群众起来革命，打土豪筹款子。在遂川县城的工作局面打开后，1月10日，毛泽东将工农革命军的团部和特务连留在城里做群众工作，其余部队组成宣传队分三路下农村，一路到城东于田，一路到城西草林，一路到城西北大坑，向群众进行宣传，做社会调查，并发动和组织群众，打土豪筹款子。1月25日，毛泽东再次组织工农革命军从遂川县城分兵下乡，并向部队进行纪律教育。根据部队第一次下乡的经验与教训，宣布工农革命军最早的"六项注意"：还门板，捆铺草，说话和气，买卖公平，不拉伕，请来伕子要给钱，不打人不骂人。9月14日，以毛泽东为书记的红军大队行动委员会与中共遂川县委商量决定：留少数兵力与遂川县赤卫大队驻守县城，其余部队再次兵分四路，向四乡开展游击活动，发动群众，分配土地。

毛泽东认为，对广大的农民群众做好宣传工作是"红军的第一个重要的工作"，把宣传工作做好，"才可以实现组织群众、武装群众、建立政权，消灭反动势力，促进革命高潮等红军的总任务"。他要求红军在完成战斗任务，占领城镇后，要立即"发动大范围的群众，建立几个县联在一块的政权"①。1928年3月，毛泽东率工农革命军第一团到达湖南桂东县沙田圩。30日，在沙田万寿宫召开军队干部会，决定分兵深入附近乡村，广泛发动群众，打土豪，搞分田试点，建立工农兵政府。4月初，桂东沙田地区20多个村子开展打土豪分田地运动，并成立了中共桂东县委和县工农兵政府。毛泽东曾在《清平乐·蒋桂战争》一词中描述了红军在闽西取得战斗胜利后发动和组织群众的景象："红旗跃过汀江，直下龙岩上杭，收拾金瓯一片，分田分地真忙。"毛泽东这次进军闽西，取得重大战果，争取了80万赤色群众。②

其四，保障农民政治权利，大力发展农民教育，提高农民的政治觉悟和政治热情。

---

① 《毛泽东选集》第1卷，人民出版社1991年版，第100页。
② 《毛泽东书信选集》，人民出版社1983年版，第26页。

毛泽东非常重视农民政权建设，明确规定农民基层政权是代表广大贫苦农民利益的政治组织。《中华苏维埃共和国宪法大纲》规定："中国苏维埃政权所建设的是工人和农民的民主专政的国家。苏维埃政权是属于工人，农民，红军兵士及一切劳苦民众的。在苏维埃政权下，所有工人，农民，红军兵士及一切劳苦民众都有权选派代表掌握政权的管理；只有军阀，官僚，地主，豪绅，资本家，富农，僧侣及一切剥削人的人和反革命分子是没有选派代表参加政权和政治上自由的权利的。"这就从法律上确定了苏维埃政府的性质是代表广大劳动人民利益的政府，从而也就从法律上保障了农民的政治权利。

要使农民成分行使自己的政治权利，非常重要的一点是提高农民的政治参与意识。中国农民群众由于长期遭受封建统治者的欺压，近代农民还遭受着外来帝国主义的蹂躏，其连绵不断的反抗活动大多以失败而结束，这使农民群众对自己的政治行为能力发生了怀疑，这是发动农民群众的严重障碍。早在大革命时期，毛泽东对湖南农民农村进行考察时就指出："对农民应该领导他们极力做政治斗争，期于彻底推翻地主权力。"[1]毛泽东主张把革命性坚定的普通农民群众吸收到党和政府内，甚至让他们担任革命的领导工作，以此激发农民群众的革命积极性，提高他们的政治参与意识。1928年1月，为了迅速发动农民群众起来斗争，巩固和发展井冈山革命根据地，毛泽东率领工农革命军，攻下井冈山的遂川县城。遂川县西庄有个叫王次淳的农民，他苦大仇深，斗争坚决，工作积极，为群众办事中受到群众的拥护。县工农兵政府成立大会筹备处的通知王次淳说，政府即将成立，由他当县工农兵政府主席，这是毛委员和广大群众的意见。当时，王次淳很担心，认为自己是一个挑大粪的做田佬，又没文化，怕干不了。毛泽东则说：你行，我们的大印就是要你这样的挑大粪的农民来掌。[2]1月24日，遂川县工农兵政府成立那天，毛泽东在主席台庄重地把一颗工农兵政府的大印交给王次淳，对台

---

① 《毛泽东选集》第1卷，人民出版社1991年版，第33页。
② 参见《毛泽东风范词典》，中国工人出版社1991年版，第140页。

下群众说："这位就是你们的县长，叫王次淳，西庄人。前几天还在挑大粪，现在要当县长了。但是，革命靠一个县长不行，还要靠大家团结。一根稻草，一拉就断，把稻草拧成一股绳，就不容易断了！"[①]

要提高农民的政治参与意识，必须要加强对农民的阶级意识教育和文化水平教育。毛泽东在领导根据地建设过程中，十分注意发展教育事业，提出必须打破封建教育制度，建立以马列主义为指导的新教育。1932年1月24日，《湘鄂赣省工农兵苏维埃第一次代表大会通过的文化问题决议案》中规定：苏区教育"实施马列主义的阶级教育"，"提倡职业教育"，"凡工农劳苦群众的子弟读书一律免费"。[②] 1934年1月，毛泽东在第二次全苏区工农兵代表大会的工作报告中又明确指出了苏维埃文化教育总方针，"在于以共产主义精神来教育广大的劳苦大众，在于使文化教育为革命战争与阶级斗争服务，在于使教育与劳动联系起来，在于使广大中国民众都成为享受文明幸福的人"。

为了适应在频繁的革命战争的特殊环境和条件下开展对劳苦群众的教育，毛泽东等共产党人创造了许多前所未有的办学形式。开办夜校、半日学校、业余补习学校、俱乐部，树立识字牌等加强工农业余教育。根据教育对象在受教育前绝大多数没有接受过教育、处于文盲或文化程度很低的状况，结合实际大胆改革教学方法。徐特立的"老公教老婆、儿子教父亲、秘书教主席、识字的教不识字的、识字多的教识字少的"的以民教民、互教互学的识字教学法，深受工农劳苦民众欢迎，在农村根据地掀起男女老少齐学习共认字的教育热潮。据1934年9月29日的《红色中华》报道："到今年3月止，在中央苏区的江西、福建、粤赣、瑞金等地，据不完全统计，我们有了3199个列宁小学，学生约达10万。4512个补习学校，学生约达8万8千人。23286个识字组，识字的组员只在江西一省约达12万人。1917个俱乐部，参加这些俱乐部文化生活的固定会员

---

① 王次模：《忆遂川的革命活动》，转引自《井冈山革命根据地全史》，江西人民出版社2007年版，第132页。

② 《湘鄂赣革命根据地文献资料》第2辑，人民出版社1986年版，第15—16页。

就有 9 万 3 千余人。"①

其五，批评忽视农村革命，不大力发动农民的错误思想。

毛泽东在分析红色政权能够存在和发展的原因时，所列举的第二条理由就是有比较好的群众基础，这实际上主要指的是经受过大革命洗礼的农民。他说，中国红色政权首先发生和能够长期地存在的地方，不是那种并未经过民主革命影响的地方，例如四川、贵州、云南及北方各省，而是在 1926 和 1927 两年资产阶级民主革命过程中工农兵士群众曾经大大地起来过的地方，例如湖南、广东、湖北、江西等省。这些省份的许多地方，曾经有过很广大的工会和农民协会的组织，有过工农阶级对地主豪绅阶级和资产阶级的许多经济的政治的斗争。所以广州产生过三天的城市民众政权，而海陆丰、湘东、湘南、湘赣边界、湖北的黄安等地都有过农民的割据。

可是，当时受城市中心论的限制，中共中央重视的是城市斗争，农村斗争摆在其次，当然也就不重视对中国广大农民群众的发动。

1929 年 2 月，中共中央根据共产国际总书记布哈林的指示起草了给毛泽东、朱德一封信，即著名的"二月来信"。当时，布哈林对中国农村的革命形势估计过低，甚至怀疑中国工农红军在农村的存在和发展的可能性。因此，"二月来信"对中国革命形势和力量的估计太悲观、太片面，认为农村的武装不能促进革命的高涨，不赞成在农村中扩大武装斗争和土地革命，只强调争取群众和城市工作。

4 月 3 日，毛泽东收到了此信。5 日，毛泽东主持召开中共红四军前委会议，对来信进行了讨论。会后，毛泽东为红四军前委起草了给中共中央的复信。复信认为中央"二月来信"对客观形势及主观力量的估量都太悲观，批评那种把坚持无产阶级领导权同发挥农民的革命主力军作用对立起来的观点，指出："无产阶级领导是革命的唯一关键，党的无产阶级基础之建立，大区域产业支部之创造，正是目前党在组织方面的最大任务，但同时农村斗争的发展，小区域苏维埃之建立，红军之创造与扩大，亦是帮助城市斗争、促成革命潮流高涨的条件。所以抛弃城市斗争沉溺于农村游击主义是最大

---

① 《红色中华》1934 年 9 月 29 日。

的错误，但畏惧农民势力发展，以为将超过工人的领导而不利于革命，如果党员中有这种意见，我们以为也是错误的。因为半殖民地中国的革命，只有农民斗争不得工人领导而失败，没有农民斗争发展超过工人势力而不利于革命本身的。"①

　　总之，土地革命战争时期，以毛泽东为主要代表的中国共产党人之所以能在农民中站住扎根，根本原因之一就在于充分调动了农民的积极性，发动了广大农民参加革命，把广大的农民群众团结在党的周围。这样，中国共产党人在农村点燃了可以燎原的星星之火。

①　《毛泽东文集》第1卷，人民出版社1993年版，第55页。

第六章　对农村的调查

　　调查研究思想是一种科学的认识方法和工作方法。从认识论角度看，调查研究是调研主体的认识活动，是一种主观见之于客观的行为。它是主体通过有意识的选择、确定调查意向后，通过看、听、开会、抽样、采集数据等各种手段来收集必要的信息，归纳总结后以供决策之用。马克思主义的经典作家历来重视社会调查，他们认识到"一个不了解社会现状的人，更不会了解力求推翻这种社会现状的运动和这个革命运动在文献上的表现"①。中国共产党是在一个半殖民地半封建的东方大国里进行革命，中国同马克思主义诞生地欧洲国家的国情迥然不同，必然会遇到许多特殊的复杂问题。靠背诵马克思主义一般原理和照搬外国经验，不可能解决这些问题。但是，在20世纪20年代后期和30年代前中期，在国际共产主义运动和中国共产党内盛行着一种把马克思主义教条化、把共产国际决议和苏联经验神圣化的错误倾向，曾使中国革命几乎陷于绝境。中国共产党人想要领导中国革命取得胜利，就要善于从中国特殊的具体的国情出发，将马克思列宁主义的基本原理创造性地运用于中国的实际，在革命实践中形成自己的理论，并在这一理论的指导下制定适合中国实际的纲领、路线和方针、政策。这就需要通过调查研究，了解中国的国情，找出中国革命的规律。毛泽东学习和接受马克思主义时，注重调查研究中国社会各阶级的历史和现实状况。而这正是他后来把马克思主义中国化，领导中国革命取得胜利的奥秘之一。

---

　　① 《马克思恩格斯选集》第4卷，人民出版社1995年第2版，第541页。

毛泽东指出，马克思主义教导我们，"应当从客观存在着的实际事物出发，从其中引出规律，作为我们行动的向导。为此目的，就要象马克思所说的详细地占有材料，加以科学的分析和综合的研究"①。

　　毛泽东是中国共产党内大兴调查研究的开创者。他说："对于担负指导工作的人来说，有计划地抓住几个城市、几个乡村，用马克思主义的基本观点，即阶级分析的方法，作几次周密的调查，乃是了解情况的最基本的方法。"② 他还曾说："一个领导者要把调查看作吃饭一样经常、重要，一天不串门，就像一天没有吃饭。"③ 在井冈山斗争和创建中央苏区时期，毛泽东从根据地农村中收集第一手材料，形成了大量的调查研究报告。其中收录在《毛泽东农村调查文集》中的就有 10 多个。从这些调查报告中我们可以发现，毛泽东社会调查的对象十分广泛，除了工农基本群众外，还有社会其他各阶层的人们；调查的内容涉及社会生活的各个方面；调查的方法、手段也是多种多样。正是通过广泛和深入的调查，毛泽东才根本地了解了中国的农村和中国的农民。他说过："我们的调查工作，是要有耐心地、有步骤地去作，不要性急。我自己认识农村，就是经过好几年的工夫的。"④ 1937 年 10 月，毛泽东在延安为当时准备印的《农村调查》一书写的一篇序言中说："从一九二七年北伐战争期间起，到一九三四年离开中央苏区为止，我亲手从农村中收集的材料，现在仅剩下下列各部分：（一）寻乌调查；（二）兴国调查；（三）东塘等处调查；（四）木口村调查；（五）赣西南土地分配情形；（六）分青和出租问题；（七）江西土地斗争中的错误；（八）分田后的富农问题；（九）两个初期的土地法；（十）长冈乡调查；（十一）才溪乡调查。最后两部分，曾在中央苏区的《斗争》报发表过，其余保存原稿，经过长征，尚未损失。此外的东西，就都损失了。其中最可惜的是，一九二七年春天在湖南做的长沙、湘潭、湘乡、衡山、醴陵五县调查，因许克祥叛变而损失；一九二八年春天

---

① 《毛泽东选集》第 3 卷，人民出版社 1991 年版，第 799 页。
② 同上。
③ 中共中央文献研究室编：《毛泽东年谱》上卷，中央文献出版社 2013 年版，第 348 页。
④ 《毛泽东农村调查文集》，人民出版社 1982 年版，第 21 页。

在井冈山做的宁冈、永新两县调查，因井冈山失守而损失。这里存下来的，都是中央苏区的材料，前九部分是属于初期的土地革命，后两部分是属于深入了的土地革命。虽不完全，亦可见其一斑。"①

八七会议后，毛泽东在领导湘赣边秋收起义之前，曾到修水一带走访，了解当地农民和党组织的情况，为发动秋收起义准备了第一手材料。秋收起义后，毛泽东在水口等地开展社会调查，了解罗霄山脉周围各县的敌情、阶级状况、土地占有情况、地理环境、物产资源等。在调查的基础上，毛泽东对罗霄山脉的各个地段进行了分析比较，认为北段地势不如中段可攻可守，从而坚定了在罗霄山脉中段建立革命根据地的主张。正如毛泽东在《井冈山的斗争》一文中所指出的："整个的罗霄山脉我们都走遍了；各部分比较起来，以宁冈为中心的罗霄山脉的中段，最利于我们的军事割据。"②

上井冈山后，为了制定具体的土地政策，毛泽东于 1927 年 11 月和 1928 年 2 月分别在宁冈和永新进行社会调查，通过这两个调查，初步地了解到了湘赣边界的阶级关系和土地占有情况。在 1928 年 11 月给中央的总结报告中指出，按照中央的规定，没收一切土地重新分，虽然能得到大多数人的拥护，但是对于中间阶级的打击"过重"了，使得"豪绅阶级和中间阶级，同被打击"，因此，"在实际执行时却大受中间阶级的阻碍"，导致"贫农因长期被摧残及感觉革命胜利无保障，往往接受中间阶级的意见，不敢积极行动"。毛泽东认为，"此问题实在严重得很"。鉴于这种情况，他提出可以考虑"向自耕农让步问题"，但由于"尚未详细讨论"，"此间仍照中央办法执行"。③

古田会议后，红四军回师赣南，分兵发动群众，深入土地革命，在赣南逐步形成一块比较巩固的根据地。可是，对土地革命中的一些重大问题存在着一些错误认识，对中小商人和工商业兼地主的工商业部分实行没收等错误政策；对于争取贫民提不出具体的策略，尤其不能指出具体的工作方法。针对这种情况，毛泽东指出："斗争

---

① 《毛泽东农村调查文集》，人民出版社 1982 年版，第 14—15 页。
② 《毛泽东选集》第 1 卷，人民出版社 1991 年版，第 79 页。
③ 同上书，第 69—71 页。

的发展使我们离开山头跑向平地了，我们的身子早已下山了，但是我们的思想依然还在山上。我们要了解农村，也要了解城市，否则将不能适应革命斗争的需要。"① 1930 年 5 月，红四军在地方武装配合下攻克寻乌县城，在这里停留了一个月，环境比较安定。毛泽东发现，寻乌地处闽、粤、赣三省交界处，是江西赣州、广东梅县之间的商品、物资的一个集散地，只要弄清了这个县的情况，对三省交界各县的情况就可以基本明了。因此，毛泽东决定选择寻乌进行调查。

　　毛泽东在寻乌的社会调查是他以前还没有过的规模最大的一次调查。调查的目的很明确，即主要调查富农问题和商业状况。毛泽东说，这正是"关于中国的富农问题我还没有全般了解的时候，同时我对于商业状况是完全的门外汉，因此下大力来做这个调查"②。调查方式，除了开座谈会之外，毛泽东还深入田间、作坊、商店进行调查。调查对象非常广泛，涉及各行各业，从职业上说，有县、区、乡的干部，有普通农民、工人，有做过县署办事员小官吏的，有农村穷秀才，有当过兵的，也有一个破产的商会会长。从年龄上说，老、中、青均有，最长者 62 岁，最年轻者 23 岁。调查会开了十余天，调查的内容非常丰富：从寻乌的历史到现在的盛衰荣辱，从寻乌的地理环境到政治区划，从寻乌的自然风貌到水陆交通，从社会各阶级的状况到政治经济，从旧有土地关系到土地革命，以至妇女在土地斗争中的表现等。毛泽东把这次调查的结果，整理成《寻乌调查》③，共分"寻乌的政治区划"、"寻乌的交通"、"寻乌的

---

　　① 《毛泽东农村调查文集》，人民出版社 1982 年版，第 7 页。

　　② 同上书，第 41 页。

　　③ 由于战争的缘故，这份调查报告一度遗失，1950 年这份报告的一份手抄件被重新发现。毛泽东本人对其中第五章《寻乌的土地斗争》进行修改，但未公开，直到 1982 年才被收入《毛泽东农村调查文集》，由人民出版社出版。1990 年，斯坦福大学出版社出版了汤若杰（Roger R. Thompson）翻译的毛泽东《寻乌调查》。汤在英译本的序言中，尽管没有解开这份报告"失踪半个世纪的谜团"，"但可以肯定我们所研究的既不是一份伪造物，也不是一份时代急剧变化的历史文献"。汤还认为："《寻乌调查》证明年轻的毛泽东努力从事实中得出真相。考虑到出版新版《农村调查》包括首次出版《寻乌调查》的象征意义和政治意义，原文似乎不太可能被修改。"参见［美］汤若杰《英译本〈寻乌调查〉"导言"》，刘慧译，《史林》2009 年第 3 期，第 69—81 页。

商业"、"寻乌的旧有土地关系"、"寻乌的土地斗争"五章三十九节，8 万多字。

商业状况。当时还存在"使小资产阶级变为无产"的"左"的影响，对中小商人和工商业兼地主的工商业部分实行没收政策，党对于工商业问题也未做过认真的调查。毛泽东意识到："对于商业的内幕始终是门外汉的人，要决定对待商业资产阶级和争取城市贫民群众的策略，是非错不可的。"① 因此，毛泽东花大力气对寻乌的商业展开了调查。调查形成的"寻乌的商业"一章，长达 3 万余字，包括八节："门岭到梅县的生意"、"安远到梅县的生意"、"梅县到门岭的生意"、"梅县到安远、信丰的生意"、"惠州来货"、"寻乌的出口货"、"寻乌的重要市场"、"寻乌城"。八节中，"寻乌城"是重点，内容非常详尽，分为 25 个部分："寻乌城是什么"、"盐"、"杂货"、"油"、"豆"、"屠坊"、"酒"、"水货"、"药材"、"黄烟"、"裁缝"、"伞"、"木器"、"伙店"、"豆腐"、"理发"、"打铁"、"爆竹"、"打首饰"、"打洋铁"、"修钟表"、"圩生意场"、"娼妓"、"同善社"、"人口成份和他们在政治上的地位"。一共调查了寻乌 47 家商店、94 家手工业店铺和 7 种行业的经营商品的来源、种类、销售额和竞争等情况。毛泽东得出一个结论，即寻乌城是"一个手工业商品和资本主义商品交战表演了剧烈的荣枯得失的地方"②。由于帝国主义、大资产阶级和高利贷的压榨，农村地主阶级对农民重租重利的剥削，造成农民贫困，以致城乡商品经济日益衰落，使中小工商业者处于破产或半破产的威胁之中。寻乌城共有人口 2700 人，商人 135 人，仅占全城人口的 5%；商人中五家是商人兼地主，其中的两家政治态度反动，三家是"不话事"的；其余商人能向政界"话事"的也仅有 4 家；商店店铺或者不雇人或者只雇少数几个店员、徒工。这些调查材料说明，寻乌城的商人人数少，经济力量弱，政治无权，有政治权力的商人也处于地主阶级帮手的地位。通过调查，毛泽东认识到，中小商人一般是能够参加革命的，

---

① 《毛泽东农村调查文集》，人民出版社 1982 年版，第 56 页。
② 同上书，第 57 页。

是革命的动力之一，必须在政治上争取他们，在经济上保护他们。
1930 年 10 月，毛泽东以中共红一方面军总前委书记名义写给湘东
特委的信中还指出：关于资本问题，"我们认为目前无条件地没收一
切工厂商店是不对的，应该没收反革命的商店与军阀官僚资本的工
厂商店，对于不是违反苏维埃劳动法的资本，应用工人监督资本的
方法来限制他，克服他的阴谋"①。这正是毛泽东进行调查研究得出
的结论。

　　富农问题。毛泽东在对比分析寻乌南半县、北半县土地分配的
快慢情况以后发现，在土地分配中富农往往把持好田，抽多不抽肥，
有利于富农而不利于贫雇农。他指出，土地分配"实际的斗争就是
在抽多补少里头。这种斗争是农民对地主富农的斗争，抽多的不愿
抽肥，补少的不愿接瘦，要调配妥当，故需要相当时间"。在考察了
"抵抗平田的人"的情况以后，毛泽东还发现，在分配土地时，"群
众中成为问题的，就是一个肥瘦分配的斗争，这是土地斗争的中心，
也即是富农与贫农的斗争"。同时，毛泽东还指出："假若对地主一
点土地也不分，叫他们去喝西北风，对富农也只给一些坏田，使他
们半饥半饱，逼得富农造反，贫农、雇农一定陷于孤立。当时有人
骂我是富农路线，我看在当时只有我这办法是正确的。"② 这些调查
为确定土地分配中"抽肥补瘦"、"抽多补少"的原则，以及制定正
确地对待富农的土地政策提供了实际依据。1930 年 6 月，在毛泽东
主持的红军前委闽西特委联席会议（亦称汀州会议）上，根据他在
寻乌调查中掌握的情况，专门讨论了富农问题，通过了《富农问题
决议案》。决议指出，平分土地，若只按"抽多补少"执行，并在
文件上写着"不得枉想平均"，那么富农得了护符，把瘦田让人，
自己把持肥田，贫农就大不满意。"这是土地斗争中一种实际的重要
斗争，我们不应忽略。应该于'抽多补少'之外还加上'抽肥补
瘦'一个原则，并在文件上将'不得枉想平均'，改为'不得把持
肥田'。"这样，"抽肥补瘦"这项限制富农的政策，便正式确定下

---

　　① 中共中央文献研究室编：《毛泽东年谱》上卷，中央文献出版社 2013 年版，第
318 页。
　　② 《毛泽东农村调查文集》，人民出版社 1982 年版，第 22 页。

来了。

除了调查商业状况和富农问题外，毛泽东还对地主阶级各个层次进行了调查和分析。毛泽东剖析了地主阶级中各个层次的经济、政治、文化和生活的状况。他根据地主占有土地和收租的多少，把地主分为大、中、小三类。大地主为1%，中地主19%户，小地主为80%。权力中心在中地主手中，他们掌握了县政权中的许多部门。特别是他在调查中发现："收租二百石以上的中等地主，收租五百石以上的大地主，他们对于生产的态度是完全坐视不理。他们既不亲自劳动，又不组织生产，完全以收租坐视为目的。固然每个大中地主家里都多少耕了一点田，但他们的目的不在生产方法的改良和生产力的增进，不是靠此发财，而是为了人畜粪草堆积起来了弃之可惜，再则使雇工不致闲起，便择了自己土地中的最肥沃者耕上十多二十石谷，耕四五十石谷的可以说没有。这种地主家中普通都是请一个工人，只有'万户'以上的大地主而又人丁单薄的方才请两个工人。为使工人不致'闲嬲'，除开做杂事外，便要他耕点田。"这就比较生动准确地刻画了地主阶级对农民进行剥削的实质，以及他们以收租坐视为目的的本性。

毛泽东还调查了土地分配的标准。寻乌土地分配中，县政府提出了四种办法：按人口平分、按劳动力分、按生活财源多寡分、按土地肥瘦分。施行结果，按人口平均分配，已占全县分配区域的80%，得到了多数群众的拥护。

毛泽东在寻乌考察研究了"非农民是否分田"问题，肯定了寻乌的做法，即工、商、学无可靠收入的准许分田，县城及大市镇有可靠收入的不分，不足的酌情补足一部分，对于游民，除了纯粹的流氓和完全没有耕种能力的娼妓不分田外，大多数都是分给田的。寻乌城郊游民分了田的占60%。调查研究这些情况，为完善党对农村手工业工人、游民等非农民的土地政策提供了依据。

当然，毛泽东对这次寻乌调查还有不满足的地方，认为"这个调查有个大缺点，就是没有分析中农、雇农与流氓。还有在'旧有土地分配'上面，没有把富农、中农、贫农的土地分开来讲"①。

调查研究工作的深入开展进一步强化了毛泽东对调查研究重要性的认识。在完成《寻乌调查》的同一个月，毛泽东根据多年从事调查研究的经验和心得写了《反对本本主义》一文。② 这是中国共产党内第一篇反对教条主义的战斗檄文。毛泽东开门见山地说："你对于某个问题没有调查，就停止你对于某个问题的发言权。"这真是一语中的的深刻见解。他痛切地指出："许多的同志都成天地闭着眼睛在那里瞎说，这是共产党员的耻辱，岂有共产党员而可以闭着眼睛瞎说一顿的吗？"他大声疾呼："要不得，要不得，注重调查！反对瞎说！""没有调查，没有发言权。"毛泽东在这里表达了他对不注重调查研究、闭着眼睛说瞎话的教条主义做法的痛恨，告诫党员干部必须做到对遇到的每个问题的现实情况和历史情况进行深入的调查研究，才能找到解决问题的正确途径和办法。他说："你对于那个问题不能解决吗？那末，你就去调查那个问题的现状和它的历史吧！你完完全全调查明白了，你对那个问题就有了解决的办法了。一切结论产生于调查情况的末尾，而不是在它的先头。"③

美国学者罗杰·汤普森评价说："1930 年 5 月，毛泽东曾做出一个重要决断。当时，他拒绝了中共中央领导人召他去上海参加重要会议的紧急通知，来到位于江西省东南一隅的寻乌县。踏上这块位于闽、粤、赣三省交界的土地，毛发现自己正处在一个十字路口上。这个年轻的马克思主义者被来自中央和俄国人那里的指令包围着，而他根本不能把这些指令同自己 5 年来一直研究并在其中战斗的中国农村的现实协调起来。在其后的一个多月中，毛泽东在寻乌写出了在中共党史上称得上是至关重要的两篇文献，它们代表了毛泽东力图把马克思主义同中国实际相结合所做出的努力。在《反对

① 《毛泽东农村调查文集》，人民出版社 1982 年版，第 42—43 页。

② 这篇文章原题《调查工作》，曾在红四军中和中央革命根据地印成小册子得到相关范围的流传，后因敌人多次"围剿"而丢失。直到 1957 年 2 月，福建上杭县茶山公社官山大队农民赖茂基把自己珍藏多年的一本《调查工作》献了出来，才使这篇重要的历史文献失而复得。1964 年 6 月，《调查工作》收入《毛泽东著作选读》一书时，改题名为《反对本本主义》，人民出版社同时出版了单行本。

③ 《毛泽东选集》第 1 卷，人民出版社 1991 年版，第 109、110 页。

本本主义》的篇首，毛泽东写下了这样一句话：'你对于某个问题没有调查，就停止你对某个问题的发言权。'这句话今天在中国仍然影响深远。为寻求把自己的理论观点建筑于可靠的现实基础之上，毛泽东在两个多星期时间内，召开了一系列调查会，从而使他能够细致地描述象寻乌这种偏远县份中农民的日常生活和革命斗争情况。"①

继寻乌调查之后，毛泽东对农村的再一次调查便是兴国调查。

1930年10月下旬，毛泽东在罗坊期间，从兴国县出来当红军的农民中找来傅济庭、李昌英、温奉章、陈侦山、钟得五、黄大春、陈北平、雷汉香八名集体投红军者开了一星期的调查会，深入调查八户农民家庭的详细情况，再次生动形象地表现了毛泽东甘当人民群众的小学生的求知欲望和朴素情感。

毛泽东在这次调查中所使用的方法是，首先提出若干个问题的调查纲目，向参加调查会的人逐一发问。同时，和到会人一起讨论，把讨论的意见归纳起来，提出某一问题的结论，或解决办法，再征得到会人的意见，大家同意了，就把结论定下来。如某一问题会上做不出结论，也提不出解决的办法，就把意见记下来，作为研究问题的参考资料。

1931年1月，在宁都县小布圩，毛泽东把调查得到的材料，经过分析整理，写成《兴国调查》。这篇调查记录了大革命前后兴国永丰区的政治、军事、经济各阶级阶层的历史和现状，以及土地革命斗争，八个家庭的情况等，全文四万余字。分为：八个家庭的观察；旧有土地关系；斗争中的各阶级；现有土地分配状况；土地税；苏维埃；农村军事化。共七章三十六节。

通过这次调查，毛泽东更加具体地了解了农村土地占有的状况，更加明确了土地革命的重要意义。他在调查报告中说："我在兴国调查中，知道地主占有土地达百分之四十，富农占有土地达百分之三十，地主、富农所共有的公堂土地为百分之十，总计地主与富农占

① ［美］罗杰·汤普森：《毛泽东与寻乌调查》，李向前译，《国外中共党史研究动态》1991年第2期。

有土地百分之八十，中农、贫农只占有百分之二十。但是，地主人口不过百分之一，富农人口不过百分之五，而贫农、中农人口则占百分之八十。一方面以百分之六的人口占有土地百分之八十，另方面以百分之八十的人口则仅占有土地百分之二十。因此得出的结论，只有两个字：革命。因而也益增革命的信心，相信这个革命是能获得百分之八十以上人民的拥护和赞助的。"①

这次调查也使毛泽东对中农问题的认识更清楚了，对贫农与雇农之间的差别有了具体的了解。调查报告指出：中农、贫农、雇农都是土地革命的受益者。中农，获得的政治经济利益一共有6条，最大的收获是获得了政治权利，那种认为平分土地要损及中农利益的观点是没有根据的。贫农，获得的政治经济利益包括田、山、谷子等一共12条，得到了土地，免除了债务，取得了政权，成了农村政权的主干和指导阶级。雇农在田地的取得和婚姻问题的解决方面获得重要利益，但由于他们的文化水平较低，因此在政治参与上还存在一些不足之处。

值得注意的是，毛泽东完成《兴国调查》的"整理后记"再次强调了调查研究的重要性，指出："实际政策的决定，一定要根据具体情况。坐在房子里面想像的东西，和看到的粗枝大叶的书面报告上写着的东西，决不是具体的情况。倘若根据'想当然'或不合实际的报告来决定政策，那是危险的。过去红色区域弄出了许多错误，都是党的指导与实际情况不符合的原故。所以详细的科学的实际调查，乃非常之必需。"②

毛泽东在罗坊期间开展的兴国调查，原来还准备调查儿童妇女状况、土地分配后的农业生产状况、文化状况等，由于敌人对罗坊的进攻，都没能进行。11月7日、8日，毛泽东去吉安途中，在吉水、吉安境内对东塘、大桥、李家坊、西逸亭等处，做了一点简略调查，了解了土地革命的进展状况，村乡两级苏维埃政府在土地革命斗争中的组织和活动情况以及存在的一些问题。在《东塘等处调

---

① 《毛泽东农村调查文集》，人民出版社1982年版，第26页。
② 《毛泽东文集》第1卷，人民出版社1993年版，第254页。

查》前言中写道："在这次调查中，使我发现以村为单位分配土地的严重性。赣西南分配了土地的有几十县。高级政府颁布的土地法是以乡为单位去分配，一般高级机关的工作人员大家也以为是照着乡为单位去分配的，哪晓得实际情形完全两样，普遍的是以村为单位去分配，乡为单位分配的很少。以村为单位，这种利于富农不利贫农的分配法，是应该改变的。"①

1933年，毛泽东领导中央苏区人民开展了轰轰烈烈的经济建设运动。在"一切苏维埃工作服从革命战争的要求"的口号下，苏维埃中央政府从扩大红军到修桥筑路，发布了许多的任务和计划，但在怎样动员群众去完全地实际地实行这些任务与计划这一关键环节上，一些地方的政府机关中存在敷衍塞责或强迫命令的作风，同群众的关系没有处理好，从而阻碍了政府任务和计划的执行。毛泽东指出："这是不行的，这是官僚主义，这是苏维埃工作的障碍。"②为了解决这些问题，也为了总结苏区乡苏维埃工作的经验，给即将召开的中华苏维埃第二次全国代表大会做准备，11月中、下旬，毛泽东率中央政府检查团到兴国县长冈乡和上杭县才溪乡进行调查。

在长冈乡，毛泽东利用晚上的时间，召集乡里和村里的干部召开调查会。参会的干部有中共支书、乡苏主席、村代表主任、赤卫队长、贫农团主任等。白天，毛泽东就带领检查团人员，分赴长冈、塘背、新溪、泗网四个村，深入群众中访问，边劳动边调查。调查涉及19个项目，包括村、乡委员会，以及地方部队、群众生活、劳动力的调剂与耕牛问题、公债的推销、合作社运动、卫生运动、社会救济、妇女、儿童、工人、贫农团、宣传队、革命竞赛等。在详细地考察研究了长冈乡的各项工作后，毛泽东写出《长冈乡调查》，总结了长冈乡关于坚持党的群众路线，以及把群众生活和革命战争紧密联系起来，把革命的工作方法和工作任务同时解决等方面的经验，并指出：要动员群众完成我们提出的任务和计划，"这个问题的解决，不是脑子里头想得出来的，这依靠于从动员群众执行各种任

---

① 《毛泽东农村调查文集》，人民出版社1982年版，第254页。
② 同上书，第286页。

务的过程中去收集各种新鲜的具体的经验，去发扬这些经验，去扩大我们动员群众的领域使之适合于更高的任务与计划"①。

长冈乡调查结束后，毛泽东率领中央政府检查团到福建上杭县才溪乡进行调查，先后召开由工人、农民和乡干部等参加的各种类型的座谈会，还走访红军家属和贫苦农民，对乡苏政权建设、扩大红军、经济建设、文化教育等八个项目进行了详细的考察和深入的研究。随后，写出《才溪乡调查》，全面地总结了才溪乡苏维埃工作的成绩和经验，回答了在国内革命战争环境下根据地的建设是必要的和可能的这个重要问题，批驳了机会主义者脱离实际的错误观点，指出："只有经济建设配合了政治动员，才能造成扩大红军的更高的热潮，推动广大群众上前线去。才溪乡在青年壮年男子成群地出去当红军、做工作之后，生产超过了暴动前百分之十。荒田开尽，进到开山，没有一片可耕的土地没有种植，群众生活有很大的改良。……这一铁的事实给了我们一个有力的武器，去粉碎一切机会主义者的瞎说，如像说国内战争中经济建设是不可能的，如像说苏区群众生活没有改良，如像说群众不愿意当红军，或者说扩大红军便没有人生产了。"②

在长冈乡和才溪乡展开的这次调查，将调查工作与总结工作经验、推广工作经验结合起来，批评了官僚主义，强调了宣传群众、发动群众、了解群众疾苦、关心群众生活的重要性，从而促使苏维埃政府各基层组织改变工作作风和工作方法，顺利完成农村根据地建设中的各项任务。

1934 年 1 月召开的第二次全国工农兵代表大会上，毛泽东做了重要报告，提出了"关系群众生活；注意工作方法"的问题，表彰了长冈乡和才溪乡，并将两个乡的调查报告印成小册子，发到代表手上。③毛泽东说，"要得到群众的拥护吗？要群众拿出他们的全力放到战线上去吗？那末，就得和群众在一起，就得去发动群众的积

① 《毛泽东农村调查文集》，人民出版社 1982 年版，第 286 页。
② 同上书，第 352 页。
③ 《长冈乡调查》油印单行本的题目是《乡苏工作的模范（一）——长冈乡》；《才溪乡调查》油印单行本的题目是《乡苏工作的模范（二）——才溪乡》。

极性，就得关心群众的痛痒，就得真心实意地为群众谋利益，解决群众的生产和生活的问题，盐的问题，米的问题，房子的问题，衣的问题，生小孩子的问题，解决群众的一切问题。我们是这样做了么？广大群众就必定拥护我们，把革命当作他们的生命，把革命当作他们无上光荣的旗帜。国民党要来进攻红色区域，广大群众就要用生命同国民党决斗"。他指出，长冈乡、才溪乡与群众的关系十分密切，工作取得了很大成效，是"真正模范的乡政府"，是关心群众生活，爱护群众的乡政府，因此号召"学习长冈乡、才溪乡"。①

---

① 《毛泽东选集》第 1 卷，人民出版社 1991 年版，第 137—138 页。

第七章 关于农民土地革命政策的指导

　　大革命失败后，中共中央对土地革命的认识较之大革命时期有了决定意义的进展。南昌起义的主要目的就是发动土地革命，"为实现土地革命，解决农民问题而奋斗"①。中共中央意识到中国革命已"进到一个新阶段——土地革命的阶段"，我们党的责任是"积聚一切革命势力，开展这一革命的新阶段——土地革命"；"土地革命只是一个过程，政权争斗是这一过程的主要特点。必有夺取政权的争斗，才能推翻封建地主的乡村统治，才能促进土地问题的爆发而且给他以解决的权力机关"；"所谓政权的争斗，就是要建设农民的革命政权，换言之即农会政权之建设"；"农民政权的斗争和土地必需革命的武装才能保障其胜利……武装冲突已成为农民运动中极普遍的现象，因此在现时阶段中农民运动确是最严重而紧迫的问题，每一个农民运动者如果没有十二分注意这个问题而谋给予正确的答复，便等于没有准备农民革命得到胜利"；等等。②

　　在革命的危急关头召开的党的八七会议提出了新的任务，确定了土地革命的总方针。会议通过的决议提出了农民暴动的十一个口号，对农村政权、农民武装和土地革命都做了具体规定。其中关于土地革命的规定有：没收大地主以及中地主土地，分这些土地给佃农和无地农民；没收一切公产的所谓祠堂、庙宇等土地，分给无地

----

　　① 《南昌起义资料》，人民出版社 1979 年版，第 62 页。

　　② 中央档案馆编：《中共中央文件选集》第 3 册，中共中央党校出版社 1989 年版，第 215、218、219 页。

的农民；对于小田主则减租，租金率由农民协会规定之。① 但是，中国大地主少、小地主多，不没收小地主的土地，就不能很好地满足农民的土地要求。

会议上，毛泽东提出了开展土地革命的具体主张："（1）大中地主标准一定要定，不定则不知何为大地主中地主，我意以为可以五十亩为限，五十亩以上不管肥田瘦田通通没收。（2）小地主问题是土地问题的中心问题，困难的是在不没收小地主土地，如此，则有许多没有大地主的地方，农协则要停止工作，所以要根本取消地主制，对小地主应有一定的办法，现在应解决小地主问题，如此方可以安民。（3）自耕农问题，富农、中农的地权不同，农民要向富农进攻了，所以要确定方向。"② 令人遗憾的是，这些重要意见，因为共产国际代表不同意讨论而未被会议采纳。其在全党范围内被真正接受，也需要比较长的一段革命实践来表明其正确才能实现。

八七会议结束后，毛泽东即去湖南领导秋收起义。8 月 18 日，毛泽东出席中共湖南省委关于如何贯彻八七会议新策略的会议，指出秋收暴动的发展就是要解决农民的土地问题。他还提出，中国大地主少，小地主多，若只没收大地主土地，不能满足农民对土地的要求，因此必须没收整个地主阶级的土地分配给农民。关于没收土地的办法，要制定一个土地政纲，对被没收土地的地主，必须有妥善方法加以安置。

不合理的封建土地占有制度，决定了千万农民政治上、经济上的受压迫地位。而要建立起巩固的农村革命根据地，获得广大农民的坚强的支持，就必然要领导农民开展土地革命，从根本上调动广大农民革命和生产的积极性。因此，毛泽东自上井冈山后，就将土地革命视为一件开展革命斗争的重要任务。对于井冈山斗争的情况，毛泽东曾代表前委给中央写了一个报告，其中专门讲述了土地问题，包括：边界土地状况、中间阶级问题、土地分配的标准、向自耕农

---

① 中央档案馆编：《中共中央文件选集》第 3 册，中共中央党校出版社 1989 年版，第 295—296 页。

② 中共中央文献研究室编：《毛泽东年谱》上卷，中央文献出版社 2013 年版，第 206 页。

让步问题、土地税等。在这个报告中，毛泽东叙述了湘赣边界极不合理的土地状况。他说："边界土地状况：大体说来，土地的百分之六十以上在地主手里，百分之四十以下在农民手里。江西方面，遂川的土地最集中，约百分之八十是地主的。永新次之，约百分之七十是地主的。万安、宁冈、莲花自耕农较多，但地主的土地仍占比较的多数，约百分之六十，农民只占百分之四十。湖南方面，茶陵、酃县两县均有约百分之七十的土地在地主手中。"①

在井冈山时期，毛泽东高度重视对各地土地革命运动的具体指导。1927年11月上旬，在宁冈县茅坪召开的宁冈、永新、莲花等县党组织负责人参加的联席会议上，毛泽东指示各县党的负责人要迅速行动起来，抓紧重建党的组织，发动群众，武装群众，建立工农政权，开展土地革命。会议决定在农历年关前利用地主豪绅催租逼债的时机，迅速开展以打土豪、分浮财、废债毁约为主要内容的年关斗争，发动农民，为实行土地革命打下基础。

随着工农革命军在井冈山各项工作的开展，群众对共产党的政策也逐渐有了了解和认识，分田的时机也日趋成熟起来。分田，是实现乡村政权变动、社会整合的重要步骤。毛泽东通过广泛的社会调查和充分的准备，开始进行土地制度改革的试点。1928年3月，插牌分田开始了。这是一个新的开始。为了稳定有序地开展好分田工作，毛泽东亲自主持召开了分田大会，并鼓动人民群众在会上诉苦。这样的会议在启发群众阶级意识、形成阶级认同方面具有特殊功能。参加大会的人，每人左胸前挂了红布带子，手里拿着红纸做成的三角旗。由农民协会将各村的土地、人口登记造册，写在一种竹制的牌子上。牌子约3尺长，两指半宽，上面写着户主、坐落、田界、亩数等，然后以乡为单位，以原耕为基础，按人口平均数搭配，出榜公布，最后各户领出写好的竹牌，插牌定立。井冈山最早的插牌分田从湖南酃县（今炎陵县）的中村开始。这里的分田，积累了宝贵的经验，为以后边界土改的全面铺开创造了条件。

中国的土地革命离不开革命武装这个坚强后盾。4月底，朱德、

① 《毛泽东选集》第1卷，人民出版社1991年版，第68—69页。

陈毅率南昌起义部队和湖南工农军来到井冈山，使革命力量得到进一步壮大。一旦有了强有力的革命武装做后盾，井冈山的土地革命得以更加深入的开展。

领导土地革命，在地方党组织的工作中处于特别重要的地位。1928年5月，毛泽东主持在宁冈县茅坪召开了湘赣边界党的第一次代表大会，大会选举了湘赣边界党的最高领导机关——中共湘赣边界特委。毛泽东在会议上所做的报告中，提出了深入土地革命的任务，号召分田工作全面展开。会议召开后，立即成立了边界最高政权机关——湘赣边界工农兵苏维埃政府。苏维埃政府专门设置了土地部，并要求各县、区政府设土地委员会，具体负责领导土地革命运动，红军干部也被抽调下乡帮助分田。

在毛泽东的领导下，湘赣边界党和政府在土地革命中制定和执行了一系列正确的政策。如对待地主阶级的政策，一方面坚决地没收他们的土地，反对"政治没收"或只没收大地主的土地而不没收中小地主的土地，从而比较好地防止了右的倾向；另一方面，又分给地主及其家属一份土地，使他们能有生活出路，反对了大烧大杀和肉体消灭地主的错误政策，比较好地防止了"左"的倾向。这使边界各县掀起了轰轰烈烈的分田高潮。"现在宁冈的土地已快分清楚，永新的也分了一部分。分配的方法，多以乡苏维埃为单位，由区苏维埃派人协同乡苏维埃将全乡每家土地、人口调查清楚（如少报土地的，查出后，即取消其分田的权利），再由乡苏维埃将人口、土地统计，看每家分多少，乃根据他原有的田数定其应出进多少。分定后出一榜，又依榜到各田去插一牌子，即归其正式营业。"①

6月下旬，龙源口大捷后，红色区域迅速扩大，大大地推动了边界全面分田的开展。为了进一步动员广大农民群众，6月26日，在永新召开了红四军连以上干部、地方党和地方武装负责人的会议，决定分兵发动群众，深入开展土地革命。会后，毛泽东亲自在永新塘边一带做调查，总结分田经验，就分田中的一些问题征求农民意见。至7月止，井冈山各县的土地分配基本完成，广大贫苦农民的

---

① 杜修经给湖南省委的报告，1928年6月15日。

革命热情大大提高。这就为井冈山革命根据地的存在和发展提供了社会基础和群众基础。

需要指出的是，这一时期的分田，阶级斗争还不尖锐。甚至还出现了"有些地主富农，因其文化较高，在机关中负责之故，反而隐瞒了田，分得了肥田"等现象。①

1928年10月4日至6日，为了总结一年来井冈山根据地斗争经验和确定边界任务，召开了湘赣边界党的第二次代表大会。大会提出："我们今后农村斗争整个的策略是：团结贫农，抓中农，深入土地革命。"据此，毛泽东主持制定了中国共产党第一部土地法——《井冈山土地法》，并于12月颁布。这部土地法共分9条14款，主要内容有：

1. 没收一切土地归苏维埃政府所有，用下列三种方法分配：分配农民个别耕种；分配农民共同耕种；由苏维埃政府组织模范农场耕种。

2. 一切土地，经苏维埃政府没收并分配后，禁止买卖。

3. 分配土地之后，除老幼疾病没有耕种能力及服务公众勤务者以外，其余的人均须强制劳动。

4. 分配土地数量标准：以人口为标准，男女老幼平均分配；以劳动力为标准，能劳动者比不能劳动者多分土地一倍。

5. 分配土地的区域标准：以乡为单位分配；以几个乡为单位分配；以区为单位分配。②

这部土地法照顾了相当数量农民群众的情绪和诉求，一经实施，就对井冈山革命根据地的发展起到了积极的推动作用。然而，囿于对中国革命的认识还不够深刻，革命经验还不是很丰富等，使得这部土地法并不是很完善，存在一些美中不足的地方。第一，虽然在当时"土地状况之下，没收一切土地重新分配，是能得到大多数人

---

① 王首道、萧克等：《回忆湘赣苏区》，江西人民出版社1986年版，第88页。

② 江西省档案馆、中共江西省委党校党史教研室：《中央革命根据地史料选编》下册，江西人民出版社1982年版，第361—363页。

拥护的"①，但是，没收一切土地而不只是没收地主土地，无疑侵犯了中农的利益，不利于政治上实行联合中农等中间阶级的政策。第二，没收后的土地归苏维埃政府所有，农民只有使用权，这超越了农民当时的思想认识水平。农民最盼望得到的是对土地的所有权，如果仅仅得到使用权，仍不能最大限度地发挥他们的生产积极性和革命积极性。第三，与土地归苏维埃政府所有相适应的"禁止土地买卖"也就是不正确的了。这在客观上是不利于革命力量的壮大和发展的。毛泽东后来在 1941 年也曾指出，"这个土地法有几个错误"：（1）没收一切土地而不是只没收地主土地；（2）土地所有权属政府而不是属农民，农民只有使用权；（3）禁止土地买卖。他说"这些都是原则错误，后来都改正了"②。

之所以出现上述不切合中国革命实际的内容，与共产国际也有很大的关系。比如关于土地所有权问题。共产国际在 1926 年 12 月通过的《关于中国形势问题的决议》明确指出："中国共产党应把土地国有化的要求作为无产阶级土地纲领的基本要求。"③ "八七会议"接受了这个指示，并在《中国共产党中央执行委员会告全党党员书》中指出："共产国际曾经给我们中国党（指中国共产党——引者注）明显清楚的指示，指示解决土地问题的方法"，并摘录了共产国际指示中的部分内容，如"土地革命，其中包含没收土地及土地国有——这是中国革命新阶段的主要的社会经济之内容"。④ "八七会议"后不久，《布尔什维克》第 6 期上发表了中国共产党的第一个土地问题党纲草案。草案主张为解决农民问题和土地问题，必须实行"一切地主的土地无代价的没收，一切私有土地完全归组织成苏维埃国家的劳动平民所公有。一切没收的土地之实际使用权

---

① 《毛泽东选集》第 1 卷，人民出版社 1991 年版，第 69 页。
② 《毛泽东农村调查文集》，人民出版社 1982 年版，第 40 页。
③ 《共产国际有关中国革命的文献资料》（1919—1928），中国社会科学出版社 1981 年版，第 280 页。
④ 中央档案馆编：《中共中央文件选集》第 3 册，中共中央党校出版社 1989 年版，第 265、266 页。

归之于农民。租田制度与押田制度完全废除"①。此后，针对土地革命实践中提出的没收土地的范围、土地的所有权等问题，《布尔什维克》第 19 期又发表文章，进一步指出："一切大小地主自耕农的私有土地，一律无代价的没收，为组织苏维埃国家的劳动平民所公有。"②

应该肯定，土地分配主要以乡为单位、以人口为标准是比较合理的，③ 也为以后的土地革命所普遍采用。而且，这部土地法是用法律的形式肯定农民分配土地的权利，使已经点燃起来的土地革命烈火引向燎原之势，为我国亿万苦难深重的农民大众开辟了一条翻身得解放的现实斗争的道路。

1928 年六七月间，中共六大在莫斯科召开。会议明确了当时中国革命的性质仍然是资产阶级民主革命，提出了党在民主革命阶段的十大政治纲领，其中的第七条规定："没收地主阶级的一切土地，耕地归农民。"在《土地问题决议案》中规定："无代价的立即没收豪绅地主阶级的土地财产，没收的土地归农民代表会议（苏维埃）处理，分配给无地及少地农民使用"；"祠堂庙宇教堂的地产及其他的公产官荒或无主的荒地沙田，都归农民代表会议（苏维埃）处理，分配给农民使用"；"苏维埃政权巩固后，即当实现土地国有。革命完全胜利之后，在全国或在重要省份中已经建立了巩固的苏维埃政权之后，中国共产党，将进而帮助革命的农民去消灭土地私有权，把一切土地变为社会的共有财产，因为共产党认为土地国有，乃消灭国内最后的封建遗迹的最坚决最彻底的方法"等。④

---

① 《第一、二次国内革命战争时期土地斗争史料选编》，人民出版社 1981 年版，第 197 页。

② 同上书，第 215 页。

③ 在《井冈山土地法》正式颁布之前的一个月，毛泽东在写给中央的报告中曾经表示："土地分配的标准：以乡为分配土地的单位。山多田少地方，如永新之小江区，以三四乡为一个单位去分配的也有，但极少。所有乡村中男女老幼，一律平分。现依中央办法，改以劳动力为标准，能劳动的比不能劳动的多分一倍。"（《毛泽东选集》第 1 卷，人民出版社 1991 年版，第 71 页。）

④ 参见中央档案馆编《中共中央文件选集》，中共中央党校出版社 1989 年版，第 352—353 页。

仔细研读中共六大有关决议案的文本，可以认为，在"没收一切土地"的政策上是明确，在土地所有权问题上却模糊不清。之所以如是说，是因为文件一方面说，"耕地归农民"，另一方面，却要求在苏维埃政权巩固后，"即当实现土地国有"。这实际上存在某种逻辑上的对立。

中共六大相关决议做出半年之后的 1929 年 1 月，中共六大的土地政策才传达到井冈山。毛泽东进行了广泛的宣传，并积极贯彻中共六大会议精神和有关政策。红军第四军自井冈山向赣南闽西进军途中，毛泽东以党代表名义和军长朱德共同签署的《红军第四军司令部布告》指出："地主田地，农民收种，债不要还，租不要送。"这即是说，只是"地主土地"由农民没收、耕种。同时，毛泽东还以中国共产党红军第四军党部的署名，发布了《共产党宣言》。这一《宣言》依照中共"六大"的指示，宣布了十大政纲。其中规定："没收一切地主阶级的田地，分给无地及少地的农民。"由此可见，《布告》和《宣言》实际上已开始对"没收一切土地"的错误做了初步纠正，只是尚未在正式的土地法令中确定下来。

四个月之后，1929 年 4 月，红四军在赣南的于都、兴国、宁都、瑞金等地分兵活动，一方面建立红色政权，一方面广泛开展土地革命。为了正确指导土地革命斗争的开展，毛泽东率领红四军先后在于都、兴国等地调查研究，听取当地党的负责人的情况介绍，召开贫雇农代表座谈会。正是在广泛调查的基础上，毛泽东把调查中所获得的正确认识体现在了在兴国制定和颁布的《兴国土地法》中。同《井冈山土地法》相比，《兴国土地法》做了一个原则的改正，即把"没收一切土地"改为"没收一切公共土地及地主阶级的土地归兴国工农兵代表会议政府所有，分配给无田地及少田地的农民耕种使用"。这一规定有了一个重要的转变，即只没收公共的和地主阶级的土地，而不是没收一切土地，实际上同时承认了农民对原有的小块土地的所有权。不过，被没收的地主的土地即使分配给了农民，也仍"归兴国工农兵代表会议政府所有"，"禁止买卖"，不属农民私有，土地国有化的政策仍然没有变。① 后来毛泽东在 1941 年也说道：没收一切土地到没收一切公共土地及地主阶级的土地，是内容上"一点重要的变更"，"是一个原则的改正"。他也同时指出，"其余各点均未改变"，即仍然规定"一切公共土地及地主阶级的土地，经工农兵政府没收并分配后，禁止买卖"，归"政府所有"，"这些是到了一九三〇年才改变的"。②

1929 年 7 月上旬，毛泽东以红四军前委特派员身份到闽西指导地方工作。那时，闽西特委正准备在上杭县蛟洋召开中共闽西第一次代表大会。毛泽东到蛟洋后，发现会议的准备工作还不够充分，提议会议推迟一周召开，由代表先在本地区进行调查。他自己也参加调查，并为大会制定切合实际情况的方针政策做准备。

7 月 20 日至 29 日，中共闽西第一次代表大会举行。毛泽东在会上做了政治报告，指出闽西党的任务是巩固和发展革命根据地，同赣南红色区域连成一片，建立中心工作区域。他进而论述了实现这个任务的三项基本方针：深入进行土地革命；彻底消灭民团土匪，发展工农武装，由阵地波浪式地向外发展；发展党的组织，建立政权，肃清反革命。在毛泽东的指导和帮助下，大会认真总结了闽西土地斗争的成功经验，制定并通过《土地问题决议案》，这也是这次会议的"突出贡献"③。这个决议贯彻了中共"六大"关于解决土地问题的基本原则，吸收了《井冈山土地法》和《兴国土地法》的合理成分，深刻分析了闽西的土地占有和阶级关系状况，指出了土地革命的重大意义，规定了债务问题的处理等，把打击的重点放在地主豪绅身上，同《井冈山土地法》和《兴国土地法》相比，在一些具体土地政策上有了新的发展。主要表现在三个方面：区别对待地主和富农，只没收富农多余的土地，不过分"打击富农"，"集中攻击目标于地主"；分配土地实行"抽多补少"的原则；对在乡地

---

① 江西省档案馆、中共江西省委党校党史教研室：《中央革命根据地史料选编》下册，江西人民出版社 1982 年版，第 364—365 页。

② 《毛泽东农村调查文集》，人民出版社 1982 年版，第 38、40 页。

③ 中共中央文献研究室编：《毛泽东年谱》上卷，中央文献出版社 2013 年版，第 280 页。

主家属"酌量分与田地"，给以生活出路。到 1930 年春，闽西革命根据地纵横 300 多里的地区内，50 多个区、600 多个乡进行了土地革命，约 80 多万贫苦农民分得了土地，出现了农业生产欣欣向荣的景象。

随着革命实践的不断深入，毛泽东关于土地政策的认识也不断发生变化。1930 年 2 月 7 日，在万安县东固镇陂头村，召开了红四军前委与赣西特委、五军和六军军委联席会议（即"二七"会议）。在毛泽东的主持下，这次会议讨论了赣西南的土地革命问题，解决了赣西南党在土地改革中存在的问题，批评了江西省委特派员迟迟不分田、不废债务、不武装工农和主张按劳力分配土地的右倾错误。同时决定，一要"分"，按人口平分土地；二要"快"，限期分配，"不论何地，凡暴动驱逐了豪绅地主之后，须立即没收土地分与农民"。会议还提出了反对绝对平均主义的口号，会议通过的《赣西南苏维埃政府土地法》第 10 条规定："为求迅速破坏封建势力起见，分田以抽多补少为原则，不得采取绝对平均主义，重新瓜分。"[①] 对于此次会议，毛泽东后来对斯诺说："一九三〇年二月七日，江西南部召开了一个重要的地方党会议，讨论今后苏维埃的纲领。当地党、军、政代表都出席了会议。会上详细讨论了土地政策的问题，由那些反对分配土地的人所发动的反对'机会主义'的斗争被打败了。会议决定分配土地，加速建立苏维埃，在这以前，红军只是组织地方的和乡的苏维埃，在这次会议上，决定了建立江西省苏维埃政府。对于这个新的纲领，农民报以热烈的拥护，这有助于在后来的几个月中打败国民党的围剿。"[②]

但是，土地所有权问题仍然没有得到彻底解决。而这一问题的解决也与共产国际有密切的关系。

1930 年 8 月，共产国际东方部通过的《关于中国苏维埃政权经济政策的议决案》中指出："在半殖民地国家内，无产阶级如果要

---

① 《第二次国内革命战争时期土地革命文献选编》，中共中央党校出版社 1987 年版，第 192 页。

② ［美］埃德加·斯诺：《西行漫记》，董乐山译，生活·读书·新知三联书店 1979 年版，第 146—147 页。

离开主要的农民群众，没有农民直接的赞助，不先去团结农民群众
在无产阶级的领导之下来进行夺取土地与民族解放的斗争，而要走
到社会主义的改造，那一定是不可能的。"① 9月24日，周恩来在传
达国际决议时指出，"土地国有问题，现在是要宣传，但不是现在已
经就能实行土地国有，因为现在尚无全国的胜利政权可言，不能将
土地归苏维埃所有即解释为国有。中国土地问题中一个特点，就是
有资本主义的买卖关系，农民因为反对地主，更怕不公有土地，仍
旧会恢复地主制度；但决不能说中国农民已经打破了私有观念。所
以禁止土地买卖，目前是不需要的口号，这只是增加了农民的恐慌
心理"②。

从随后中共苏区中央局发布的通告中关于土地政策的内容中我
们可以判断，中共接受了共产国际的指示。1931年2月8日，中共
苏区中央局发出通告第九号《土地问题与反富农策略》。通告明确指
出："土地国有的实现，只有在全国苏维埃胜利与全国工农专政的实
现的条件下才有可能。农民是小私有生产者，保守私有是他们的天
性，在他们未认识到只有土地社会主义化，才是他们的经济出路以
前，他们是无时不在盼望着不可求得的资本主义的前途。所以，他
们热烈地起来参加土地革命，他们的目的，不仅要取得土地的使用
权，主要的还要取得土地的所有权"；"目前正是争取全国苏维埃胜
利斗争中，土地国有只是宣传口号，尚未到实行的阶段"，"必须使
广大农民在革命中取得了他们唯一热望的土地所有权"。③

与此同时，毛泽东在农村调查中了解到，1931年的春天本是江
西各地农民春耕时节，但各地农民动手耕田的还很少。而这种现象
的产生与地权不稳、农民不安心耕种有关。他指出："现在春天到
了，各地农民动手耕田的还很少，这件事值得我们注意。为什么农

---

① 《共产国际有关中国革命的文献资料》（1936—1943）（1921—1936补编）（第三辑），
中国社会科学出版社1990年版，第268页。

② 中央档案馆编：《中共中央文件选集》第6册，中共中央党校出版社1989年版，
第372页。

③ 《第一、二次国内革命战争时期土地斗争史料选编》，人民出版社1981年版，第
493—494页。

民动手耕的很少呢？有些固然是习惯上的原因，耕田时季素来推迟，但除了这个原因之外，据我们调查还有（一）田没有分定，（二）耕牛缺乏，（三）红白交界靖匪威胁不好耕田几种原因。"① 所谓的"田没有分定"指的就是农民的土地所有权没有得到保障。

为了在实践中解决好这一问题，2 月 28 日，毛泽东以中央革命军事委员会总政治部主任名义，写信给江西省苏维埃政府，提出土地改革后农民对土地的所有权，并指出所以这样规定的因由。

> 信中写道，这"是民权革命时代应该有的过程，共产主义不是一天做得起来的"，只有实行资产阶级民主革命阶段所必需的政策，"才是真正的走向共产主义的良好办法"。毛泽东在信中具体说明："关于田没有分定一层，在现在红色区域是个大问题。过去田归苏维埃所有，农民只有使用权的空气十分浓厚，并且四次五次分了又分使得农民感觉田不是他自己的，自己没有权来支配，因此不安心耕田。这种情形是很不好的。"省苏应该通令各地各级政府，"要说明过去分好了的田（实行抽多补少抽肥补瘦了的）即算分定，得田的人，即由他管所分得的田，这田由他私有，别人不得侵犯。以后一家的田，一家定业，生的不补，死的不退，租借买卖，由他自主。田中出产，除交土地税于政府外，均归农民所有。吃不完的，任凭自由出卖，得了钱来供给零用，用不完的由他储蓄起来，或改田地，或经营商业，政府不得借词罚款，民众团体也不得勒捐"。"农民一家缺少劳力耕田不完，或全无劳力一点不能自耕的，准许出租。租完多少，以两不吃亏为原则，由各处议定。"②

毛泽东同志关于地权问题的上述指示，标志着党的土地政策从土地国有到农有的转变，也是对农民土地所有权的正式确定。③

---

① 《毛泽东文集》第 1 卷，人民出版社 1993 年版，第 256 页。
② 同上。
③ 参见赵增延《土地革命时期正式确定农民土地所有权时间的考析》，《历史教学》1986 年第 7 期。

随后，3 月底至 4 月，江西省苏维埃政府和闽西土地委员会扩大会议分别发布文告和做出决议，正式向广大农民宣布了上述"土地归农民所有，任其出租买卖"的政策。

3 月 15 日江西省苏维埃政府发文说："土地一经分定，土地使用权、所有权通通归农民，省苏维埃政府更要号召所有农友，努力耕种。"① 此后不久，除了江西苏区确定地权归农民以外，闽西、鄂东南、湘赣等苏区也都确定了农民的土地私有权。

这样，在 3 年多的土地革命过程中，各根据地在不断总结经验的基础上，逐步形成了一条完整的土地革命路线，即依靠贫雇农，团结中农，限制富农，保护中小工商业者，消灭地主阶级，变封建半封建的土地所有制为农民的土地所有制，给富农以经济出路，给地主以生活的出路。在正确的土地革命路线的指引下，各根据地的土地革命更加深入而卓有成效地开展，推动了农业生产的发展。正如毛泽东所指出的，"红色区域在建立的头一、二年，农业生产往往是下降的。但是经过分配土地后确定了地权，加以我们提倡生产，农民群众的劳动热情增长了，生产便有恢复的形势了。现在有些地方不但恢复了而且超过了革命前的生产量。有些地方不但恢复了在革命起义过程中荒废了的土地，而且开发了新的土地"②。同时，也使党领导的民主革命得到了广大农民的支持和拥护，实现了马克思主义大众化。赣西南特委在向中央的报告中深有体会地说："群众对党的信仰特别好，因为党在斗争中能够起政治的领导……计算自攻取吉安到现在，群众总共牺牲了将近一万，没有哪一个有怨恨。打死了自己家属收埋，被白匪烧了房子，亦有很多，不但不怪红军、苏维埃、共产党，而且很痛心的怀恨反动派。对党信仰的主要原因，是农民在斗争中得到了土地，建立了苏维埃政权，政治上得着解放。"③

---

① 《第一、二次国内革命战争时期土地斗争史料选编》，人民出版社 1981 年版，第 502 页。
② 《毛泽东选集》第 1 卷，人民出版社 1991 年版，第 131 页。
③ 刘士奇：《赣西南特委给中央的综合报告》，1930 年 10 月 7 日。

第八章　重视经济工作，发展农业生产

　　农村革命根据地建设过程中，开展武装斗争自然是中国革命的主要斗争形式。但是，经济工作同样不可忽视。为了广泛动员群众开展大规模的经济建设运动，全面部署中央苏区的经济建设工作，临时中央政府于 1933 年 7 月决定："在八月内中央苏区开两个经济建设大会，一个是南部十七县的大会，在中央政府开会，到会人省县区三级国民经济部长，财政部副部长，三级政府的副主席；一个是北部十一县的大会，在博生县开，到会人与南部同。"① 南部十七县经济建设大会于 8 月 12 日至 15 日在瑞金举行，北部十一县经济建设大会于 8 月 20 日至 28 日在博生县召开。

　　初上井冈山，毛泽东就认识到经济工作的重要性。在《中国的红色政权为什么能够存在》一文中，毛泽东分析了根据地面临的诸多困难，指出经济建设的迫切性：

　　　　在白色势力的四面包围中，军民日用必需品和现金的缺乏，成了极大的问题。一年以来，边界政权割据的地区，因为敌人的严密封锁，食盐、布匹、药材等日用必需品，无时不在十分缺乏和十分昂贵之中，因此引起工农小资产阶级群众和红军士兵群众的生活的不安，有时真是到了极度。红军一面要打仗，一面又要筹饷。每天除粮食外的五分钱伙食费都感到缺乏，营养不足，病的甚多，医院伤兵，其苦更甚。这种困难，在全国

---

① 《红色中华》1933 年 7 月 23 日第 95 期。

总政权没有取得以前当然是不能免的，但是这种困难的比较地获得解决，使生活比较地好一点，特别是红军的给养使之比较地充足一点，则是迫切地需要的。边界党如不能对经济问题有一个适当的办法，在敌人势力的稳定还有一个比较长的期间的条件下，割据将要遇到很大的困难。这个经济问题的相当的解决，实在值得每个党员注意。①

1933 年 8 月，毛泽东在中央革命根据地南部 17 县经济建设会议上做了题为"关于粉碎敌人五次'围剿'与苏维埃经济建设任务"的报告，科学地阐明了经济工作与武装战争的辩证关系。

一方面，毛泽东指出："革命战争是当前的中心任务，经济建设事业是为着它的，是环绕着它的，是服从于它的。"毛泽东批评说，"那种以为经济建设已经是当前一切任务的中心，而忽视革命战争，离开革命战争去进行经济建设"是错误的观点。只有在国内战争完结之后，才说得上也才应该说以经济建设为一切任务的中心。②

另一方面，毛泽东论述了经济建设的重要性，认为革命战争离不开经济建设各业的发展。他指出：

革命战争的激烈发展，要求我们动员群众，立即开展经济战线上的运动，进行各项必要和可能的经济建设事业。为什么？现在我们的一切工作，都应当为着革命战争的胜利，首先是粉碎敌人第五次"围剿"的战争的彻底胜利；为着争取物质上的条件去保障红军的给养和供给；为着改善人民群众的生活，由此更加激发人民群众参加革命战争的积极性；为着在经济战线上把广大人民群众组织起来，并且教育他们，使战争得着新的群众力量；为着从经济建设去巩固工人和农民的联盟，去巩固工农民主专政，去加强无产阶级的领导。为着这一切，就需要进行经济方面的建设工作。这是每个革命工作人员必须认识清

---

① 《毛泽东选集》第 1 卷，人民出版社 1991 年版，第 53 页。
② 同上书，第 123 页。

楚的。过去有些同志认为革命战争已经忙不了，哪里还有闲工
夫去做经济建设工作，因此见到谁谈经济建设，就要骂为"右
倾"。他们认为在革命战争环境中没有进行经济建设的可能，要
等战争最后胜利了，有了和平的安静的环境，才能进行经济建
设。同志们，这些意见是不对的。抱着这些意见的同志，他们
不了解如果不进行经济建设，革命战争的物质条件就不能有保
障，人民在长期的战争中就会感觉疲惫。①

在部署和开展根据地的经济建设中，毛泽东又把发展农业生产
摆在首要的位置。

事实上，农业是根据地经济的基础，农业生产在根据地经济建
设中具有举足轻重的地位。根据地经济的主体是农业经济，农民占
据人口的90%。农业生产不仅是根据地军民的生存之本，衣食之源，
也是支持革命战争的坚强物资后盾。农业生产的好坏，直接关系到
革命根据地的生死存亡。1928年在井冈山革命根据地建立时，毛泽
东就提出了"边界的经济，是农业经济"的思想。这是认识在革命
实践中得到不断的深化和发展的表现。1934年1月，毛泽东在全区
二次大会上的报告中指出："在目前条件下，农业生产是我们经济建
设工作的第一位，它不但需要解决最重要的粮食问题，而且需要解
决衣服、砂糖、纸张等项目日常用品的原料即棉、麻、蔗、竹等的
供给问题。森林的培养，畜产的增殖也是农业的重要部分。"② 他要
求各级政府要把农业生产作为头等重要的任务来抓，并提出了许多
发展农业生产的措施。

首先需要指出的是，毛泽东认为，土地革命本身就有利于农业
生产的发展。旧中国是一个落后的半封建半殖民地国家，农业的基
本生产资料——土地集中在地主手中。地主凭借对土地的占有，束
缚着农民并对其进行残酷剥削，严重阻碍着农业生产力的发展和提
高。中国革命以农村为中心展开，发展农业生产自然是中国共产党

---

① 《毛泽东选集》第1卷，人民出版社1991年版，第119页。
② 同上书，第131页。

的一项重要任务。土地革命是民主革命的主要内容，也是发展农业生产、提高农业生产力的一项重要政策。在党的领导和推动下，各革命根据地相继开展了轰轰烈烈的土地革命，使根据地的面貌发生了巨大的变化。广大无地少地的农民分得土地后，生产积极性高涨，农业生产迅速发展。正如毛泽东指出的："红色区域在建立的头一二年，农业生产往往是下降的。但是经过分配土地后确定了地权，加以我们提倡生产，农民群众的劳动热情增长了，生产便有恢复的形势了。……在国民党时代，土地是地主的，农民不愿意也不可能用自己的力量去改良土地。只有在我们把土地分配给农民，对农民的生产加以提倡奖励以后，农民群众的劳动热情才爆发了起来，伟大的生产胜利才能得到。"① 事实的确如此。以闽西根据地为例，1929年分配土地后，1930年的早稻就获得好收成，龙岩和连城的产量比上年增加二成，上杭和长汀比上年增加一成。②

为了更好地推动农业生产的发展，1934年一二月间，毛泽东在第二次全国工农兵代表大会上做报告时进一步指出："在小农经济的基础上面，对于某些重要农产作出相当的生产计划，动员农民为着这样的计划而努力，这是容许的，而且是必须的。我们在这一方面，应该有进一步的注意和努力。关于农业生产的必要条件方面的困难问题，如劳动力问题，耕牛问题，肥料问题，种子问题，水利问题等，我们必须用力领导农民求得解决。"③ 这就是说，除了没收地主土地归农民所有，以激发农民的生产积极性之外，毛泽东还意识到必须采取一系列具体措施，以促进农业生产的发展。

第一，劳动力问题。在那个风雨如晦的革命战争年代，根据地农民获得土地后，在农业生产中遇到的一个突出问题就是劳动力的缺乏。根据地劳动力不足的原因，一是国民党反动派的烧杀抢掠，使许多无辜百姓被夺去生命；二是广大翻身农民为保卫土地革命的胜利果实而纷纷参军参战。例如，1932年年初，江西兴国县长冈乡，全乡原有劳力和半劳力450人，而参加红军和外出工作的就有

① 《毛泽东选集》第1卷，人民出版社1991年版，第131页。
② 《中国革命根据地经济史》，广东人民出版社1983年版，第107页。
③ 《毛泽东选集》第1卷，人民出版社1991年版，第131页。

320 人，留在农村生产的仅有 130 人。[1] 此外还有医疗卫生条件落后、劳动力转移到其他行业或地区等诸多原因。这引起了毛泽东的重视和思考。

为了解决劳动力严重不足的问题，毛泽东号召建立劳动互助组织。劳动互助社是根据地农民在个体经济的基础上，为调剂劳动力、发展农业生产而创办的一种自愿、互利的劳动互助组织，在不变更个体所有制的前提下调整了生产关系，在一定程度上打破了以一家一户为生产单位的界限，破解了革命战争年代因各种原因造成的劳动力不足等问题，对发展农业生产起了重要作用。

被毛泽东称为劳动互助社发源地的福建闽西根据地上杭县才溪乡劳动合作社是在 1931 年成立的，它最初的名称就是耕田队。耕田队是才溪乡农民参照和利用农村传统的换工习惯组织起来的，其基本原则是大家自愿报名。1933 年，毛泽东到才溪乡视察工作时，肯定了农村出现的互相帮助耕田队的创举。他指出："除了女子、老人、儿童参加生产之外，生产的发展还依靠于劳动力的互相调剂。一村中，劳动力有余之家，帮助不足之家。一乡中，有余的村，帮助不足的村。一区中，有余的乡，帮助不足的乡。这样，以区为单位调剂劳力，做劳动工。党团员又做'礼拜六'。因此，生产得着更大的发展。"他还说：劳动互助社等合作组织"组织了全乡群众的经济生活，经济上的组织性进到了很高的程度，成为全苏区第一个光荣的模范。这种经济战线上的成绩，兴奋了整个群众，使广大群众为了保卫苏区发展苏区而手执武器上前线去，全无家庭后顾之忧"[2]。毛泽东在长冈乡调查时进一步肯定了劳动互助社对于缓解劳动力不足、促进农业生产发展的重要意义："劳动互助社在农业生产上伟大的作用，长冈乡明显地表现出来了。"他还提议：劳动互助社的组织要"根据群众的意愿，以村为单位统筹生产，一切地方都可

---

[1] 史敬棠、张凛、周清和等：《中国农业合作化运动史料》上册，生活·读书·新知三联书店 1957 年版，第 216 页。

[2] 毛泽东：《才溪乡调查》。"礼拜六"，指当时革命根据地内实行的帮助红军家属、贫农、雇农耕种土地和帮助耕种红军公田的义务劳动，来源于苏联十月革命后开展的共产主义星期六义务劳动——原注。参见《毛泽东文集》第 1 卷，人民出版社 1993 年版，第 340 页。

实行，特别在扩大红军数多的地方。必要时还可以乡为单位，甚至以区为单位统筹"①。1934 年 1 月召开的中华工农兵苏维埃第二次全国代表大会上，毛泽东对大会所做的报告中进一步强调指出："劳动互助社和耕田队的组织，在春耕夏耕等重要季节我们对于整个农村民众的动员和督促，则是解决劳动力问题的必要的方法。"②

　　在推动劳动互助社发展中，中华苏维埃中央政府于 1933 年秋发布了《劳动互助社组织纲要》。《纲要》指出："劳动互助社的作用，是在农村中农民互相帮助、做工、有计划地去调剂农村中的劳动力，使一方面劳动力有余的不致闲置，一方面劳动力不足的，不致把农事废弃。"《纲要》从根据地农村和农民的实际出发，规定劳动互助社要以村为单位，最大的也只能以乡为单位，从而保证了劳动互助社的灵活性和有效性。《纲要》还就调剂劳动力的办法、工资的计算、人工的分配、乡与乡之间的劳动互助社的关系等做了详细的规定和说明。这为苏区劳动互助组织的发展提供了重要的依据。正是在这一精神的指导下，劳动互助合作组织在苏区得到迅速发展。

　　如在中央苏区兴国县，在春耕运动中劳动互助组织有了很大的发展，据 1934 年 4 月底的统计，全县共有劳动互助社"一千二百零六个，社员有二万二千一百一十八名。单独在二三两月中就调剂了七千六百八十一个人工"③。1934 年 5 月，瑞金县劳动互助社的社员人数达到 8987 人；④ 1934 年 8 月，西江县劳动互助社的社员人数达到 23774 人。⑤ 等等这些，使得在革命根据地可以在不变更个人所有制的情况下调整生产关系，促进苏区农业生产的恢复和发展。

　　在依靠劳动互助组织解决劳动力不足问题的同时，毛泽东还对组织广大妇女参加劳动生产的做法表示了肯定。

　　在当代中国，妇女参加劳动是很平常的事情，且中国女性的劳动参与率属于较高的国家。但在历史上，中国女性的劳动参与率是

① 《毛泽东文集》第 1 卷，人民出版社 1993 年版，第 301 页。
② 《毛泽东选集》第 1 卷，人民出版社 1991 年版，第 132 页。
③ 《红色中华》1934 年 4 月 30 日第 182 期。
④ 《斗争》1934 年第 54 期。
⑤ 《红色中华》1934 年 8 月 10 日。

极低的。土地革命时期，劳动力构成主要是男性，女性只是做些辅助性劳动。1930年5月，毛泽东在寻乌调查时发现，农业生产中，犁田、耙田、挑粪草、挑谷米等一些主要的农业劳动，多属男子担任，帮挑粪草、帮担谷米、莳田、耘田、捡草、铲田塍田壁、倒田、割禾等项工作，也是男子做主，女子帮助；砻谷、踏碓、淋园、莳菜、砍柴割草、烧茶煮饭、挑水供猪、经管头牲、洗裙荡衫、补衫做鞋、扫地洗碗等项，则是女子做主，男子帮助。① 然而，这时正处于革命斗争最艰苦的岁月。在人口规模不变的情况下，随着大批男子参加红军，农村中的男性劳动力越来越少，难以满足农业生产的基本需要，毛泽东动员广大妇女承担起那些农业生产中的主要劳动。他强调："有组织地调剂劳动力和推动妇女生产，是我们农业生产方面的最基本的任务。"②

1930年6月，毛泽东到福建省上杭县才溪乡，召开了妇女代表座谈会。"会上，毛主席详细地调查了暴动后的生产、生活情况，他亲切地询问代表们：男人当红军上前方去了，你们又要生产，又要支前，遇到哪些困难？代表们回答说：'根据地的样样工作，我们都承担下来，可就是春耕犁田、耙田、莳田缺乏劳力。'毛主席听完发言，语重心长地说：要发挥你们妇女的作用，要很好地组织起来，学会犁田、耙田、莳田。""而后党团支部召开大会层层动员，组织起妇女耕田队。党、团员和青年妇女争先扛着犁耙下田。妇女扶犁的确是件新鲜事，……困难不少。……一遍两遍，三天五天，不会就请老农教，摔倒了再爬起来，……全乡百分之八十的妇女学会犁田、耙田，大多数妇女掌握了莳田技术。"③

毛泽东在长冈乡调查后也发现，长冈乡扩大红军很多，生产不但没有减少，反而增加了，原因之一就是推动广大的妇女参加生产劳动。毛泽东指出："长冈乡提出了'妇女学习犁耙'的口号，女子已是成群地进入生产战线中，这证明有组织地调剂人工与推动女

---

① 《毛泽东文集》第1卷，人民出版社1993年版，第240页。
② 《毛泽东选集》第1卷，人民出版社1991年版，第132页。
③ 参见许毅《中央革命根据地财政经济史长编》上册，人民出版社1982年版，第419—420页。

子参加生产，是不可分离的任务。"

毛泽东鼓励和肯定发动妇女参加农业生产对于根据地经济建设有非常重要的意义。随着根据地政权动员妇女参加劳动互助，大量妇女参加农业生产，根据地的劳动力短缺的压力得到了进一步缓解。据《红色中华》1934 年 5 月 28 日的报道："在福建今年的春耕中，已学会犁耙和莳田的妇女有一千六百多，在兴国今年一月全县还只有三百三十六个妇女会犁耙，到四月就有一千零八十多人了，瑞金全县学习犁耙与莳田的妇女，共有一千四百八十八名，学会的已有三百四十八人。这里的比较也是惊人的，瑞金模范的武阳区，去冬时只有两个妇女会犁耙，现在就有一百零四名会犁耙了，还有一百九十四人正在学习。"①《红色中华》1934 年 7 月 19 日的报道也描述了妇女参加劳动的情况：瑞金县为解决秋收中劳动力问题，只经过一个月的劳动竞赛，就"成立了二百六十个妇女生产学习组，发展组员三千余名，内有小脚妇女四百二十五人"。还计划再发展"妇女生产学习组员一万四千人"。

在开展劳动互助过程中，还特别注意对红军家属的照顾。这也是保持红军部队稳定、巩固红色政权的有力举措。毛泽东在调查中表扬了才溪乡之所以"扩大红军成绩最好"，"主要原因是优待红军家属、慰劳红军工作历来不错"。② 1931 年 11 月召开的"一苏大会"上通过了《中国工农红军优待条例》。其中明确提出，红军战士家属应获得政府帮助耕种土地，政府应组织群众实行无代价的"优待红军工作日"，每人每月帮助红军家属耕种两天。1934 年 1 月，中华苏维埃共和国政府颁布的《关于优待红军家属的决定》指出，"对于分有田地的红军家属的最主要的工作，是保障他们的田地得到及时的完善的耕种和收获，凡属缺乏劳动力或劳动力不足的红军家属，必须组织广大群众的义务劳动去帮助其耕种和收获"③。苏维埃中央政府 2 月颁布的《优待红军家属耕田队条例》规定："凡

---

① 王观澜：《春耕运动总结与夏耕运动任务》，《红色中华》1934 年 5 月 28 日。
② 《毛泽东文集》第 1 卷，人民出版社 1993 年版，第 329 页。
③ 史敬棠、张凛、周清和等：《中国农业合作化运动史料》上册，生活·读书·新知三联书店 1957 年版，第 91 页。

苏维埃公民从十六岁起至五十五岁止具有劳动力的，不论男女均须加入优待红军家属耕田队。"此耕田队的任务是"以义务劳动帮助红军家属关于土地、山林的耕种、收获以及砍柴、挑水等工作"。上述决定和条例体现了拥军优属精神，从法律上保证了红军家属不因缺乏劳动力而延误生产。毛泽东等中央领导还带头执行条例，帮助军烈属耕地，促进条例的落实。通过这种对参加红军家属的优待，解决了军人的后顾之忧，借助这种军民互帮互助的合作组织形式，也密切了群众与军队的关系。

农村互助合作运动的开展，有效地克服了许多农户劳动力不足、耕牛不足、农具不足等方面存在的困难，从而能使农民不误农时地耕作、收获，大大地提高了劳动生产率，促进了农业生产的发展。这些成就的取得，与毛泽东的努力是分不开的。

> 王观澜回忆道："毛泽东同志抓政府工作时，抓得很紧。农业生产当时主要是劳力问题，雇零工平时一天要三至四毛，到割禾时，一天两三元也雇不到。红军家属虽有耕田队帮忙，但也时常发生不能及时解决耕种的问题。地方工作越先进，参军的人越多，壮劳力也就越少，生产就越困难。所以，毛泽东同志重点抓了创办劳动互助社、犁牛合作社，常亲自讲演，予以提倡、推广。换工本来在民间早有习惯，犁牛合作社是以查出多余的牛为基础发展起来的。有一个章程，对使用管理和喂养耕牛都有具体规定。但农忙时，劳力还感不足，以后就发动妇女参加劳动，抓典型，奖励推广。江西妇女原没有下田的习惯，通过动员，妇女的生产积极性调动起来了，成了一支生力军。就这样，解决了农业生产中劳力不足的问题。一九三三年，全苏区农业生产平均增产一成半，红军给养有了保证，一九三四年那一年，农业生产也是大丰收。"①

---

① 王观澜：《中央苏区的土地斗争和经济情况》，载《回忆中央苏区》，江西人民出版社1981年版，第351页。

第二，耕牛问题。

土地革命前，农民手中的耕牛就很少，加上战争的原因，耕牛缺乏的现象在根据地相当严重，成为稀缺资源。毛泽东调查中发现，兴国的永丰区，贫农以百家论，"每家一头牛的只有十五家，两家共一牛的四十家，三家共一牛的十家，四家共一牛的五家，无牛的三十家"①。而农业社会中，耕牛又是十分重要的生产工具。在当时条件下，耕牛在农业生产中仍然是不可缺少的。毛泽东曾明确，"在现时的农业技术条件下，耕牛的作用仅仅次于人工"②。

1931年2月，毛泽东在《关于加强春耕工作的意见》中详细谈到了解决办法。他说："缺牛一层，第一，要提倡耕种互助，邻近乡村牛多的帮助牛少的耕田。但这种帮助，不是完全白送，除牛多人家自愿送耕不要租钱之外，应该准许租牛，只有正式准许租牛，才能相当解决缺牛问题。第二，全乡或全区缺牛太多简直不能下耕的，县区乡等级政府，应为设法调剂，鼓动牛多区乡把牛出借或出卖。在这里县区两级政府，应有全县全区牛数的调查，有了这个调查，才能实行调剂。第三，禁止杀牛。现在一边缺牛，一边各圩市尚有杀牛的，违反贫农利益，应加禁止。第四，红白两区域一般农产品与工业品流通交易，应许完全自由，没有特殊情形（如米荒时）不加禁止并不限价（红色区域内部更不限价）。但目前贩牛出口，因为红色区域缺牛太甚，影响很大，应暂时禁止。"③ 他在《长冈乡调查》中指出："根据瑞金石水乡（无牛的百分之三十）、兴国长冈乡（无牛的百分之二十五）、上杭才溪乡（无牛的百分之二十）三处的材料，可以知道农民中完全无牛的，平均要占百分之二十五，这是一个绝大的问题。解决方法，莫妙于领导群众组织犁牛合作社，共同集股买牛。"其后，毛泽东在江西瑞金召开的第二次全国工农兵代表大会上做报告时也强调："不少的一部分农民（大约百分之二十五）缺乏耕牛，也是一个很大的问题。组织犁牛合作社，动员一切

---

① 毛泽东：《兴国调查》（1931年1月26日），载《农村调查》，新华书店1949年版，第45页。

② 《毛泽东文集》第1卷，人民出版社1993年版，第302页。

③ 《毛泽东选集》第1卷，人民出版社1991年版，第257页。

无牛人家自动地合股买牛共同使用，是我们应该注意的事。"①

苏维埃中央政府高度重视耕牛缺乏问题，1933 年 3 月、4 月，先后颁布《关于组织犁牛站的办法》和《关于组织犁牛合作社的训令》，规定：耕牛来源主要是没收豪绅、地主和富农多余的耕牛，农民群众也可合股另买；犁牛站或犁牛合作社的建立，一定要在基本农民群众自愿原则之下组织之；耕牛所有权属于全体站员或社员，站员或社员有使用之权；根据农户分田的多少有计划地调剂使用，抑平工价，不误农时。苏维埃中央政府还要求各级政府及其土地部，讨论制定更详细的更具体的办法。②

在苏维埃政府的倡导下，这类组织得到广泛发展。如在 1934 年上半年，兴国县有犁牛合作社 72 个，耕牛 121 头；长汀县有犁牛合作社 66 个，耕牛 143 头。③ 犁牛站和犁牛合作社的建立，使耕牛能被集中合理的使用，保证了农业生产的顺利进行。例如瑞金县武阳区石水乡，在 1933 年发起组织犁牛合作社后，改变了过去耕牛误农时的状况，47 名社员的 352 担谷田，完全由社里的耕牛来耕种，而且牛力还有余。④

犁牛合作社和犁牛站是根据地出现的较劳动互助社在所有制方面更高层次的互助合作形式，耕牛的集体所有、使用权和所有权的分离，使生产资料的使用摆脱了私有制的束缚。

第三，农产品的贸易与调剂。

革命根据地建立后，曾一度出现较严重的工农产品价格剪刀差：工业品价格上涨过快，农产品价格迅速下跌。工业品价格上涨的原因，主要是国民党的加紧封锁使工业品难以输入，而投机商人乘机牟取暴利。农产品价格下跌的原因，主要是根据地建立后的一段时间，一般的借贷停止，农民为购买生活必需的工业品，只得贱卖粮食；加上农民获得土地后，不必交纳地租，粮食有了剩余，但又怕

---

① 《毛泽东选集》第 1 卷，人民出版社 1991 年版，第 132 页。
② 《红色中华》1933 年 4 月 12 日第 71 期。
③ 史敬棠、张凛、周清和等：《中国农业合作化运动史料》上册，生活·读书·新知三联书店 1957 年版，第 143 页。
④ 同上书，第 123 页。

国民党"进剿"时抢去，因而低价竞销。谷贱必伤农。农民终年耕种，得到的收入非常微薄，势必影响到他们的生产积极性。如 1929 年，在闽西根据地的大池地区，农民要卖出一石米，才能买得一件衫裤布料，"这种剪刀差现象实际上仍是剥削农民"。因此，出现了"农民便情愿把田禾抛弃不收"的现象。①

这种状况不能不引起毛泽东的高度重视。他提出，要"有计划地组织人民的对外贸易"，"由国家直接经营若干项必要的商品流通，例如食盐和布匹的输入，食粮和钨砂的输出，以及粮食在内部的调剂等"。②

毛泽东用事实说明了发展贸易的重要性。他以出入口贸易的数量第一个大宗出口粮食为例，指出，每年大约有 300 万担谷子出口，300 万群众中每人平均输出一担谷交换必需品进来。这笔业务全是由商人做，商人在这中间进行了剥削。1932 年万安、泰和两县的农民五角钱一担谷卖给商人，而商人运到赣州卖四元钱一担，赚去了 7 倍。同时，300 万农民每年要吃差不多 900 万元钱的盐，要穿差不多 600 万元钱的布。这 1500 万元盐、布的进口，同样受到商人的中间剥削。商人到梅县买盐，一元钱 7 斤，运到根据地，一元钱卖 12 两。

因此，毛泽东与宁冈县委书记龙超清和红三十二团团长袁文才等领导干部，研究在宁冈县大陇镇建立红色圩场，开展红区和白区经济贸易。大陇镇在宁冈县西南，是黄洋界山下的一个小镇，它和湖南的酃县、茶陵，江西的永新、遂川、莲花等县接近，地理位置比较好。该镇原有百来户人家，有一条小街，有十几家小杂货店，在这里建立红色圩场，有利于井冈山周围各县镇的人民群众和小商小贩开展经济交流，进行买卖交易。毛泽东明确指示从事经济工作的干部同志说："井冈山山区不仅出产大米，还存大批木材、竹子、菜油和工业用的桐油等土产，你们要设法将这些东西偷运到赤白交界的地区去，和白区的小商贩以及那里的人民

---

① 中国社会科学院经济研究所中国现代经济史组：《革命根据地经济史料选编》上册，江西人民出版社 1986 年版，第 39 页。

② 《毛泽东选集》第 1 卷，人民出版社 1991 年版，第 133 页。

群众换回我们需要的物资。"毛泽东还要求"地方政府组织工作队到人民群众中去广为宣传，说红军要在大陇开办红色圩场，进行苏区和白区的物资交流"①。

红色圩场建立起来以后，毛泽东指示湘赣边特委和宁冈县委要制定保护中小商人的政策，并要开展各种形式的宣传工作。地方政府根据毛委员的指示，抽调了一部分工作人员同红军战士、赤卫队和暴动队的队员一起组成许多个宣传小组，深入到赤白交界的农村和街道去，向商贩和老百姓宣传革命道理，宣传保护中小商人的政策，宣传工农红军的纪律是秋毫无犯，买卖公平，红军保护商人行动自由和生命财产安全，说明他们来大陇红色圩场做生意，会受到政府的保护等，同时还用红土泥水、石灰水、锅底灰水在道路、街道两旁的墙上，刷写许多各种颜色的标语口号：如"自由交易、公买公卖"，"取消一切苛捐杂税，保护中小商人的利益"，"繁荣经济，打破敌人经济封锁"等。

圩场开辟后，川流不息的人群，从四面八方涌进。有根据地群众，有湖南来的老表；也有外地来的中、小商人，小贩等。他们有的挑着担子；有的背着口袋；也有的手提竹篮，肩挎布袋。圩场上的货物五花八门，各色各样：有本地土产、山货；有鸡鸭蛋肉；有茶油及木材竹子制品；有斧头链铲；也有从白区偷偷运来的红糖、盐、土布。② 据当年参与创办大陇圩场的赖春风回忆，大陇红色圩场开辟后，白区的商贩和人民群众一致反映："我们来到红色大陇圩场做生意，感到什么都比白区新鲜，心情格外舒畅，红区和白区真是两重天，红军和白军完全不一样，白区和红区人民亲如一家，我们哪怕冒着生命危险，也要到根据地来做生意，支援根据地人民的斗争。"③

除了决定在大陇开办红色圩场外，毛泽东还提出要建立粮食调

---

① 转引自余伯流《井冈山革命根据地全史》，江西人民出版社 2007 年版，第 257—258 页。

② 参见《毛委员在井冈山》，江西人民出版社 1977 年版，第 238 页。

③ 有关情况参见赖春风《毛委员领导我们建立红色圩场》，载《井冈山革命根据地》下册，中共党史出版社 1987 年版，第 504—509 页。

剂局和粮食合作社。他指出："每个县要设立一个粮食调剂分局，重要的区，重要的圩场，要设粮食调剂支局。"这样，"一方面要使我们的粮食，在红色区域内由有余的地方流通到不足的地方，不使有的地方成了堆，有的地方买不到，有的地方价格过低，有的地方价格又过高；一方面要把我区多余的粮食，有计划地（不是无限制地）运输出口，不受奸商的中间剥削，从白区购买必需品进来"①。毛泽东指出："我们的目的不但要发展生产，并且要使生产品出口卖得适当的价钱，又从白区用低价买得盐布进来，分配给人民群众，这样去打破敌人的封锁，抵制商人的剥削。我们要使人民经济一天一天发展起来，大大改良群众生活，大大增加我们的财政收入，把革命战争和经济建设的物质基础确切地建立起来。"②

在这一思想指导下，各根据地逐步成立了粮食调剂局和粮食合作社。

粮食调剂局最早于1930年在闽西根据地建立，随后在各根据地得到推行，并形成了由中央粮食调剂总局、各省的粮食调剂局、各县的粮食调剂分局、一些区和主要圩场的粮食调剂支局构成的网络体系。粮食调剂局开始隶属于国民经济部，到1933年年底，中央政府成立了粮食部，粮食调剂局随之划转到新成立的粮食部。借助于在新粮谷登场后，由调剂局将收买的稻谷妥善储藏，或者组织一部分出售到缺粮地区；在青黄不接时，调剂局又以低于市场的价格卖给农民，以此达到收购粮食、储备粮食、调剂粮价、组织出口的目的。

苏维埃中央政府于1932年8月颁布了《粮食合作社简章》，规定："本社为调节粮食价格，于收获时集中资本先向社员籴谷"，"谷价要比当地市价高一点"；旧历过年以后，允许社员买回，"价钱比当地市价要低一些"。1932年以后，各根据地逐步建立起来粮食合作社。

关于粮食调剂局和粮食合作社的关系，苏维埃中央政府国民经

---

① 《毛泽东选集》第1卷，人民出版社1991年版，第121—122页。

② 同上书，第122页。

济部曾于 1933 年 3 月发出文件，对此做了说明。文件指出，粮食调剂是"国家机关"，粮食合作社是"群众组织"，经过粮食合作社、调剂局与群众发生密切的联系。①

粮食调剂局和粮食合作社的建立，保证了农民的利益，使农民不因谷价高昂而生活无着，也不因谷价低贱而遭损失，有利于农业生产的顺利进行。

第四，改善土地利用问题。

改善土地利用是提高农业生产水平的一个有效办法，包括改良技术、兴修水利、开垦荒地等。

1934 年 1 月，毛泽东在全国苏维埃第二次代表大会的报告中指出："目前自然还不能提出国家农业和集体农业的问题，但是为着促进农业的发展，在各地组织小范围的农事试验场，并设立农业研究学校和农产品展览所，却是迫切地需要的。"②

1930 年，福建永定县苏维埃政府以区为单位组织农事实验场，得到毛泽东的肯定，以后在中央苏区进行了推广。农事经验场有严密的组织设施和明确的工作任务。以中央土地部直接领导的江西瑞金农事实验场为例：内设场长一人，下分保管、田园家畜、山村、水利四科，任务是搜集植棉种稻的经验、改良种子、分析土质等。除农事实验场外，党在根据地还建立了其他一些类似的机构，如在瑞金县的云集区，各乡都成立了以研究防虫方法为主要任务的农业研究委员会；在博生县，设立了农产品陈列所，展览出最好的农产品，以利推广。此外，苏维埃中央政府为鼓励改良农业技术，还在税收方面给予了优惠。1931 年颁布的税则和 1932 年颁布的修改后的税则都规定："因改良种子、改良耕种，所增加的农业收入免税。"③

早在青年时代，毛泽东在考察湖南农民运动时，就把兴修塘坝

---

① 中国社会科学院经济研究所中国现代经济史组：《革命根据地经济史料选编》上册，江西人民出版社 1986 年版，第 334 页。

② 《毛泽东选集》第 1 卷，人民出版社 1991 年版，第 132 页。

③ 中国社会科学院经济研究所中国现代经济史组：《革命根据地经济史料选编》上册，江西人民出版社 1986 年版，第 427 页。

列为农民运动的 14 件大事之一。从 1929 年春开辟赣南根据地起，毛泽东在中央苏区五年多的战斗岁月里，领导根据地军民开展了广泛深入的经济建设活动，积极进行了苏区的水利建设。在长冈乡调查时，毛泽东明确提出：乡苏维埃政府要抓水利，设立水利委员会，乡苏维埃主席兼任乡水利委员会主任，每个村都要有一名水利委员。1931 年夏天，毛泽东在瑞金县叶坪村时，为了给该村规划比较久远的水利建设，亲自带领区乡工农民主政府干部，冒着酷暑沿绵江直上几十里，勘山察水寻找水源，规划修筑水陂、水圳。毛泽东在全国苏维埃第二次代表大会的报告中指出："水利是农业的命脉，我们也应予以极大的注意。"① 他要求各区乡组织水利委员会，重视农田水利建设，改善农业生产条件。为此，1934 年，中央土地部发出《关于夏耕运动大纲》，号召广大农民："水陂、水圳、水塘，不但要修理旧的，还要开筑新的。缺水地方要在高地开挖水塘，水车未修理好的要继续修好。"各级苏维埃政府为积极发展水利事业，在土地委员会里设立水利局或水利委员，专门管理开沟渠、修陂圳等水利事业，对较大的水利工程还专门成立建设委员会进行具体领导。在闽西根据地，到 1934 年，仅长汀、宁化、汀东三县就修好陂圳2366 条，新开数十条。② 截至 1934 年年底，中央苏区完成水利工程一万多座，原有的池塘沟堤，几乎全部修好。

　　水利事业的发展，为农业产量的提高准备了条件。在兴修水利的同时，毛泽东还号召各级政府发动群众开垦荒田荒地。毋庸置疑，耕地面积的增加，对农业生产的发展具有积极意义。这是"皮"与"毛"的关系。1933 年 2 月，苏维埃中央政府发布了《开垦荒地荒田办法》，5 月又颁发了《开荒规则指示与开荒动员方法》。这些条例、训令规定："凡是工人苦力雇农贫农中农及一切有选举权的群众所开发的无主的荒田荒地，即属于开荒人所有，……准许三年不收土地税"；"凡属富农开发的荒田荒地，富农有使用权，并准免土地税一年"；"工农群众及富农开发不完的无主的荒田荒地，应准许地

---

① 《毛泽东选集》第 1 卷，人民出版社 1991 年版，第 132 页。
② 史敬棠、张凛、周清和等：《中国农业合作化运动史料》上册，生活·读书·新知三联书店 1957 年版，第 107 页。

主分子去开。苏维埃政府允许他耕种五年，但无土地所有权，第一年免交土地税"。在这些政策的作用下，大量荒田荒地得到开发。据《斗争》1934 年 2 月 20 日的报道："在帝国主义国民党统治之下的白区，荒田可耕地日益增加。而在苏区，则荒田渐被消灭。根据中央土地部大约的统计，去年在中央苏区（江西、福建、粤赣、闽赣四省）消灭了二十一万余担，与闽浙赣合计，共消灭了三十二万担。这是苏维埃经济建设上的一个具有重大意义的胜利。"据《红色中华》1934 年 2 月的报道："依靠于广大工农群众的劳动热忱，依靠于中央政府的正确领导，去年的消灭荒田，是得到了很大的成绩，共计开了荒田二十二万多担，兴国、瑞金以及上杭的才溪的荒田，差不多完全消灭了，上杭开垦了一千多担荒坝荒土。"①

植树造林和保护森林，对防止水土流失，改良土壤，是一个极为重要的措施。为了保障河坝，防止水土流失，1932 年 3 月，中央政府人民委员会做出《对于植树运动的决议案》，号召苏区广大人民群众掀起经常性的植树造林运动。1934 年 1 月召开的第二次全国工农兵代表大会上，毛泽东向大会做报告时提出："应当发起植树运动，号召农村中每人种树十株。"② 在毛泽东和苏维埃政府的号召下，植树造林运动取得了很大的成绩。如在 1934 年春，"在瑞金植了六十万三千七百多头，兴国三十八万九千八百多头。就是多山的福建，也种了二十一万三千八百多头，并且还种了木梓种一千六百九十九斤"③。

---

① 《红色中华》1934 年 2 月 20 日第 152 期。

② 毛泽东：《中华苏维埃共和国中央执行委员会与人民委员会对第二次全国苏维埃代表大会的报告》（1934 年 1 月），《红色中华》，《第二次全苏大会特刊》1934 年 1 月 26 日第 3 期。

③ 《红色中华》1934 年 5 月 28 日第 194 期。

第九章　划分农村阶级成分、指导查田运动

1931 年 1 月党的六届四中全会上，以王明等为首的"左"倾机会主义者占据了党中央的领导地位，中共中央的土地政策开始向极左转变。3 月，他们依据共产国际执委秘书处《关于中国问题的决议案》制定了《土地法草案》，明确提出"地主不分田，富农分坏田"等极左主张，竭力反对中央苏区执行的正确土地路线，指责中央苏区实行的"一切人平分及抽多补少、抽肥补瘦等口号，均是缺乏阶级的立场"。这套"左"倾教条主义的土地政策，先以文件形式传达至中央苏区，4 月中旬又派中央代表团去贯彻执行。8 月 30 日，《中央给苏区中央局并红军总前委指示信》斥责中央苏区"对于消灭地主阶级与抑制富农政策还持着动摇的态度"。强令必须"坚决的去执行国际和中央所指示的全部"①。同年 11 月苏区中央局在瑞金召开苏区第一次代表大会，撤销了毛泽东苏区中央局书记的职务。在大会通过的政治决议中，指责苏区在土地斗争中"犯了富农路线"的错误。中央还在 10 月 10 日给苏区中央局的信中，逐条批评了苏区中央局 8 月通过的有关土地问题决议。接着，按中央要求在全国苏维埃第一次代表会议上，通过了以"地主不分田，富农分坏田"为主要内容的土地法，规定已经分配了土地的各苏区，凡"不合本法令原则的，则须重新分配"。1932 年 2 月 8 日，苏区中央局《关于在粉碎敌人四次"围剿"的决战前面党的紧急任务》中规

---

① 中央档案馆编：《中共中央文件选集》第 7 册，中共中央党校出版社 1991 年版，第 357、361 页。

定：“必须完成查田运动，彻底解决土地问题。”1933 年 2 月 1 日，中央政府土地人民委员部发出第二号训令，号召苏区会昌、石城等八县“重新分田”和“查田”，“限二月内全县田园，必须彻底分好，要使豪绅地主分不到一寸土地，富农分不到一丘好田”。① 6 月 1 日和 2 日，中央工农民主政府和苏区中央局先后发出的《关于查田运动的训令》和《关于查田运动的决议》认为：“差不多占 80% 的面积，群众在二百万以上”的中央区“没有彻底解决土地问题”。某种意义上说，查田运动是否定毛泽东土地革命路线、贯彻王明“左”倾土地政策的产物。

不过，查田运动也是当时土地革命发展过程中的客观需要。《中央局关于查田运动的决议》指出：“为了最后的消灭封建残余势力，彻底的解决土地问题，一般的巩固苏维埃政权，必须开展广泛深入的查田运动。”② 毛泽东在中央革命根据地南部十七县经济建设大会上也说：“只有深入查田运动，才能彻底地消灭封建半封建的土地所有制，发展农民的生产的积极性，使广大农民迅速地走入经济建设的战线上来。”③ 同时，土地分配问题还直接关系到群众动员的实际成效，直接点说，关系到革命军队的兵源。当时，除了个别的先进县区之外，在大多数区和乡中间，都或多或少地存在着一些不良倾向，比如说，“扩红，嘴唇磨破了也没有人去；支前，叫来了这个，跑了那个。一句话，分田没分好。给逃跑的地主还留着田，有些过去收租、放债、雇工，摆架子不干活，又吃好穿好的人，如今钻进我们的组织，摇身一变也成‘贫苦工农’了，给贫苦农民分的田少，还把坏田、中田当好田、上田分给他们。许多人公开不说，背地里有意见”④。“有些中农不满意自己分到的田，在查田中要求收回自己原来的田，或者要求重新分配，而大多数贫农、雇农不愿意交出自己分到的田，因而反对重新分配，结果形成了中农与贫农、雇农

---

① 《红色中华》1933 年 3 月 13 日。

② 《中央局关于查田运动的决议》，载《中央革命根据地史料选编》下册，江西人民出版社 1982 年版，第 485 页。

③ 《毛泽东选集》第 1 卷，人民出版社 1991 年版，第 125 页。

④ 王观澜：《叶坪乡的查田运动》，《星火燎原》1979 年第 2 期，第 249 页。

的矛盾。在当时的条件下，我们只得将分给富农的好田收回来补给中农。如果大多数贫苦农民同意重新分配时，也准许重新分配，以便尽量团结中农，但结果加重了对富农的打击，总难得圆满解决。"① 所以，毛泽东指出："要真正打倒封建势力是件很不容易的事情，还要打破房界、姓界，要反对包庇破坏活动，这场斗争是很激烈的。"② 他还说："依着土地革命发展的经验，农村中阶级斗争的发展是有它的大致的阶段的，就是：一，没收分配土地的阶段；二，检查土地的阶段；三，土地建设的阶段。"③

当然，在中国广大农村地区，由于封建势力根深蒂固，革命初期广大农民的组织性和觉悟性程度不足，党对大范围的土地革命的经验相对缺乏，加上中央苏区长期处于"围剿"和反"围剿"的战争环境中，土地革命的开展不可能不存在一些缺点，这是可以理解的。但中共的政治理想又决定了他们必须尽可能去维护社会公正，提高生产效率，巩固革命政权，等等这些因素综合作用下，开展查田运动就是很正常的了。④

毛泽东领导开展查田运动时，派中央土地人民委员部副部长王观澜带工作队到瑞金叶坪乡做试点工作。叶坪乡有 16 个自然村，2700 多人，是临时中央委员会、中华苏维埃共和国临时中央政府所在地。选择这里作为查田的示范地，自然有着不同寻常的意义。叶坪乡的查田运动试点是在 1933 年 2 月正式开始。在前后 50 多天时间里，共清查出 28 家地主、富农。在运动深入开展的基础上，毛泽东把积极分子逐步充实到党、政、赤卫军、少先队各个组织中去，使贫农团成为运动的主要力量，并健全了党支部，加强了党的领导。查田运动的开展，使长期存在的分田不合理问题得到解决，极大地调动了农民群众的积极性，革命和生产都发生了明显的变化：乡政

---

① 《王首道回忆》，载《湘赣革命根据地》下，中共党史出版社 1991 年版，第 864 页。

② 朱开铨：《回忆查田运动》，《党史研究》1981 年第 1 期。

③ 毛泽东：《查田运动是广大区域内的中心重大任务》，《红色中华》1933 年 6 月 17 日。

④ 有学者认为，当时迫于白区围剿压力，苏区急需扩红，但实际扩红工作开展并不力；在这种情形下，查田运动被寄予是解决这个矛盾的一个重要手段。参见刘洋《"扩红"与"筹款"——发动查田运动的现实原因》，《党史研究与教学》2004 年第 1 期。

府工作逐步走入正轨；成立劳动互助社和犁牛合作社解决劳力和耕牛不足的困难；青年男子踊跃报名参加红军，革命群众踊跃交公粮、送军粮支援前线，出现了支援革命战争的热潮；等等。

叶坪乡查田运动试点工作取得成效后，毛泽东及时进行了总结。他指出："依着土地革命发展的经验，农村中阶级斗争的发展，是有它的大致的阶段的，就是（一）没收分配土地的阶段，（二）检查土地的阶段，（三）土地建设的阶段。"同时，依照三个发展阶段，大致存在三种区域："（一）新发展区域，中心工作是没收与分配土地；（二）斗争深入区域，中心工作是土地建设；（三）斗争比较落后区域，其中心工作才是查田查阶级问题。"他还进一步指出："这些地方的农民群众还没有最广大的发动起来，封建势力还没有最后的克服下去，……还有不少的阶级异己分子在暗藏着、活动着，还有不少的反革命秘密组织，在各地暗中活动破坏革命。"① 他明确提出要在中央苏区这个广大区域内积极推广叶坪乡查田经验，进行普遍的深入的查田运动。王观澜回忆说："我在瑞金叶坪乡搞了查田运动试点，是毛泽东同志指示下搞的。""毛泽东同志亲自来到叶坪乡视察，征求我的意见后，把叶坪乡查田运动的经验推广到三个区（云石山、壬田区、武阳区），后来又推广到全县。"②

6月17日，毛泽东以中华苏维埃共和国临时中央政府主席的身份，主持召开瑞金、会昌、于都、宁化、长汀等八县的查田运动大会。会议在叶坪的政府大厅举行，400多名区以上苏维埃干部参加。毛泽东在会上做了《查田运动是广大区域内的中心重大任务》和《查田运动的第一步——组织上的动员》两个报告。会议通过了《八县查田运动大会所通过的结论》。6月25日至7月1日，毛泽东又在宁都七里坪主持召开了另外8个县的贫农代表大会，会议形成了《八县贫农代表大会决议》，决议提出："我们八县的贫农，应当以查田运动的胜利，彻底地消灭封建残余势力，完成扩大红军8万人，向地主富农筹款80万元，推销经济建设公债300万元，来拥护

① 毛泽东：《查田运动是广大区域内的中心重大任务》，《红色中华》1933年第86期。
② 《回忆中央苏区》，江西人民出版社1981年版，第355页。

第二次全国苏维埃代表大会。"一场声势浩大的查田运动，在中央苏区所辖各县铺开了。随后，毛泽东又发表了《查田运动的群众工作》、《查田运动的初步总结》等文章和报告，指导查田运动。

在一系列报告和文章中，毛泽东比较正确地阐明了查田运动的政策，指出要根据不同地区的土地革命的实际情况，确定工作的中心。在新发展区域，中心工作是"没收与分配土地"；在斗争深入区域，中心工作是"土地建设"，"改良土地发展土地生产"；在斗争落后区域，阶级阵线不清，其中心工作才是"查田查阶级问题"。从中不难发现，毛泽东以坚强的革命意志和崇高的革命理想，致力于使查田运动走上正确的轨道，最大限度地满足人民群众的现实需要。

关于查田运动的方针。毛泽东非常明确地指出：查田运动主要是查阶级，查的就是地主和富农。"查田运动是查阶级，不是按亩查田。按亩查田，要引起群众恐慌，是绝对错误的。""查阶级是查地主富农阶级，查剥削者，查他们隐藏在农民中间而实在不是农民的人，查这些少数人。决不是查中农、贫农、工人的阶级，因此不得挨家挨户去查，挨家挨户去查要引起群众恐慌，是绝对错误的。"①有了这种严格的分别，就可以防止产生把查田看成是再分田的偏差，同时也有利于农民土地所有权的固定，这一方针无疑是正确的。

关于查田运动的阶级路线。毛泽东指出，查田运动的阶级路线是"以工人为领导者，依靠贫农，联合中农，去削弱富农，消灭地主"。为了正确贯彻这个阶级路线，毛泽东着重指出了两点：一是，"在查田的开始，应普遍宣传苏维埃联合中农不侵犯中农的政策"；二是，"富农与地主有区别"，"消灭富农的倾向是错误的，同时不应该把富农成分当做地主待遇"。②事实证明，随后的查田运动中出现的将中农当富农和将富农当地主的错误，就在于没有贯彻好这一条阶级路线。

关于查田运动的方法。毛泽东指出："查田运动是一个剧烈的残酷的阶级斗争，必须发动最广大群众热烈起来参加斗争，形成群众

---

① 《毛泽东文集》第1卷，人民出版社1993年版，第271页。
② 同上书，第269—270页。

运动，才能保障阶级路线的正确执行，才能达到消灭封建残余势力的目的。一切脱离群众的官僚主义命令主义工作方式，是查田运动最大的敌人。"① 毛泽东将查田运动视为一项群众工作来抓，要经过"讲阶级（做宣传）"、"查阶级"、"通过阶级"、"没收分配"等步骤。

从指导叶坪乡的查田运动试点开始，一方面，毛泽东积极主动地去取得经验、摸索方法、形成符合客观实际的政策，另一方面，临时中央已搬到中央苏区，其政策措施不可能不影响查田运动，这就决定查田运动必然呈现十分复杂的情形。比如，临时中央政府颁布的《关于查田运动的训令》，要求在中央苏区内普遍地深入地开展查田运动。训令规定："没收地主阶级的一切土地财产，没收富农的土地及多余的耕牛、农具、房屋，分配给过去分田不够的及尚未分到田的工人、贫农、中农，富农则分与较坏的劳动份地。"这实际上是"地主不分田"、"富农分坏田"。

既然查田运动的主要方向确定在查阶级，毛泽东对此自然非常重视。

毛泽东强调："查阶级之前，一定要经过宣传的阶段，即讲阶级的阶段。不经过公开的普遍的讲阶级就动手去查，要引起群众恐慌，是绝对错误的。"查阶级时，"要发动工会、贫农团的会员及其他群众多数人去查，要群众查了随时报告贫农团与查田委员会。不应该只是少数人去查，少数人去查要引起群众恐慌，是绝对错误的"②。

毛泽东一连说的四个"绝对错误"，说明他对开展查田运动的谨慎。他清楚地意识到：决定阶级成分"是对这个人决定生死的时候，故要十分谨慎。一定要是查清楚了的才能提出去通过"。"不论是一个地主，一个富农，要把他们过去的剥削情形和生活情形查得明明白白。"因而他指出，"如有疑问的，移到下次讨论，此次不要通过"。"如果过去有通过错了的，如把中农当富农，富农当地主，地主当富农，应该推翻原案。要在群众大会上说明过去错误了，现在

---

① 《毛泽东文集》第1卷，人民出版社1993年版，第269页。
② 同上书，第271页。

改正的理由，取得群众的满意。""如果将错就错，不肯改正，那是完全不对的。"①

尽管如此，查田运动仍然出现了"左"倾错误。有的把仅仅轻微放债，收几担谷租，而极大部分是靠劳动过活的中农划成富农；有些甚至完全没有剥削别人，仅仅是多有几十担田、山，生活比较富裕的中农，也当成富农；还有的把做了二三十年长工或手艺的雇农、工人，仅放几百毫子债、收了几担租谷，也当高利贷没收。有的地方专门查中农，说中农中间最容易隐藏富农，结果造成中农恐慌、人人自危的局面。在查阶级时，有的查到二三代，甚至三四代的，因而将其某些贫农搞成破产地主而没收其土地财产，开除工作、党籍之事。最极端的情况是，有的贫农"查成份查了他七代，结果划成了地主"②。

归根到底，这些"左"的现象的出现，是由于对农村阶级成分划分问题上缺乏正确的、具体的标准。为此，毛泽东在大量调查研究的基础上写成《怎样分析农村阶级》一文，并主持制定《关于土地斗争中一些问题的决定》。1933 年 10 月 10 日，临时中央政府予以公布，同时发布中华苏维埃共和国临时中央政府人民委员会命令，明确规定在这"以前各地处置之阶级成分不合本决定者，应即依本决定予以变更"③。这两份文件形成了比较正确的农村阶级分析方法，对于纠正"左"的倾向具有积极意义。

一是地主成分的界定。毛泽东指出，地主的基本特点是"占有土地自己不劳动，或只有附带的劳动，而靠剥削农民为生的"。地主的剥削方式，主要的是收取地租，但也或兼放债，或兼雇工，或兼营工商业。毛泽东还指出以下情况也属于地主行列：（1）过去是地主，目前已破产，但仍不劳动，依靠欺骗、掠夺或亲友接济等方法为生，而且其生活状况超过普通中农，这类人仍算地主。（2）帮助

---

① 毛泽东：《查田运动的群众工作》（1933 年 6 月 14 日），《斗争》1933 年第 32 期。

② 刘洋：《"扩红"与"筹款"——发动查田运动的现实原因》，《党史研究与教学》2004 年第 1 期。

③ 中央档案馆编：《中共中央文件选集》第 9 册，中共中央党校出版社 1991 年版，第 547 页。

地主收租管家，依靠地主剥削农民为主要的生活来源，其生活状况超过普通中农的一些人，应和地主一例看待。（3）依靠高利贷剥削为主要生活来源，其生活状况超过普通中农的人，称为高利贷者，应和地主一例看待。（4）军阀、官僚、土豪、劣绅是地主阶级的政治代表，是地主中特别凶恶者。富农中一些较少的土豪、劣绅，都属于地主。

二是对富农成分的界定。毛泽东认为富农一般占有土地。但是，也有以下情况：自己占有一部分土地，另租入一部分土地的；自己全无土地，全部土地都是租入的。富农一般都拥有比较优裕的生产工具和活动资本，自己参加农业生产劳动，但又经常地依靠剥削为其生活来源的一部或大部。这种剥削方式，主要是剥削雇佣劳动（比如说，请长工），许多富农的剥削收入在其全部收入中并且是主要的，其频率又是"经常的"。此外，富农或兼以部分土地出租收取地租，或兼放债，或兼营工商业。

三是对中农成分的界定。大多数中农都占有土地。有的中农只占有一部分土地，另租入一部分土地；也有的中农没有土地，全部土地都是租入的。中农的生活来源全靠自己劳动，或主要靠自己劳动。正因为中农的这些特点，这一群体一般不剥削别人，甚至于许多中农还要受别人小部分的租债利等剥削。需要说明的是，中农一般不出卖劳动力。实际上，有的富裕中农对别人有轻微的、非经常的剥削。

四是对贫农成分的界定。贫农拥有少量土地，有的甚至没有土地，一般都须租入土地进行耕种，受人地租、债利和小部分雇佣劳动的剥削。特别要指出的是，是否出卖劳动力，是区别中农和贫农的主要标准。毛泽东明确指出，"中农一般不要出卖劳动力，贫农一般要出卖小部分的劳动力，这是区别中农和贫农的主要标准"。

文件在规定上述原则的基础上，还具体明确了地主和富农、富农和富裕中农的划分。

一是区分地主和富农。文件将是否参加劳动作为区别地主和富农的主要标准。富农参加劳动，地主不参加劳动或只有附带劳动。文件规定，在普通情形下，全家有一人每年有三分之一时间从事主要的劳动，叫作有劳动。全家有一人每年从事主要劳动的时间不满三分之一，或每年虽有三分之一时间从事劳动但非主要的劳动，均叫作有附带劳动。文件还指明了主要劳动和非主要劳动的性质。前者是指从事生产上主要工作部门的劳动，如犁田、莳田、割禾及其他生产上之重要劳动事项。但不限在农业生产方面，如砍柴、挑担及做其他重要劳动工作，都是主要劳动。后者是指各种辅助劳动，在生产中仅占次要地位者，如帮助耘草，帮助种菜，照顾耕牛等。构成地主成分的时间标准，以暴动时为起点，向上推算，连续过地主生活满二年者，即构成地主成分。文件还对一些特殊情况做了说明：（1）剥削地租债利的数量很大，如收租百担以上，或放债大洋千元以上，而家中人口不多，消费不大，即使家中有人从事劳动四个月以上，仍划为地主；如人口甚多，消费甚大，则虽有百担租或千元债，只要有人从事主要劳动，仍不是地主而是富农。（2）过去是富农或中农的但在暴动前数年因死亡或疾病原因，突然丧失劳动力而出租土地请人耕种的，仍按原成分划。（3）对名为地主，但无土地权，剥削收入极少或生活不如贫农的，可以划为富农或贫农。（4）在暴动前二年遇特别机会突然致富，成为地主，应没收其土地，但应划为富农。

二是区分富农和富裕中农。首先明确的是，富裕中农不是富农，是中农的一部分。富裕中农与其他中农不同的地方，在于富裕中农对别人有轻微剥削，其他中农则一般无剥削。所谓轻微剥削，是指雇牧童，或请零工，或请月工，或有少数钱放债，或放少数典租，或收少数学租，或有少数土地出租等。但所有这些剥削，在其全家生活来源上不占着重要的成分，即不超过15%。而其全家主要生活来源，是依靠自己的劳动。具体的剥削量以不超过其全家一年总收入的15%为限。在某些特殊情形之下，剥削收入虽超过全家一年总收入的15%，但不超过30%，而群众不加反对者，仍以富裕中农论。所谓某些特殊情形，是指剥削分量虽超过15%，但家庭人口多，劳力少，生活并不富裕，更有遭遇水旱灾荒，或逢疾病死丧，反而转向困难者。不属于上述情况者，则明确为富农。在时间上看，应以暴动为计算剥削时间的起点，连续剥削三年以上，其剥削量持续在 15% 以上，划为富农；剥削时间只有二年或剥削量没有连续在 15% 以上，中间有空隔的则划为中农。文件还特别指出，富裕中农在农村中占相当的数量，查田运动中，许多地方把他们当作富农处置，这是不正确的。各地发生的侵犯中农事件，多半是侵犯了富裕中农，应该即刻改正。

毛泽东起草的上述两份文件虽然不可能完全纠正"左"倾土地政策，但它较明确地规定要以区别劳动与附带劳动作为富农与地主的分界，要以计算剥削时间和剥削分量作为划分富裕中农和富农的标准，从而使几个较难区分的阶级的划分有章可循、有据可依。总体上看，这两个文件是符合农村阶级状况和根据地土地斗争实际的，因而也得到了广大干部和群众的拥护。对纠正查田运动中的"左"倾错误起了重要指导作用。1933 年 11 月初，负责苏区工会工作的刘少奇主持召开了中央苏区农业工会 12 县农业工会查田大会，贯彻落实这两份文件。到会的 570 多个农业工会支部主任，根据这两个文件的精神，讨论怎样分析阶级的问题。会议强调了"在中央政府新的决定之下，来纠正过去查田运动中的一些错误"。会议要求："工会应用一切办法协助政府来重新审查以前所通过的阶级成份，工会支部主任与贫农团主任并须负责签字证明阶级成份调查表上所列各项的实在。同时工会要进行许多群众工作，在自己的会员大会上，在贫农团会议上，来解释中央政府对于阶级的新的决定，对于那些弄错了阶级的中农、贫农、工人，尤其要向他们解释清楚，鼓励他们来拥护中央政府，并按照正确的手续变更他们的阶级成份，但在这里要严格的防止真正的地主富农利用我们过去的错误来反攻。"①各地也以这两份文件为主要依据，对错划的成分开始进行更正。如胜利县纠正错划为地主富农成分的 1300 多家，会昌县踏巡区纠正错划为地主富农成分的 57 家，西江县 3 个区纠正了错划为地主富农成分的 154 家。

可是，1934 年 1 月在瑞金召开了党的六届五中全会提出了在全党"集中火力反对主要危险的右倾机会主义"，并严厉地批评毛泽东

---

① 《刘少奇论工人运动》，中央文献出版社 1988 年版，第 165 页。

等执行的土地革命路线为"富农路线"。接着，在召开的全国苏维埃第二次代表大会上撤换了毛泽东中央政府人民委员会主席的职务。1934 年 3 月 15 日，新的人民委员会发布了第一号训令——《关于继续开展查田运动的问题》，指责毛泽东主持制定了《关于土地斗争中一些问题的决定》以后，"各地查田运动中又发生了许多严重的问题，许多地方苏维埃政府竟抛弃了继续开展查田运动的工作，而忙于纠正过去在查田运动中甚至在查田运动前的一些过左的错误，并且给了地主、富农以许多反攻的机会，地主、富农也利用《决定》中一些条文大肆活动，企图拿算阶级来代替查阶级，拿数字的玩弄，来夺回他们过去所失去的土地与财产"。并声称"必须坚决打击以纠正过去'左'的倾向为借口，而停止查田运动的右倾机会主义，开展查田运动依然是目前的中心工作。右倾机会主义是目前的主要危险"。训令还重新规定"不论地主、富农提出任何证据，不得翻案，已翻案者作为无效"，"地主、富农利用决定上的任何条文作为翻案的武器必须防止，他们的一切反革命活动应该受到最严厉的苏维埃法律的制裁"。

上述训令发出以后，中央政府人民委员会派了一批批干部下去各地贯彻推行，查田运动再次划向"左"的错误轨道向前迈步。胜利县在 20 多天中，在改变阶级成分的 1512 家中，划为"翻案的地主富农"的有 890 家，并新查出地主、富农 83 家；[①] 博生县 15 天中，新查出地主富农 40 家；[②] 西江县的洛口区，仅在 3 天内就查出地主富农 11 家，砂星、高陂两区，"只在那里开了一次群众大会，将已改的阶级又翻过来了"[③]。

由于查田运动对地主富农实行"左"倾错误政策，并且主观主义地扩大地主富农成分，把贫农、中农当作地主富农，严重侵犯中农以至贫农的利益，还伤害了许多干部，致使人心惶惶，群众生产积极性大受影响。人们怕上升为富农、地主，拼命吃穿，无意扩大

---

① 高自立：《继续查田运动的初步检查》，《红色中华》1934 年 5 月 7 日。
② 《江西查田运动情报》，《红色中华》1934 年 5 月 7 日。
③ 《西江检举运动初步检查》，《红色中华》1934 年 5 月 11 日。

生产，有的地方甚至出现群众成批外逃避风的现象。① 错误的政策大大地挫伤了农民群众的生产积极性，破坏了农村生产力。据《红色中华》记载，仅 1934 年 6 月，荒田"不下十二万担"②。这是在革命战争严峻的形势下，对于地处四面围困的中央苏区来说，是十分不利的。

综上所述，我们可以看出，在查田运动中，毛泽东与当时"左"倾错误所采取的政策是不一样的。查田运动指导委员会主席王观澜回忆说："对查田运动，毛泽东同志从来就是主张争取 95% 以上的人，地主也要分田，富农的财物不动，多余的部分（房子、田地）分给农民；不超过 25% 剥削的不划富农；保护地主兼营工商业，以缩小打击面，缩小敌人的队伍，争取和扩大团结力量；王明却相反，主张地主不分田，把地主扫地出门，富农分坏田，没收富农财产；侵害中农利益。"③

---

① 参见《红色中华》1934 年 3 月 24 日第 166 期、1934 年 4 月 14 日第 175 期。

② 《红色中华》1934 年 6 月 9 日。

③ 王观澜：《关于查田运动的一些回忆》，转引自《回忆中央苏区》，江西人民出版社 1981 年版，第 323 页。

第三部分

出路：独创性探索与崭新开局

第一章　减租减息

抗日战争时期的减租减息，是以毛泽东为代表的中国共产党人根据中日民族矛盾成为中国社会主要矛盾的特殊情况，为团结地主阶级和国民党一致抗日所实行的一种抗日民族统一战线的土地政策。[①] 这一土地政策调动了广大农民的生产积极性，促进了根据地农业的恢复和发展，在激发广大农民阶级意识和斗争意识的同时也缓和了农村的阶级对立与阶级矛盾，巩固和发展了抗日民族统一战线，使农村土地关系及阶级关系发生了一定变化，为进一步解决土地问题创造了有利条件。

早在大革命时期，毛泽东主持第六届农民运动讲习所时，在所进行的农民问题研究的 36 个项目中，就有抗租减租一项。1926 年12 月，在出席湖南省第一次农民代表大会期间，毛泽东参加了议案起草委员会，会议通过的 40 个决议案中就有《地租问题决议案》和《取缔高利贷决议案》。决议案规定，将原来占产量 50% 至 80% 的地租减低 5% 至 30%；对于农村借贷，规定年利率不得超过 20%。

日本帝国主义对中国的侵略，变动了中国的阶级关系，不仅广大的工人、农民、小资产阶级积极起来抗战，民族资产阶级和大资产阶级中的开明士绅，也都有了抗日的要求。代表大地主大资产阶级利益的蒋介石集团，随着英美态度的变化和其代表的阶级利益受

---

① 关于这一思想，《中共中央关于如何执行土地政策决定的指示》也有过类似的论述：减租减息政策"都是为着拆散地主资产阶级与敌人及顽固派的联合，争取地主资产阶级的大多数站在抗日民主政权方面，而不跑到敌人与顽固派方面去，跑去了的，也可以争取回来"。参见中央档案馆编《中共中央文件选集》第 13 册，中共中央党校出版社 1991 年版，第 295 页。

到分割，也转向抗战。中日民族矛盾的持续激化，在政治比重上，降低了国内阶级之间的矛盾和政治集团之间的矛盾的地位，使它们降至附属地位，并服从于抗日战争的需要。因此，建立广泛的统一战线去反抗日本帝国主义的侵略无疑是中华民族的根本利益所在。

随着形势变化而转变自己的政策和策略，是马克思主义辩证唯物主义的态度。因而，科学分析政治形势就成为一项十分重要的工作。毛泽东在 1937 年 5 月 2 日至 14 日在延安召开的中国共产党全国代表会议上对中国面临的政治形势和党的政策进行了分析。[①]

毛泽东首先指出："由于中日矛盾成为主要的矛盾、国内矛盾降到次要和服从的地位而产生的国际关系和国内阶级关系的变化，形成了目前形势的新的发展阶段。"[②] 他对此做了比较深刻的分析：中国很久以来就是处在两种剧烈的基本的矛盾中——帝国主义和中国之间的矛盾，封建制度和人民大众之间的矛盾。但是，1931 年九一八事变特别是 1935 年华北事变以来的形势，使中国社会矛盾的特点发生了变化。即：由一般帝国主义和中国的矛盾，变为特别突出特别尖锐的日本帝国主义和中国的矛盾。而中日民族矛盾的发展，在政治比重上，降低了国内阶级间的矛盾和政治集团间的矛盾的地位，使它们变为次要和服从的东西。毛泽东指出，在这种政治形势的特点下，"为了停止国内的武装冲突，共产党愿意停止使用暴力没收地主土地的政策，而准备在新的民主共和国建设过程中，用立法和别的适当方法去解决土地问题。中国土地属于日本人，还是属于中国人，这是首先待解决的问题。既是在保卫中国的大前提之下来解决农民的土地问题，那末，由暴力没收方法转变到新的适当方法，就是完全必要的"[③]。这里所说的"立法和别的适当方法"实际上即是随后采取的减租减息政策。

---

① 1937 年 5 月 15 日，在延安与美国记者韦尔斯谈话。回答她提出的关于国共合作、阶级斗争、争取民主、准备抗战等问题。毛泽东说："对农民应减租减税，关于土地问题应以立法及其他适当手段解决。"参见中共中央文献研究室编《毛泽东年谱》上卷，中央文献出版社 2013 年版，第 677—678 页。

② 《毛泽东选集》第 1 卷，人民出版社 1991 年版，第 252 页。

③ 同上书，第 260 页。

　　基于上述认识，中国共产党的土地革命政策逐步从"没收地主土地"向"减租减息"政策转变。

　　早在 1937 年 2 月 10 日，中共中央致国民党三中全会电及 15 日对电文的宣传解释大纲指出：为了团结全国一致抗日之目的，愿意向国民党及全国保证：停止没收地主土地的政策，实行抗日民族统一战线之共同纲领，为民族的阶级的利益服务，为抗日民族革命战争的全部胜利而斗争。① 这意味着中国共产党没收地主土地分配给农民的土地政策已经开始发生变化。

　　日本帝国主义发动全面侵华战争后不久，"为着取消敌人的阴谋之借口，为着解除一切善意的怀疑者之误会"，7 月 15 日，在由中国共产党起草的交给国民党中央的国共合作宣言中关于土地问题提出"取消一切推翻国民党政权的暴动政策及赤化运动，停止以暴力没收地主土地的政策"②。同月，党中央机关刊物《解放周刊》发表署名凯丰的《抗日民族统一战线阶段上的农村革命政纲》一文中提出，"抗日民族统一战线阶段必须求得农村问题合理的解决"，作者给出的理由是，"抗日战争如果不吸引占中国人口百分之八十以上的农民参加，是不可能胜利的"。为此提出的农村改革政纲中有"规定减租至最低限度"、"没收汉奸卖国贼之土地分给无地少地的农民"、"整理农民债务，禁止高利盘剥"、"修改土地法便于农民有利，规定最高限度的地租，保障农民有永久佃租他所耕种的土地之权"、"修改土地法，使于农民有利，规定最高限度的地租，保障农民有永久佃借他所耕种的土地之权"等。③

　　7 月 23 日，毛泽东提出的中国共产党对抗战的八项主张中，第五项便包括"地租的减少，高利贷的限制"④ 等。

　　8 月 1 日，中共中央发出《关于南方各游击区域工作的指示》。该指示分析了抗日战争开始以后的国内形势，对取消苏维埃制度、

---

　　① 中央档案馆编：《中共中央文件选集》第 11 册，中共中央党校出版社 1991 年版，第 157—161 页。

　　② 《周恩来选集》上卷，人民出版社 1980 年版，第 77 页。

　　③ 《中国土地改革史料选编》，国防大学出版社 1988 年版，第 2—3 页。

　　④ 《毛泽东选集》第 2 卷，人民出版社 1991 年版，第 347 页。

停止没收地主土地、改变红军番号和加强党的组织与群众工作等做了原则说明，在"土地问题"工作中指出："停止没收地主土地财产，注意改善群众的日常生活……如增加工人雇农的工资，改良待遇，减租、减息、减税"，完整提出了减租减息问题。①

1937年8月22日至25日，中共中央政治局在陕北洛川召开会议，通过了《关于目前形势与党的任务的决定》。会议根据毛泽东同志的提议，制定了著名的抗日救国十大纲领。纲领的第七条即"改良人民生活"中，明确提出了"减租减息"。这是中国共产党第一次用纲领的形式正式确定了减租减息政策为党在抗战时期的土地政策。

减租减息的政策明确了，重要的是贯彻和执行。

宣传发动阶段：从1937年8月至1939年11月。

在这段时间，毛泽东提出了贯彻减租减息的一些原则和方法。例如，这减租减息等改善民众生活的措施，应在坚持统一战线的基本原则前提之下。1937年11月9日，毛泽东给朱德、彭德怀的电报中说：八路军"应在统一战线基本原则下，放手发动人民，废除苛杂，减租减息"②。

毛泽东还指出："地主应该减租减息，同时农民应该交租交息，团结对外"，这"是互助的原则和方针，是积极的方针，不是消极的片面的方针"。③ 这是减租减息政策的基本原则。它说明，抗战时期党的土地政策应该包括减租减息和交租交息两方面的内容。对地主而言，实行减租减息，虽然是削弱了封建剥削，但是地主还可以得到一定的经济利益，大多数地主是能够接受的。对农民而言，实行交租交息，虽然还保留着封建剥削，但是比原来的封建剥削已经减轻了，农民的生活可以得到适当的改善，因此，广大农民也能够接受。由此可见，中国共产党实行的是地主减租减息，农民交租交息

---

① 中央档案馆编：《中共中央文件选集》第11册，中共中央党校出版社1991年版，第300—301页。

② 中共中央文献研究室编：《毛泽东年谱》中卷，中央文献出版社2013年版，第38页。

③ 《毛泽东选集》第2卷，人民出版社1991年版，第357页。

"两重性的政策"。前者可以使农民受惠，后者可以使地主得益。这样，既可以发动农民积极参加抗战，又可以使地主为抗日出力。①

全面抗战爆发后，中国共产党领导的八路军、新四军挺进敌后，开辟敌后战场，相继开辟了华北、华中等抗日根据地。各抗日根据地按照抗日救国十大纲领的规定，先后制定和颁布了一些条例和法令，宣布实行"二五"减租（即按原租额减去25%，也称"四一减租"）和"分半减息"或"一分减息"（即年利最高不得超过15%或10%）。还规定，减租，是减以后的，一般不论何种租佃形式，均按战前原租额减去25%，多年的欠租免交；减息，是减以前的，战前成立的借贷关系都分半减息。现行利息则以不允许超过社会借贷关系许可的程度为限。

洛川会议以后，随着敌后抗日根据地的建立，减租减息政策开始实行起来。1938年2月10日，晋察冀边区颁布了《减租减息单行条例》，规定地主的土地收入一律照原租额减少25%；钱主之利息收入年利率一律不准超过1%。②晋冀鲁豫边区各地也先后做出了"二五减租"和"分半减息"的规定。但是，由于这一时期各抗日根据地还处于初创时期，根据地还不巩固，地方党和政府都忙于战争，大部分旧政权还没有得到改造。因此，这一阶段的工作重点是颁布法令、宣传号召、酝酿执行等。极少数执行了地区，则主要是政府和群众团体的领导机关，利用行政方式推行，农民群众却没有发动起来，地主则抗拒破坏，有的阳奉阴违。因此，农民在减租减息之后，有的甚至暗地又将减下的租息送回给地主。总之，各抗日根据地，由于没有切实贯彻减租减息的政策，"实际上穷人所纳的租

---

① 毛泽东在党的"七大"上所做的《论联合政府》的政治报告批评了反对减租减息的观点，指出："背叛孙先生的人们不但反对'耕者有其田'，连减租减息也反对。国民党政府自己颁布的'二五减租'一类的法令，自己不实行，仅仅我们在解放区实行了，因此也就成立了罪状：名之曰'奸区'。……在抗日期间，减租减息及其他一切民主改革是为着抗日的。为了减少地主对于抗日的阻力，只实行减租减息，不取消地主的土地所有权，同时又奖励地主的资财向工业方面转移，并使开明士绅和其他人民的代表一道参加抗日的社会工作和政府工作。对于富农，则鼓励其发展生产。所有这些，是在坚决执行农民民主改革的路线里包含着的，是完全必要的。……口称赞助农民，但不坚决实行减租减息、武装农民和建立农村民主政权，这是机会主义者的路线。"

② 《中国土地改革史料选编》，国防大学出版社1988年版，第9页。

税、利息和负担没有得到应有的减轻"①。

由于这一时期各抗日根据地处于初创时期，根据地还不巩固，地方党和政府都忙于战争，大部分旧政权还没有得到改造，加之，"在中国社会，长期以来农民的头脑中一直缺少'阶级'、'剥削'等革命意识形态必备的概念"，认识不到地主剥削的不合理性。② 因此，这一阶段的工作重点是发布号召、指示、布告等，进行宣传发动。

初步贯彻阶段：从 1939 年 11 月至 1941 年年底。

抗日战争进入相持阶段后，日本帝国主义将其主要兵力用于进攻敌后抗日根据地；国民党顽固派也加紧了反共摩擦，于 1939 年年底发动了第一次反共高潮。因此，敌后抗日根据地的斗争日益残酷和困难。在这种情况下，为了克服时局危机，就必须进一步发动农民群众，启发其阶级觉悟和阶级意识，树立贫雇农、中农在农村政治上的优势，以坚持和巩固敌后抗日阵地。

1939 年 10 月 10 日，中共中央发出了毛泽东起草的《目前形势和党的任务》的决定，指出"实行激进的有利于广大抗日民众的政治改革和经济改革"，"任何与此相反的方针，都是绝对错误的"。③

1939 年 11 月 1 日，中共中央政治局举行会议，讨论制定《关于深入群众工作的决定》。在讨论这个草案时，毛泽东发言指出：党有很大的发展，党与群众有好的联系，但党内也有脱离群众的现象。许多共产党员不知道脱离群众是一种罪恶。这个决定必须阐明：其一，党要进一步地依靠群众，当前克服投降危险更需要发动群众。其二，党在国民党统治区的群众工作，要与国民党左派人士联合，要有步骤并要有长期深远的计划，要以群众工作的好坏作为判断党的工作好坏的主要条件。其三，在八路军、新四军活动区域的群众工作，要实行减租减息减税，废除高利贷；群众团体要坚持照顾最大多数及发扬民主的原则，军队的政治委员和政治机关要帮助地方

---

① 彭德怀：《巩固敌后根据地》，《解放》1939 年第 10 期，第 87 页。
② 徐建国：《华北抗日根据地减租减息运动中"斗争"模式分析》，《中共党史研究》2011 年第 6 期。
③ 《毛泽东选集》第 2 卷，人民出版社 1991 年版，第 616、617 页。

群众工作。其四，群众工作是克服投降危险的决定性条件，同时是巩固党的重要条件，经过群众斗争锻炼的党才是巩固的。① 会议通过的决定中，毛泽东的意见得到了贯彻。

会后，中共中央给各抗日根据地党的领导机关发出了上述《关于深入群众工作的决定》。《决定》强调指出，共产党必须进一步依靠群众，必须深入群众工作，才能克服投降与反共危险，巩固统一战线，争取继续抗日。《决定》要求各级党部立刻纠正忽视下层群众工作、对深入群众工作缺乏讨论与指导的错误现象。《决定》还要求在八路军、新四军活动区域，必须实行激进的有利于广大抗日民众的经济改革与政治改革；在经济改革方面，必须实行减租减息、废止苛捐杂税与改良工人生活。凡已经实行的，必须检查实行程度，凡尚未实行的必须毫不犹豫地立即实行。

根据中央的指示精神，各抗日根据地陆续展开了贯彻落实减租减息政策的工作。通过实行减租减息，使各抗日根据地得到了巩固并取得了一定的成绩。根据 1942 年 2 月 11 日《解放日报》载：晋察冀边区，据农救会 1940 年 6 月的不完全统计，北岳区第一、二、三、五专区，减租 12290 石，减息 320600 元，因清理旧债农民收回"未死"之抵押地 64906 亩。

但是，在具体执行中出现了一些"左"的偏向。如华北一些地区，一些群众不交租不交息，乱打、乱杀、乱罚、乱没收等现象时有发生。在晋东南，不仅分配了许多逃亡地主的土地，甚至假"黑地"或汉奸之名，"没收和分配了某些地主富农的土地"。据不完全统计，在 13 个县中共分了 17700 余亩"黑地"，强借了地主、富农20340 余亩土地。

为了纠正党内发生的"左"的偏向，1940 年年初毛泽东为中共中央写了几个形势和政策的决定，3 月间又在延安党的高级干部会议上做了《目前抗日民族统一战线中的策略问题》的报告。12 月 13 日，毛泽东为中共中央书记处起草致中原局并告北方局、山东分局、

---

① 中共中央文献研究室编：《毛泽东年谱》中卷，中央文献出版社 2013 年版，第 144—145 页。

东南局、南方局、南委的电报中明确指出："土地政策应实行部分的减租减息，以争取基本农民群众，但不要减得太多，不要因减息而使农民借不到债，不要因清算旧债而没收地主土地，同时应规定农民有交租交息之义务，保证地主有土地所有权，富农的经营原则上不变动。要向党内及农民说明，目前不是实行土地革命的时期，避免华北方面曾经发生过的过左错误。"① 12 月 25 日，毛泽东在《论政策》的党内指示中再次强调："关于土地政策。必须向党员和农民说明，目前不是实行彻底的土地革命的时期，过去土地革命时期的一套办法不能适用于现在。现在的政策，一方面，应该规定地主实行减租减息，方能发动基本农民群众的抗日积极性，但也不要减得太多。地租，一般以实行二五减租为原则；到群众要求增高时，可以实行倒四六分，或倒三七分，但不要超过此限度。利息，不要减到超过社会经济借贷关系所许可的程度。另一方面，要规定农民交租交息，土地所有权和财产所有权仍属于地主。不要因减息而使农民借不到债，不要因清算老账而无偿收回典借的土地。"打退国民党第二次反共高潮以后，中共中央又明确指出：各根据地必须坚决地执行《论政策》的指示，"加强党内的策略教育，纠正过左思想，以便长期地不动摇地坚持各抗日民主根据地"②。

1941 年 5 月 1 日，《新华日报》发表了经中共中央政治局批准的《陕甘宁边区施政纲领》，其规定："在土地已经分配区域，保证一切取得土地的农民之私有土地制，在土地未经分配区域保证地主的土地所有权，惟须减低佃农租额及债务利息，佃农则向地主交给一定的租额，债务人须向债主交纳一定的利息，政府对租佃关系及债务关系加以合理的调整。"③ 这就把中央提出的抗日时期土地政策具体化了，表明转变后的土地政策在各根据地正在贯彻执行。

在党中央的正确领导下，"左"的错误得到了克服，减租减息得到进一步的发展。1942 年 2 月，《中共中央关于如何执行土地政策

---

① 中共中央文献研究室编：《毛泽东年谱》中卷，中央文献出版社 2013 年版，第 241 页。

② 《毛泽东选集》第 2 卷，人民出版社 1991 年版，第 779 页。

③ 《陕甘宁边区施政纲领》，《新华日报》1941 年 5 月 1 日。

决定的指示》中曾指出，"各地过去在执行土地政策中所发生的过左错误，大体已经纠正"①。

深入贯彻和全面铺开阶段：1942年1月至1943年秋。

1942年1月28日，党中央根据各地贯彻减租减息政策中存在的问题进行了总结，指出减租减息的土地政策"在许多根据地内还没有普遍的认真的彻底的实行。在有些根据地内，还只在一部分地方实行了减租减息，或则还只把减租减息当作一种宣传口号，既未发布法令，更未动手实行。或则虽已由政府发布了法令，形式上减了租息，实际并未认真去做，发生了明减暗不减的现象"。等等，在认真总结经验教训的基础上，做出了《关于抗日根据地土地政策的决定》，对减租减息政策的各项具体方针政策做了明确规定，并重申"党在抗日根据地实行的土地政策，是抗日民族统一战线的土地政策，也就是一方面减租减息，一方面交租交息的政策"②。毛泽东在讨论这个决定的中共中央政治局会议上指出："现在解决土地问题必须保存一部分封建性，不使地主跑到敌人方面去。实行这个政策，是破坏敌人统一战线的最好办法。土地政策，研究了好几个月了，是我党以前未曾有过的决定。凡事不要轻易决定，决定只是已经成熟了的事情。"③

这个决定确定了减租减息的三条基本原则，即：承认农民是抗日与生产的基本力量，党的政策是扶助农民，减轻地主的封建剥削，实行减租减息，保证农民的人权、政权、地权、财权，借以改善农民的生活，提高农民抗日与生产的积极性；承认地主的大多数是有抗日要求的，一部分开明士绅是赞成民主改革的，党的政策仅是减轻封建剥削，而不是消灭封建剥削，更不是打击赞成民主改革的开明士绅，故于减租减息之后又须交租交息，保障地主的人权、政权、地权、财权，借以联合地主一致抗日；承认富农是农村中的资产阶

---

① 中央档案馆编：《中共中央文件选集》第13册，中共中央党校出版社1991年版，第297页。

② 同上书，第280页。

③ 中共中央文献研究室编：《毛泽东年谱》中卷，中央文献出版社2013年版，第358—359页。

级，是抗日与生产的不可缺少的力量，其生产方式带有资本主义性质，在现时是比较进步的，因此不是削弱资本主义与资产阶级，不是削弱富农阶级与富农生产，而是在适当地改善工人生活条件之下，同时奖励资本主义生产与联合资产阶级，奖励富农生产与联合富农。因富农有一部分封建剥削，故对富农的租息也必须照减，同时须实行交租交息，并保障富农的人权、政权、地权、财权。这三项基本原则，阐述了减租减息政策的三个有机组成部分，即减租减息，交租交息和奖励富农生产。它揭示了在抗日战争中农村各个阶级在抗日斗争和发展生产上的地位和作用，以及实行减租减息政策的历史依据。

为了贯彻落实上述决定，党中央综合各地经验，颁布了《关于地租及佃权问题》、《关于债务问题》和《关于若干特殊土地处理问题》三个附件，并要求"各地应即公布，广为宣传，认真实行"①。2月4日，党中央还向党内发出了《中共中央关于如何执行土地政策决定的指示》，进一步阐明了中央决定的基本精神，即"先要能够把广大农民群众发动起来，如果群众不能起来，则一切无从说起。在群众真正发动起来后，又要让地主能够生存下去。所以在经济上只是削弱（但一定要削弱）封建势力，而不是消灭封建势力，对富农则是削弱其封建部分而奖励其资本主义部分"②，并就若干具体政策进行了重大调整。在上述决定和党内指示指引下，各抗日根据地掀起抗战以来减租减息运动的第一个高潮。如晋察冀根据地在1942年3月19日颁布了《农民土地斗争纲领》，除了重申"四一减租"和保护佃权外，还规定游击区的租额可根据情况定为20%、15%或10%。华中各抗日根据地也从本地实际出发，制定了关于土地政策方面的条例，苏中区在1942年夏收中有32648户实行了减租，减租田亩为865640亩，佃户通过减租多得粮食27230石；苏南区62个乡共减租稻130万公斤。到1943年，各战略区的中心地区减租农户达到85%，边缘地区和游击地区减租农户达到40%—50%。需要指

①　中央档案馆编：《中共中央文件选集》第13册，中共中央党校出版社1991年版，第299页。

②　同上书，第295页。

出的是，囿于客观因素的限制，减租减息政策在减租方面取得了较大成绩，减息却存在着执行不力的现象。比如在华中根据地，据材料显示："我党减租减息政策执行，仅在减租政策是得了相当的成绩，但是在减息政策上是仅在文字上的表现。""恐怕在今天的农村中，高利贷一般都是相当严重。"①

此外，毛泽东非常注意向外界宣传党的减租减息政策。例如，1942 年 7 月 9 日，毛泽东到延安交际处看望晋西北士绅参观团，对诸士绅提出来的问题，一一做了详细解答，畅谈了五个小时。当中，毛泽东详细说明减租减息及交租交息政策在中国实施之必要，指出这对于农民和地主都有好处。②

开展"查减运动"，掀起减租减息第二次高潮阶段：1943 年秋至抗日战争胜利。

1943 年秋，中共中央政治局总结了过去一年多来的减租减息等工作，通过了毛泽东起草的《中共中央政治局关于减租、生产、拥政爱民运动及宣传十大政策的指示》。指示明确要求："秋收已到，各根据地的领导机关必须责成各级党政机关检查减租政策的实行情况。凡未认真实行减租的，必须于今年一律减租。减而不彻底的，必须于今年彻底减租。"指示强调推广先进经验，带动落后地区的减租运动，要求"党委应即根据中央土地政策和当地情况发出指示，并亲手检查几个乡村，发现模范，推动他处"，同时，"应在报纸上发表关于减租的社论和关于减租的模范经验的报道"。指示继续强调发动农民群众的重要性："减租是农民的群众斗争，党的指示和政府的法令是领导和帮助这个群众斗争，而不是给群众以恩赐。凡不发动群众积极性的恩赐减租，是不正确的，其结果是不巩固的。在减租斗争中应当成立农民团体，或改造农民团体。政府应当站在执行减租法令和调节东佃利益的立场上。现在根据地已经缩小，我党在根据地内细心地认真地彻底地争取群众、和群众同生死共存亡的任

---

① 江苏省财政厅、江苏省档案馆财政经济史编写组合编：《华中抗日根据地财政经济史料选编》第 2 卷，档案出版社 1986 年版，第 442、448 页。

② 中共中央文献研究室编：《毛泽东年谱》中卷，中央文献出版社 2013 年版，第 392—393 页。

务，较之过去六年有更加迫切的意义。今秋如能检查减租政策的实施程度，并实行彻底减租，就能发扬农民群众的积极性，加强明年的对敌斗争，推动明年的生产运动。"①《解放日报》于10月1日发表了这一指示。同一天，毛泽东为中共中央宣传部起草致各中央局、中央分局并转各区党委电中强调：上述指示"应在军队及党政民各方面广作宣传，并当作上课材料"②。

根据上述指示，各根据地在1943年秋冬派出工作队下乡，访贫问苦，帮助农民算剥削账，提高了农民要求减租减息的主动性和积极性，开展了对不法地主进行减租保佃斗争，克服了以往减租减息中存在的"明减暗不减"的现象，也纠正了一些地方出现的农民不交租的偏向。有些地区还结合进行了雇工增资、查黑田、反恶霸、反贪污、反对地主富农把持政权的斗争，使运动又一次形成了高潮。农民群众积极性得到发挥，使减租减息得以更深一步开展。据陕甘宁边区陇东分区对庆阳、合水、镇原三个县1253户佃农的统计，1943年中一共减租（包括负租和退租）4260石7斗2升，平均每家佃户减租3石4斗。③

为使减租减息工作进一步深入，1944年12月15日，毛泽东在陕甘宁边区第二届参议会第二次会议上总结了1944年的减租减息工作，并提出了1945年的任务。他说：

> 减租，各地均有成绩。但是有些地方成绩少些，明减暗不减及恩赐观点仍是存在的。另一方面，也有减得太多，或在减租之后不注意交租等现象。这两种偏向都应纠正。减租之后租约满期的，除在照顾双方利益原则下可由地主收回自种者外，应该重订新约，使农民有地可种。老区域减租未彻底的，应该查租。新区域尚未减租的，应该发动减租。租不减是不对的，减得太过火也是不对的。凡地主因被敌人摧残或其他原因而生

---

① 《毛泽东选集》第3卷，人民出版社1991年版，第910页。
② 中共中央文献研究室编：《毛泽东年谱》中卷，中央文献出版社2013年版，第393页。
③ 《解放日报》1943年12月2日。

活困难的，政府应帮助他们解决困难，给以从事农工商业或参加其他工作之方便。要把这件事当做政府工作之一，借以团结他们反对共同敌人。我们现在是处在农村中，土地问题的正确解决，是支持长期战争的重大关节，希望大家十分注意。①

这次大会通过的《陕甘宁边区地权条例》、《陕甘宁边区土地租佃条例》，都体现了这一精神。在其他根据地，也根据中共中央和毛泽东的指示，总结检查和部署了减租减息等工作。

在执行减租减息政策的过程中，毛泽东还提出了对于汉奸的土地问题。1937年10月15日，洛甫、毛泽东在发给朱德、彭德怀、任弼时的电文中指出："关于没收大地主指示，没收汉奸政策的主要阶级内容［是］大地主，而未为汉奸者，当然不在没收之列。在一切汉奸分子中，首先应坚决没收大地主，而对中层分子之为汉奸者，在未得民众同意以前，不应急于没收。工农中有被迫为汉奸者，应取宽大政策，以说服教育为主。这是统一战线中的阶级路线，有向全党明确说明的必要。"②

这就是说，在没收汉奸土地问题上，必须区别对待，必须实行阶级路线，必须贯彻统一战线政策，并使三者统一起来。绝不能不区分情况，一刀切地采取一概没收的政策。党实行这种政策的目的，是为了争取多数，反对少数，孤立和打击主要敌人日本帝国主义和少数大汉奸卖国贼。这样，就可以把一切可能争取的力量都争取过来，调动一切阶层的抗日积极性，争取抗战的最后胜利，从而使得减租减息政策更加完整。

实行减租减息政策的同时，毛泽东还注意到对农民土地所有权的保障问题。实行减租减息政策以前，已实行土地改革的地区，例如在陕甘宁边区，大部分地方原已实行了没收地主土地分配给农民和废除农民原先所负债务的政策，要保证一切取得土地的农民之私有土地制度。实行减租减息政策以后，不得强迫农民交还已经分得

① 《毛泽东文集》第3卷，人民出版社1996年版，第239页。
② 中央档案馆编：《中共中央文件选集》第11册，中共中央党校出版社1991年版，第367页。

的土地房屋，不得强迫欠户交还已经废除的债务。毛泽东同志在为陕甘宁边区政府、第八路军后方留守处写的布告中指出："一切已经分配过的土地房屋和已经废除过的债务，本府本处当保护人民既得利益，不准擅自变更"，这就是说，"坚决保障农民已经从土地改革中所获得的果实"。①

抗战时期，中国共产党的减租减息的土地政策在各抗日根据地的贯彻执行，具有重要意义。

1945 年 5 月 24 日《解放日报》社论指出：减租减息等经济政策，"在目前中国情形下，是最革命的政策，只有这样，才能战胜日本帝国主义，使中国走向胜利。"11 月 16 日《解放日报》的社论又指出："在抗战期间，我们解放区认真地实行了减租减息和发展生产的民生政策，因而发动了广大农民的生产热忱，增强了各阶层人民的团结，提高了农村的生产力，使解放区能在困难的环境下，胜利地坚持了敌后的抗战。"毛泽东也指出："土地制度获得改革，甚至仅获得初步的改革，例如减租减息之后，农民的生产兴趣就增加了。"②

一是使抗日根据地的农村各阶级占有土地的状况和阶级结构发生了重大变化。由于实施了减租减息政策，在一定程度上改善了农民的生活，一部分农民有余钱购买土地耕畜，从贫农上升为中农或富裕中农，"部分佃贫农上升为中农，佃中农上升为佃富农，地主一般是下降的"③，和改善生活相伴随的，便是广大农民政治上的翻身。特别是通过减租减息，打击了地主阶级的威风，树立了农民在农村中的政治优势，农民从几千年的封建压迫中获得一定程度的解放。晋绥边区 1941 年 10 个县统计，一年内共减租 1002149 大石，减租佃户 17812 户，平均每户减租 57 大斗④；晋西北兴县、河曲等

---

① 《毛泽东选集》第 2 卷，人民出版社 1991 年版，第 401—403 页。

② 《毛泽东选集》第 3 卷，人民出版社 1991 年版，第 1078 页。

③ 江苏省财政厅、江苏省档案馆财政经济史编写组合编：《华中抗日根据地财政经济史料选编》第 3 卷，档案出版社 1986 年版，第 221 页。

④ 中共吕梁地委党史资料征集办公室编：《晋绥根据地资料选编》第 1 集，（出版社不详）1983 年版，第 42 页。

19 个县的不完全统计，从 1942 年冬到 1945 年秋两年中，减租农民达 5617 户，减租 50970 石，每户平均减租 0.91 石。[①] 而且，贫农、中农的土地占有量增加了。这可以从土地买卖关系中反映出来。如晋察冀的北岳区 1943 年的调查，从 1937 年到 1943 年的抗战六年来，地主、富农一共卖出土地 2383 亩，占卖出土地总量的 65% 之多，买入土地一共 149 亩，占买入土地总量的 7%；而贫农、中农卖出的土地一共 1257 亩，占卖出土地总量的 34%，买入的土地一共 1862 亩，占买入土地总量的 84%。[②] 另据盐城凤翔乡统计，在 311 户佃户中，68 户上升为佃中农，65 户佃中农上升为佃富农，4 户雇农上升为贫农，计有 137 户佃户经济状况有明显改善，占全部佃户的 40.8%。在 246 户地主中，由大地主变为中地主的有 21 户，由中地主变为小地主的有 51 户，由小地主变为富农的 28 户，计有 100 户，占地主总数的 41%。总的来看，"农村阶级的变动趋势是：两极缩小，中间阶层则增大"[③]。即便不能绝对地说这一时期农村地区土地占有情况和阶级结构的变动是减租减息政策引致的，但其发挥的重要作用却不容置疑。

二是极大地激发了广大农民抗日的积极性，使广大农民踊跃参军、参战、参政，有力地支援了民族革命战争和根据地建设。在抗战开始时，党所领导的正规军只有 3 万多人，经过八年抗战，这支队伍越战越强，越战越多，到 1945 年日寇投降时，八路军、新四军和华南抗日游击队发展为 120 万人，这支队伍的主要来源是农民。农民除了参加正规军以外，很多人还参加了民兵自卫组织来保卫减租减息的胜利果实、保卫民族利益。民兵自卫队是不脱产的抗日武装力量，在八年抗战中，这支力量发展到 200 多万人，对打败日本帝国主义起了巨大的作用。1944 年 12 月 23 日的《解放日报》所载《中共土地政策在晋察冀边区之实施》描述道："自 1937 年冬八路

---

① 财政科学研究所：《革命根据地的财政经济》，中国财政经济出版社 1989 年版，第 143 页。

② 《解放日报》1944 年 12 月 13 日。

③ 江苏省财政厅、江苏省档案馆财政经济史编写组合编：《华中抗日根据地财政经济史料选编》第 3 卷，档案出版社 1986 年版，第 221 页。

军开到晋察冀边区提出'二五减租''一分利息'等改善民生的口号后，广大人民就逐渐被动员与组织起来，而特别表现他们威力的，则是在 1939 年到 1940 年上半年普遍实行减租减息以后，当敌人正进行春季'扫荡'，群众就以无比的英勇配合主力作战，据边区农会的统计，当时 17 个县农会会员参战达 2 万人，配合作战 32 次，扰袭敌人 284 次，破坏敌人交通 4 千里以上。"①

三是发展和巩固了根据地的抗日民族统一战线，团结了各阶级共同抗日。1944 年 7 月 14 日，毛泽东在会见中外记者西北参观团成员，美联社、英国《曼彻斯特卫报》、美国《基督教科学箴言报》记者斯坦因时说：在抗日战争时期，我们实行减租减息政策，我们的减租政策具有两重利益，一方面改善农民生活，一方面吸引地主留在乡村，参加抗日战争。② 在减租减息中，由于中国共产党同时坚持了交租交息政策，保障了地主富农的人权、政权、地权、财权，使大部分地主富农深受感动，愿意站在人民一边一道抗日，一些外逃地主也陆续回来参加抗战阵营，如晋察冀边区据 1941 年不完全统计，重新返回边区的逃亡地主有 300 多户。山东滨海区垦利县从 1942 年到 1944 年两年内逃亡地主归来者 84 户。王稼祥说：减租减息后，又交租交息，"稳定了各地主的逃跑"，有的地区"甚至造成了'回乡运动'，调节了各阶级的利益，加强了各阶级的团结"③。另外，减租减息后，不少地区农村阶级关系缓和，如晋冀鲁豫边区在反扫荡中，民兵积极保卫家园，雇工帮助地主转移。太行区有的地主减租后还和农民一块互助生产。减租减息政策调整了地主与农民双方的关系，巩固了抗日民族统一战线，支援了长期抗战。

四是削弱了地主剥削和高利贷盘剥，减轻了农民负担，改善了农民生活，提高了农民的生产兴趣，激发了农民的生产热情，农业产量大幅增加。如米脂县过去经常看到一些农民挖野菜充饥，"但是从 1941 年新政权建立以来，农民开始翻身，特别是由于减租减息政

① 《中共土地政策在晋察冀边区之实施》，《解放日报》1944 年 12 月 23 日。
② 中共中央文献研究室编：《毛泽东年谱》中卷，中央文献出版社 2013 年版，第 528 页。
③ 王稼祥：《晋察冀区的财政经济》，《群众》1944 年第 9 卷第 3、4 期。

策的结果，加以贫农中半自耕农较多和副业比较发达等有利条件，因此三年以来，农民仅从外村地主手中即典买进土地 70 余垧。另外，本村富农也有 23 垧转向贫农和中农手中。这样挨饿与挖野菜充饥的事实就在该村绝迹了"①。晋冀鲁豫边区太岳区士敏县东大村，在减租减息后，1944 年每亩耕地产量比 1943 年增加三分之一。② 晋绥边区的兴县，1943 年彻底减租后，1944 年全县开荒 12 万亩，增产粮食 4 万担。③

---

① 《米脂县民丰区第三乡吕家硷经济建设调查》（1994 年 10 月），转引自朱兴义、赫坚《抗日战争时期土地政策的转变与抗日根据地的发展》，《松辽学刊》（社会科学版）1999 年第 3 期。

② 《解放日报》1944 年 12 月 26 日。

③ 《解放日报》1944 年 7 月 11 日。

第二章　发动大生产运动

在烽火连天的战争中开展了军民大生产运动，使我们抗日战争的坚持和胜利得到保障，这一基本问题的解决，不仅在解放区，而且在全中国，都具有重大历史意义，值得大书特书的。

——《开展大生产运动中的几个问题》，《解放日报》1945 年 3 月 1 日社论。

《胡乔木回忆毛泽东》一书中指出："大生产和组织起来是毛主席领导陕甘宁边区和所有敌后抗日根据地进行经济建设和社会改造的两件大事"，"他是边区大生产运动的发动者组织者指挥者，又为边区的经济建设制定了切合实际的方针政策"。[1] 大生产运动在特殊历史条件下产生了巨大的作用，被毛泽东称之为中国革命胜利的重要的一环。

抗战消耗给抗日根据地的财政、经济带来巨大的压力。这种压力在抗战初期还不算大，1937 年 7 月至 1940 年年底根据地财政收入除自筹一部分外，还得到多方面的外援，其中包括国民党政府拨给八路军和新四军的军费，以及国内外爱国进步人士的捐助等。这为边区政府休养民力提供了条件。各抗日根据地民主政府建立以后，农业税以征收粮食为主，多数地区称之为"救国公粮"。起初税额很低，1937—1938 年陕甘宁边区农民负担公粮数只占收获量的

---

① 《胡乔木回忆毛泽东》，人民出版社 1994 年版，第 233、148 页。

1.3%，① 使农民生活改善，生产发展。

1938 年 10 月，武汉、广州失守后，抗日战争进入战略相持阶段。日本对国民党采取政治诱降为主的方针，将主要精力用于对付敌后抗日根据地，实行极端野蛮残酷的"杀光"、"抢光"、"烧光"的"三光"政策。国民党政府方面不但停发了给八路军和新四军的经费，而且接连掀起反共高潮，对陕甘宁边区进行严密军事包围和经济封锁、破坏。加之陕北、华北等地区连年遭受自然灾害的侵袭，陕甘宁边区和华北各抗日根据地军民面临着严重的财政、经济困难。毛泽东指出："我们曾经弄到几乎没有衣穿，没有油吃，没有纸，没有菜，战士没有鞋袜，工作人员在冬天没有被盖。国民党用停发经费和经济封锁来对待我们，企图把我们困死，我们的困难真是大极了。"② 等等这些势必会制约边区的发展。

为了克服严重的经济困难，边区政府不得不向农民借粮和征收更多的公粮。以陕甘宁边区为例，1937 年和 1938 年，每年计划征收 1 万石公粮。1940 年突然增加到 9 万石，实征 97354 石，已占收获总量的 6.3%。1941 年又提高到 20 万石，实征 201617 石，占收获总量的 13.85%，农民的负担比 1940 年又翻了一番还多。由于边区农业生产水平极低，年人均的粮食占有量只有 1 石，即 300 斤左右，沉重的公粮负担，严重地影响群众的生活和生产积极性。毛泽东及时地发现了这个问题，注意把发展生产的重心，转向农业和农民生产。胡乔木在回忆录中曾提到，"党中央和毛主席预见到边区的财政经济将会遇到越来越多的困难，而这种困难只有靠自己的努力才能加以克服"，"毛主席在许多场合、许多次会议上，反复讲述了必须通过'自己动手'来克服物质困难的道理"。③

1938 年 10 月，针对陕甘宁边区因人口日益增多和国民党顽固派的封锁而出现的经济困难局面，毛泽东在六届六中全会上做题为"抗日民族战争与抗日民族统一战线发展的新阶段"的报告时就此指

---

① 陆仰渊、方庆秋：《民国社会经济史》，中国经济出版社 1991 年版，第 710 页；史全生主编：《中华民国经济史》，江苏人民出版社 1989 年版，第 522 页。

② 《毛泽东选集》第 3 卷，人民出版社 1991 年版，第 892 页。

③ 《胡乔木回忆毛泽东》，人民出版社 1994 年版，第 233 页。

出："持之以毅力，才能消除新的困难，支持长期战争，其重心在于组织广大人民的生产积极性，使之为着战争供给而效力。"他还说："抗战的主要依靠是乡村与农民。农民是有伟大力量支持战争的。"①

对于革命战争与经济建设之间的辩证关系，毛泽东早有论述。1928 年 10 月，他在为中共湘赣边界第二次代表大会起草决议时就指出："在白色势力的四面包围中，军民日用必需品和现金的缺乏，成了极大的问题。一年以来，边界政权割据的地区，因为敌人的严密封锁，食盐、布匹、药材等日用必需品，无时不在十分缺乏和十分昂贵之中，因此引起工农小资产阶级群众和红军士兵群众的生活的不安，有时真是到了极度。红军一面要打仗，一面又要筹饷。每天除粮食外的五分钱伙食费都感到缺乏，营养不足，病的甚多，医院伤兵，其苦更甚。这种困难，在全国总政权没有取得以前当然是不能免的，但是这种困难的比较地获得解决，使生活比较地好一点，特别是红军的给养使之比较地充足一点，则是迫切地需要的。边界党如不能对经济问题有一个适当的办法，在敌人势力的稳定还有一个比较长的期间的条件下，割据将要遇到很大的困难。这个经济问题的相当的解决，实在值得每个党员注意。"② 随后，毛泽东在中央革命根据地南部十七县经济建设大会上发出号召："在全体政府工作人员中，在广大工农群众中，造成一种热烈的经济建设的空气。要大家懂得经济建设在革命战争中的重要性"，并指出，"这是一个伟大的任务，一个伟大的阶级斗争"。③

1937 年 11 月，抗日战争爆发之初，毛泽东就向党和八路军的负责人指出要"自给自足，不靠别人"。山西的工作计划，要放在国民党"不答应，不兑现，不可靠时我们还是能够干下去这样一个基点上"④。面对抗日战争中出现的财政、经济困难，毛泽东更加重视。他强调指出："如果不解决这个困难，不解决这个矛盾，不抓住这个

---

① 毛泽东：《抗日民族战争与抗日民族统一战线发展的新阶段》，解放社 1942 年版。
② 《毛泽东选集》第 1 卷，人民出版社 1991 年版，第 53 页。
③ 同上书，第 121 页。
④ 中共中央文献研究室编：《毛泽东年谱》中卷，中央文献出版社 2013 年版，第 38 页。

环节，我们的抗日斗争还能前进吗？显然是不能的。"① 他说："饿死呢？解散呢？还是自己动手呢？饿死是没有一个人赞成的，解散也是没有一个人赞成的，还是自己动手吧——这就是我们的回答。"毛泽东还进一步指出："我们有政府这样的权力机关，为什么还不能解决自己的衣食住用问题？我们考察一下从古代的人类到今天的贫农，他们之所以能够活下去，并且活得同野兽不同的原因，无非就是他们有两只手，并且将手接长起来——拿着工具。我们再来考察一下我们自己，原来我们每一个人也都有两只手，我们也可以将手接长起来——拿着工具。这个考察很重要，这样一来，我们的问题就立即解决了。总之，我们是确信我们能够解决经济困难的，我们对于在这方面的一切问题的回答就是'自己动手'四个字。"②

对毛泽东提出自己动手、丰衣足食的主张，萧劲光有一段回忆："一天，毛泽东同志把林伯渠、高岗和我找去，对我们说：我们到陕北来是干什么的呢？是干革命的。现在日本帝国主义、国民党顽固派要困死、饿死我们，怎么办？我看有三个办法：第一是革命革不下去了，那就不革命了，大家解散回家。第二是不愿解散，又无办法，大家等着饿死。第三靠我们自己的两只手，自力更生，发展生产，大家共同克服困难。他的这段话，既风趣，又易懂，像一盏明灯，一下子把我的心照亮了。我们三人不约而同地回答说：大家都会赞成第三种办法。毛泽东同志听了，笑笑，接着说：现在看来，也只有这个办法。这是我们的唯一出路，是打破封锁、克服困难的最有效最根本的办法。"③

陕甘宁边区留守兵团从 1938 年秋季开始进行生产运动，以补助生活必需品的不足。办法是开合作社、种菜、开磨坊、喂猪养羊、做豆腐、生豆芽，做鞋、打毛衣、毛袜、毛鞋、手套等。同时提倡节约、防止浪费。毛泽东和周恩来、朱德等中央领导人都亲自参加了大生产运动。边区留守兵团各部队提出了"背枪上战场，荷锄到

---

① 《毛泽东选集》第 3 卷，人民出版社 1991 年版，第 1108 页。
② 《毛泽东文集》第 2 卷，人民出版社 1993 年版，第 461 页。
③ 《萧劲光回忆录》，解放军出版社 1987 年版，第 298、299 页。

田庄"的战斗口号，展开了南泥湾、槐树庄、大风川等地的屯田运动。1943 年，部队种植作物的面积从 1942 年的 45236 亩激增至 215000 亩，产粮 3 万石，产蔬菜 1150 万公斤。1944 年，谷物种植达 3 万亩，产粮 9 万余石，收草 1050 余万公斤，其他副业如手工、畜牧等收获亦值粮不下 20 余万石，不但伙食、办公和装备费用达到部分或大部分自给，粮草也达到部分或大部分自给。①

1939 年 1 月 26 日，中央书记处讨论生产运动问题。毛泽东在发言中强调：生产运动的意义，是在长期抗战中实行自给自足。会后成立了由陕甘宁边区政府主席林伯渠为主任、李富春为副主任的生产运动总委员会，领导边区和部队机关学校的生产运动。中共中央及时总结了留守兵团生产运动的经验，于 1939 年 2 月在延安召开了生产动员大会，毛泽东等领导人在大会上做了动员讲话，发出了自己动手，自力更生，艰苦奋斗，克服困难的号召，号召解放区军民开展生产运动。他说："今天开生产动员大会，意义是很大的。要继续抗战，就需要动员全中国的人力物力。要发动人力，就要实行民权主义；要动员物力，就要实行民生主义。今天的生产动员大会，也就是实行民生主义的大会。陕甘宁边区有二百万居民，还有四万脱离生产的工作人员，要解决这二百零四万人的穿衣吃饭问题，就要进行生产运动。生产运动还包含一个新的工农商学兵团结起来的意义。这二百零四万人中，有学生、军人、老百姓等等，今年都要种田、种菜、喂猪，这是农；要办工厂，织袜做鞋等，这是工；要办合作社，这是商；全体都要学习，老百姓要开展识字运动，这是学；最后是军，八路军自然是军，学生要受军训，老百姓要组织自卫军。这样，工农商学兵都有了，聚集在每一个人身上，叫做工农商学兵团结起来，也叫做知识与劳动团结起来，消灭了过去劳心与劳力分裂的现象。"②

1939 年 4 月 24 日，毛泽东在抗大生产运动初步总结大会上进行了一番鼓励。他说："抗大同别的机关一样，生产的第一阶段的任务

---

① 参见李占才《中国新民主主义经济史》，安徽教育出版社 1990 年版，第 205 页。
② 参见中共中央文献研究室编《毛泽东年谱》中卷，中央文献出版社 2013 年版，第 110—111 页。

已完成了，这证明中共中央所决定的计划是可以实现的。历史上几千年来做官的不耕田，读书人也不耕田，假使全国党政军学，办党的，做官的，大家干起来，那还不是一个新的中国吗？你们将工农商学兵结合起来了。你们读书叫学，开荒是农，打窑洞做鞋子是工，办合作社是商，你们又是军，你们是工农商学兵结合在一个人身上，文武配合，知识与劳动结合起来，可算是天下第一。"① 6 月 10 日，毛泽东在延安高级干部会议上所做的《反投降提纲》的报告中，又要求在"一切可能地方，一切可能时机，一切可能种类，必须发展人民的与机关部队学校的农业、工业、合作社运动，用自己动手的方法解决吃饭、穿衣、住屋、用品问题之全部或一部，克服经济困难，以利抗日战争"②。他还提出了"自力更生，克服困难"的方针。③

　　之后，中央决定将大生产运动推行于边区所有部队、机关和学校。毛泽东强调指出：各级党政军机关学校一切领导人员都须学会领导群众生产的一全套本领。凡不注重研究生产的人，不算好的领导者。一切军民人等凡不注意生产反而好吃懒做的，不算好军人、好公民。一切未脱离生产的农村党员，应以发展生产为自己充当群众模范的条件之一。④

　　为此，中共中央和中央军委于 1940 年 2 月 10 日发出了《关于开展生产运动的指示》，指出："斗争已进入更艰苦阶段，财政经济问题的解决，必须提到政治的高度，望军政首长，各级政治机关努力领导今年部队中的生产运动。开辟财源，克服困难，争取战争的胜利。"要求前线部队广泛开展生产运动，并依据不同环境、不同部门、不同劳动条件提出了三种生产的方向和生产办法供参考："（一）在比较巩固地区，一般可按延安的经验，同时进行农业、商业、手工业生产，普遍发展喂猪种菜等事业，达到改善生活，克服

---

① 中共中央文献研究室编：《毛泽东年谱》中卷，中央文献出版社 2013 年版，第122 页。

② 《毛泽东选集》第 2 卷，人民出版社 1991 年版，第 224 页。

③ 《胡乔木回忆毛泽东》，人民出版社 1994 年版，第 234 页。

④ 《开展根据地的减租、生产和拥政爱民运动》（1943 年 10 月 1 日）。

困难，节省公费之目的。（二）在不巩固的地区，可经由地方党政府与当地群众订约，组织军民生产协作，由军队酌量派抽人力牲畜，帮助农民耕作，由农民供给驻军以一定比例的粮食马料。（三）行止无定的部队，应利用战斗间隙，普遍无代价的在自己地区之内，帮助农民春耕及各种农作劳动，进一步与群众打成一片，以便用另一种方式取得农民对军队自愿与踊跃辅助。"指示强调：一面战斗、一面生产、一面学习"三者合一"，"我们就能战胜一切"。①

大生产运动以农业生产为主体，因为农业是国民经济的基础，发展农业生产是抗日军民坚持抗战的基本保证。在当时的条件下，广大军民日常生活最迫切需要的衣、食、住要从农产品中得到解决，许多日常生活用品包括工业品也必须依靠农产品去进行交换。就如毛泽东所说，"抗日战争，实质上就是农民的战争"，"抗日的一切，生活的一切，实质上都是农民所给"。② 邓小平也指出："我们处在农村只能以农业生产为主。敌人在城市最缺乏的是粮食的供给，我们有了粮食，不但军民食用无缺，而且可以掌握住粮食和其他农业副产物去同敌人斗争，并能换得一切必需的东西。"③ 因此，发展农业生产是解决军队给养，保证反侵略战争顺利进行的条件，是改善人民生活，调动农民抗日积极性的关键。据李维汉回忆，毛泽东与他进行的一次关于陕甘宁边区工作问题的长时间谈话中就明确表示：今后边区的工作"要发展生产，主要是农业生产"④。

1942 年 12 月，在中共中央西北局高干会议期间，毛泽东组织收集和整理经济和财政方面的历史的和现状的材料，为会议做了题为"经济问题与财政问题"的长篇书面报告。毛泽东在这篇报告中强调了农业的重要性。他指出：1938 年到 1940 年是开展大生产运动的第一阶段，"部队、机关、学校着重于农业，政府则发展了工业"；

---

① 中央档案馆编：《中共中央文件选集》第 12 册，中共中央党校出版社 1991 年版，第 289—290 页。

② 《毛泽东选集》第 2 卷，人民出版社 1991 年版，第 692 页。

③ 《邓小平文选》第 1 卷，人民出版社 1994 年版，第 79 页。

④ 李维汉：《陕甘宁边区政府工作回顾》，载《陕甘宁边区抗日民主根据地》，中共党史出版社 1990 年版，第 2 页。

1941 年至 1942 年，是大生产运动第二阶段，"着重了商业，为了解决迫在眉睫的需要，除一部分部队与机关、学校坚持了农业为主的方针外，其余都讲究做生意，没有像在第一阶段那样地重视农业了，但政府、部队与机关、学校都发展了工业与手工业"；1942 年以后，大生产运动"将进到新的发展阶段。在新的阶段上，我们的经济基础已较巩固，我们的经验也较多了，应确定以农业为第一位，工业、手工业、运输业与畜牧业为第二位，商业则放在第三位"。① 这份书面报告和 1943 年写成的《开展根据地的减租、生产和拥政爱民运动》、《组织起来》等文，构成了当时中国共产党领导根据地大生产运动的基本纲领。

1943 年 10 月 1 日，毛泽东为中共中央写的对党内的指示中指出："敌后各根据地的大多数干部，还没有学会推动党政机关人员、军队人员和人民群众（一切公私军民男女老少，绝无例外）实行大规模的生产。党委、政府和军队，必须于今年秋冬准备好明年在全根据地内实行自己动手、克服困难（除陕甘宁边区外，暂不提丰衣足食口号）的大规模生产运动，包括公私农业、工业、手工业、运输业、畜牧业和商业，而以农业为主体。"②

为正确开展大生产运动，毛泽东还提出了一系列的方针政策。

毛泽东指出："发展经济，保障供给，是我们的经济工作和财政工作的总方针。"③ 这也是大生产运动的总方针。毛泽东批评了当时在根据地经济建设中曾出现的两种错误的财政经济思想：一是离开发展经济而单纯在财政开支问题上做文章；二是不注意动员广大农民、帮助农民发展生产而只强调向农民收赋税。

在新民主主义革命时期，所谓发展经济，第一位是发展农业生产。所谓保障供给，主要是保障革命战争、武装夺取政权的需要，保障党政机关和军队的供给，也要注意改善人民生活。这个总方针，指出党领导的经济工作和财政工作，是为了从物质上保障革命斗争的需要和为人民的利益服务。在当时，就是从物质上保证打败日本

① 《毛泽东文集》第 2 卷，人民出版社 1993 年版，第 462 页。
② 《毛泽东选集》第 3 卷，人民出版社 1991 年版，第 911 页。
③ 毛泽东：《经济问题与财政问题》，大众日报出版社 1943 年版。

侵略者，解放全国人民的需要。就如毛泽东所说："陕甘宁边区的财政问题，就是几万军队和工作人员的生活费和事业费的供给问题，也就是抗日经费的供给问题。"① 从当时的情况来看，抗日根据地在日寇疯狂进攻破坏和国民党严密封锁的形势下，抗日经费主要是依靠根据地人民交纳赋税和开展生产来解决。而依靠税收，在一个建立在个体经济基础上的、被敌人分割的，因而又是游击战争的经济力量十分薄弱的农村根据地，是无法保证需要的。因此，发展经济，开展大生产运动是必需的。

在发展经济、保障供给这一总方针之下，毛泽东还提出了一系列具体的政策。

一是"公私兼顾"、"军民兼顾"的方针。

毛泽东认为，发展经济、保障供给的总方针表现在公私关系上，就是公私兼顾、军民兼顾。毛泽东指出："我们要批驳这样那样的偏见，而提出我们党的正确的口号，这就是'发展经济，保障供给'。在公私关系上，就是'公私兼顾'，或叫'军民兼顾'。我们认为只有这样的口号，才是正确的口号。"②

公私兼顾，军民兼顾，就是既要发展公营经济，又要重视私营经济；既要发动军队、政府、机关、学校发展生产，又要发动农民群众发展生产；既要保障军队、政府机关、学校的需要，又要保障农民群众的生活需要，要统筹兼顾适当安排。

1941 年 8 月 6 日，毛泽东写给谢觉哉的信中指出：经济问题，"首先是发展农、盐、工、畜、商各业之主要的私人经济与部分的公营经济"。他还针对 1941 年边区的经济工作问题指出："今年的八百万投资仅顾及公营事业，全没有顾及私人农业贷款与合作社贷款，仅是不得已的过渡时期的办法，今后必须停止公业投资，发动私业投资，即大放农贷与合作社贷款，兼放畜牧贷款与私商贷款，以达增加粮食产量，牛羊产量，与相当繁荣商业之目的……今年之仅仅注意公业投资未能顾及私业投资，是由于等着公营事业救急的特殊

---

① 毛泽东：《经济问题与财政问题》，大众日报出版社 1943 年版。
② 同上。

情况，但由此产生的害则是与民争利（垄断）及解决不了大问题。明年决不能继续这个方针，仅有盐业投资是明年应该继续的，而其他公营的农、工、商业则只当作必要的一部分继续下去。"

1942 年 12 月，毛泽东在中共中央西北局高级干部会议上总结边区财政经济工作经验时指出："边区的经济，分为民营公营两大方面。民营经济，就是一切私人的农工商业。公营经济，就是政府、军队与机关学校所经营的农工商业。这两方面的作用与关系：民营经济是为了解决边区一百四十万人民的生活，同时以租税的形式援助政府与军队，支持抗战建国的神圣事业。公营经济是为了解决数万党政军的生活费与事业费的主要部分，以便减少取之于民，休养民力，便于将来紧急需要时的取给。在这里适用的原则，就是'公私兼顾'，或'军民兼顾'。""如果我们的党与政府不注意动员人民并帮助人民发展农工商业，则人民生活既不能改善，抗战需要亦不能供给，其结果就是军民交困。军心民心不能巩固，一切也就无从说起了。""但是单靠人民交纳租税，还是不能解决抗战建国的需要；特别是在边区地广人稀的条件下，人民的租税与政府的支出之间，长期地存在着一个大矛盾。所以，我们又必须用极大注意力去经营公营经济，这是我们的政府、我们的军队与我们的一切机关学校在自己肩上担负着的一个极大的任务。数年来在这方面我们有了很大的成绩。"[①]

因此，毛泽东一方面批评说："有些同志不顾战争的需要，单纯地强调政府应施'仁政'，这是错误的观点。因为抗日战争如果不胜利，所谓'仁政'不过是施在日本帝国主义身上，于人民是不相干的。反过来，人民负担虽然一时有些重，但是战胜了政府和军队的难关，支持了抗日战争，打败了敌人，人民就有好日子过，这个才是革命政府的大仁政。"另一方面又批评指出："不顾人民困难，只顾政府和军队的需要，竭泽而渔，诛求无已。这是国民党的思想，我们决不能承袭。"[②] 他还具体要求："应以 90% 的精力帮助农民增

---

① 中国人民大学党史系资料室编：《中共党史教学参考资料》第 8 册，1980 年印，第 498 页。

② 《毛泽东选集》第 3 卷，人民出版社 1991 年版，第 894 页。

加生产，然后以 10% 的精力从农民取得税收"，"对前者用了苦功，对后者便轻而易举"。①

二是统一领导、分散经营的方针。

毛泽东指出："由于是农村，人力物力都是分散的，我们的生产和供给就采取'统一领导，分散经营'的方针。"② 当时，根据地的公营经济包括直接由政府经营的、军队经营的以及一些党政机关自身经营的等，只有实行统一领导，才能使各种形式的经济协调发展，供销衔接，经营合理，分配适当。否则，就容易出现盲目现象，造成人力、物力、财力的浪费。同时，根据地本身并非集中于一块，而是分割成单个的，加上其他一些因素，如劳动力分散在党、政、军各个部门，原材料分散在各个地区，对产品的需要各种各样等，因此又必须分散经营。

1942 年 12 月，毛泽东在中共中央西北局高级干部会议上做《经济问题与财政问题》的报告中强调："我们利用各部门为着解决自己需要而进行生产的积极性，采取'分散经营'的方针是正确的，企图什么也集中的意见是错误的。但在同一地域内的同一性质的企业，应该尽可能地集中起来，无限制的分散是不利的。这种集中，目前也已经进行，或正在进行……这种先分散后集中的过程，也许是不可避免的，分散所以利用各部门的积极性使之建立起来，集中所以使各部门得到更好的供给。但尤其重要的，是分散经营不应该忘记集中领导，这就是使计划统一，供销衔接，经营合理与分配恰当之必不可少的步骤，我们过去在这一方面还存在着很大的缺点，今后必须加以调整。"③

哪些该分散经营？哪些该统一领导？

毛泽东指出，各单位、各部门为着消费的目的，以及地方性的、局部性的小农场、小作坊、小商业，则不应集中，应该鼓励分散经营，到处发展，以充分利用当地的人力物力，人尽其才，物尽其用，地尽其利，货通其流，把各个方面的积极性都调动起来，以促进整

---

① 《毛泽东选集》第 3 卷，人民出版社 1991 年版，第 893—894 页。
② 同上书，第 1016 页。
③ 毛泽东：《经济问题与财政问题》，大众日报出版社 1943 年版。

个经济全面发展，以取得最大的经济效益。为解决解放区大多数军民的基本生活资料的供给的大农场、大工厂、大作坊、大商业，都必须有统一的计划、集中的管理、严格的节制，不能听凭他们各自为政，毫无拘束地去干。在同一地域内的同一性质的企业，应该尽可能地集中起来，无限制的分散是不利的。为了执行统一领导，毛泽东要求"所有中央一级，边区一级，专区一级，县署一级，均应建立统——一切生产事业的强有力的领导机关，按系统按级统一企业经营方针，统一调整各企业相互间的关系，统一检查各企业的经营方法，并在允许以相当收益归各生产单位所有的条件下，在各相当范围内，按照生产性质与经营情形，统一支配生产赢利"①。

　　为了贯彻"统一领导，分散经营"的原则，毛泽东在要求执行统一领导的同时，又十分强调"放手让下面自力更生"，"发动广大群众自力更生的积极性"。1945年4月27日，毛泽东为延安《解放日报》写的社论中指出："我们的军队在遭受极端物质困难的目前状况之下，在分散作战的目前状况之下，切不可将一切物质供给责任都由上面领导机关负起来，这样既束缚了下面广大人员的手足，而又不可能满足下面的要求。应该说：同志们，大家动手，克服困难吧。只要上面善于提出任务，放手让下面自力更生，问题就解决了，而且能够更加完善地解决它。如果上面不去这样作，而把一切事实上担负不起来的担子老是由自己担起来，不敢放手让下面去做，不去发动广大群众自力更生的积极性，虽然上面费尽了气力，结果将是上下交困，在目前条件下永远也不能解决问题。几年来的经验，已经充分证明了这一点。'统一领导，分散经营'的原则，已被证明是我们解放区在目前条件下组织一切经济生活的正确的原则。"②

　　三是生产和节约并重的方针。

　　为了保障供给，首要的固然是发展经济。早在1933年8月，面对根据地经济上的困难，毛泽东就提出从发展根据地经济上找出路，要求"动员群众，立即开展经济战线上的运动，进行各项必要和可

---

　　①　中国人民大学党史系资料室编：《中共党史教学参考资料》第8册，1980年印，第567页。

　　②　《毛泽东选集》第3卷，人民出版社1991年版，第1105页。

能的经济建设事业"①。1942 年 12 月，毛泽东在《抗日时期的经济问题和财政问题》中强调："如果不发展人民经济和公营经济，我们就只有束手待毙。财政困难，只有从切切实实的有效的经济发展上才能解决。忘记发展经济，忘记开辟财源，而企图从收缩必不可少的财政开支去解决财政困难的保守观点，是不能解决任何问题的。"

但是，在发展生产的同时，也要注意节约，做到生产和节约并重。毛泽东在 1934 年 1 月曾号召："节省每一个铜板为着战争和革命事业，为着我们的经济建设，是我们的会计制度的原则"，并指出"贪污和浪费是极大的犯罪"。② 1942 年 5 月 30 日，延安《解放日报》在题为"击破敌人的经济掠夺与封锁"的社论中指出："执行自给自足的经济政策：一方面要爱护民力，保护民财。就是说，我们要了解敌后抗战的长期性与残酷性，对根据地的一丝一毫的力量，都要珍惜爱护，平时执行精兵简政，爱惜民力，战时要尽可能的保护人民的生命财产，免遭敌人的掠夺破坏。另一方面，还要发展根据地生产事业，发展私人经济。"毛泽东也强调节约的意义。1945 年 1 月，毛泽东在陕甘宁边区劳动英雄和模范工作者大会上，从中国革命和建设的远大前途来说明生产与节约并重的重要意义，强调"一面决不滥用浪费，一面努力发展生产"，指出："任何地方必须十分爱惜人力物力，决不可只顾一时，滥用浪费。任何地方必须从开始工作的那一年起，就计算到将来的很多年，计算到长期坚持战争，计算到反攻，计算到赶走敌人之后的建设。"毛泽东还批评有些地区开辟不久，还颇富足，但是那里的工作人员自恃富足，不肯节省，也不肯生产，这样就很不好，他们在将来一定会要吃亏的。③

发展经济，促进生产，扩大财源是保证财政供给的根本措施；厉行节约，反对浪费，节约合理地使用财源则是保证财政供给的重要原则。二者互为因果，相辅相成，增产中有节约，节约中有增产。

这些方针、政策和原则，对于大生产运动的深入开展，及时地

---

① 《毛泽东选集》第 1 卷，人民出版社 1991 年版，第 119 页。
② 同上书，第 134 页。
③ 《毛泽东选集》第 3 卷，人民出版社 1991 年版，第 1019 页。

起到了指导作用。

在大生产运动中，毛泽东等党和边区政府领导人亲自参加生产。毛泽东在驻地对面的山沟里开垦了一块耕地，种上辣椒和西红柿等，一有空儿就去浇水、施肥、拔草。有人回忆毛泽东参加生产劳动的场景说："毛泽东也扛着锹和我们一起来到他分的那块地里。他用锹把地一锹一锹地翻起来，再把翻出的土块一点点打碎，每一锹下去都挖得很深，挖出的土顺着锹扬了出去，散发着淡淡的芳香。毛泽东干得很认真，很仔细。陕北二、三月的天气乍暖还寒，阵阵晚风袭来使人打着寒战，可是毛泽东却解开了衣服扣子，细密的汗珠从他宽宽的额头上渗了出来。"见毛泽东在挥汗劳动，人们就劝他："主席工作很忙，就不要参加劳动啦！"毛泽东却总是笑着向大家解释自己动手、克服困难的道理，照样劳动不息。除毛泽东亲自参加生产劳动外，朱德也在王家坪八路军总部前开荒种地；周恩来、任弼时则练习纺线，在中共中央直属机关的纺线比赛上，以优异成绩被评为"纺线能手"；任弼时纺的线在陕甘宁边区农工业生产成就展览会上展出时，被评为一等线；边区政府主席林伯渠、副主席李鼎铭也制订了个人生产计划。①从中央到地方，党员干部们都在以身作则，以自己的模范行动感染着广大群众，推动了各抗日根据地大生产运动的发展。

军队和党政军机关进行生产，逐步实现粮食、日用品和工业品的自给或部分自给。许多解放区在大生产运动中把农民群众组织起来，成立了农业生产合作社、消费合作社、运输合作社、综合性合作社等组织形式，提高了劳动生产率。人民军队在大生产运动中做出了重要贡献。王震领导的八路军第三五九旅奉命开赴陕北南泥湾，开展大生产运动，成为运动的一面红旗。在中国共产党的领导下，大生产运动迅速扩大到敌后各解放区，抗日军民的大生产运动取得了伟大成绩。1943年，晋绥、北岳、胶东、太行、太岳、皖中6个抗日根据地，扩大耕地面积6万亩以上，达到了部分粮食、蔬菜的

---

①　参见刘涌《延安大生产片段回忆》，《金盾》2002年第21期；蒋泽民《忆毛泽东在延安》，八一出版社1993年版，第119—120页；毛主席在延安领导中国革命纪念馆《毛主席领导的边区大生产运动》，《革命文物》1976年第5期。

自给。

大生产运动，使解放区克服了经济和财政的严重困难，保障了抗日战争中的物资供给，为争取抗战胜利奠定了物质基础。通过大生产运动，繁荣了经济，改善了军民生活，减轻了人民群众的负担，提高了部队战斗力，密切了军政、军民和上下级之间的关系，巩固和发展了抗日根据地，为夺取抗日战争胜利奠定了基础。

大生产运动表明了以毛泽东为代表的中国共产党人抗战建国的毅力和才能，提高了中国共产党在全国的政治地位和影响。解放区大生产运动的开展和取得的巨大成绩，粉碎了一些顽固分子造谣说共产党在解放区只是破坏不会建设的舆论宣传。与此相反，国民党的统治集团，不但消极抗战积极反共，使大片土地沦陷，而且在其统治区域，损人利己，营私舞弊，大发国难之财，残酷剥削广大劳动人民，将人民群众逼进饥寒交迫的困境。两相对比，人们不难从中得出结论，从而把中国的前途和希望寄托在共产党身上。正如1945年1月一位友军军官在延安参观了生产展览会后所说的："我觉得一个荒凉落后的边区，在共产党领导下，发展成这样，如果领导全中国将有想像不到的进步。"①

毛泽东对大生产运动给予了高度的评价。1943年11月29日，毛泽东在中共中央招待陕甘宁边区劳动英雄大会上讲话时指出：

"边区的军队，今年凡有地的，做到每个战士平均种地十八亩，吃的菜、肉、油，穿的棉衣、毛衣、鞋袜，住的窑洞、房屋，开会的大小礼堂，日用的桌椅板凳、纸张笔墨，烧的柴火、木炭、石炭，差不多一切都可以自己造，自己办。我们用自己动手的方法，达到了丰衣足食的目的。每个战士，一年中只需花三个月工夫从事生产，其余九个月时间都可以从事训练和作战。我们的军队既不要国民党政府发饷，也不要边区政府发饷，也不要老百姓发饷，完全由军队自己供给；这一个创造，对于我们的民族解放事业，该有多么重大的意义啊！抗日战争六年半中，敌人在各抗日根据地内实行烧、杀、抢的'三光'政策，陕甘宁边区则遭受国民党的重重封锁，财政上

---

① 《解放日报》1945年1月8日。

经济上处于非常困难的地位，我们的军队如果只会打仗，那是不能解决问题的。现在我们边区的军队已经学会了生产；前方的军队，一部分也学会了，其他部分正在开始学习。只要我们全体英勇善战的八路军新四军，人人个个不但会打仗，会作群众工作，又会生产，我们就不怕任何困难，就会是孟夫子说过的：'无敌于天下。'"①

①　《组织起来》1943 年 11 月 29 日。

第三章　大力开展互助合作运动

在抗日根据地的陕甘宁边区，农业生产中早有互助合作的传统。农民在长期劳动实践中形成了多种互助合作的形式，变工和扎工是其中比较主要的两种，其目的都是为了解决农忙季节劳力和畜力不足的问题。

几家农户之间在农业生产的时候，把他们的人力和畜力相互调剂，相互交换，相互帮助。这种互助合作的形式叫"变工"，是陕甘宁边区各地最流行的一种互助合作形式。一般有这样几种变法：一种是人工变人工；二是人工变牛工，牛工变人工；三是生产技术上的互助。变工形式多种多样，有经常的，有临时的，有讲情面的（如亲戚、友邻），也有讲好条件要补工或折合工钱的。①

"扎工"实质上是一种雇工组织。即由许多出雇的短工共同组织在一起，向外出雇。实际上，大多数扎工不都是出雇的短工，其中也包括一部分自己有土地的农民，为了进行劳动互助才参加扎工。因此，扎工基本上也是一种劳动互助组织。扎工主要流行在地广人稀的地方，如延属分区的各县和三边分区的靖边及定边、吴旗少数地方。②

毛泽东指出："在那时，不过是农民救济自己悲惨生活的一种方法。"③ 民主政府成立后，农民当家作主了，在大生产运动中仍然利

---

① 石毅：《什么是"变工"和"扎工"》，《解放日报》1943 年 1 月 23 日第 4 版。

② 《陕甘宁边区生产运动介绍：边区的劳动互助》，晋察冀新华书店，无出版年代，河北大学图书馆藏，第 11 页。

③ 《毛泽东选集》第 3 卷，人民出版社 1991 年版，第 1078 页。

用这些劳动互助组织，但"中国解放区的变工队其形式和内容都起了变化；它成了农民群众为着发展自己的生产，争取富裕生活的一种方法"①。

由于日寇对根据地的人力、畜力、物力的破坏和疫病、天灾的影响，以及大量青壮年参加抗战工作，使解放区的劳力、畜力非常缺乏。在这种情况下，只有组织起来进行集体劳动，才能提高生产力，适应战争环境。抗日民主政府建立后，采取了大力发展农业生产的政策，农民的生产积极性提高，耕地面积迅速扩大。"1939年党中央和毛主席发动生产运动，不但部队机关学校行动起来，边区农村也掀起开荒热潮。"② 然而，与耕地面积迅速增长不一致的是，劳动力增长速度迟缓。"这时，劳力和畜力不足的问题更加突出。"③因此，如何组织起来，进行互助合作，调剂劳动力量，以提高耕作效力的问题，在实际生产中就被提了出来。

此时，延安县的典型经验引起了毛泽东的注意。

> 1942年，延安县有开荒8万亩的任务，在开荒开始时，没有组织扎工，但时间过去了2/3，任务只完成了18%。后来，组织了487个扎工，另吸收4939个好劳动力参加集体劳动，占全县的劳动力的1/3，在开荒期间的1/3时间内，就完成了58%的开荒任务。④

在1942年11月召开的西北局高干会上，毛泽东肯定了扎工、变工的作用，他在《经济问题与财政问题》书面报告中，以《延安县一九四二年八万亩的开荒计划是怎样完成的？》为题，讲到农业政策时说："我们的第五项农业政策是调剂劳动力。"如何调剂劳动力？他指出："在一村之内，或几村之间，不但每一农家孤立地自己替自己耕种土地，而且于农忙时实行互相帮助。例如以自愿的五家

---

① 《毛泽东选集》第3卷，人民出版社1991年版，第1079页。
② 《胡乔木回忆毛泽东》，人民出版社1994年版，第244页。
③ 同上。
④ 《边区劳动互助的发展》，《解放日报》1944年2月10日第4版。

六家或七家八家为一组，有劳动力的出劳动力，有畜力的出畜力，多的多出，少的少出，轮流地并集体地替本组各家耕种、锄草、收割，秋后结帐，一工抵一工，半工抵半工，多出的少出的按农村工价补给工钱。这个办法叫做劳动互助，从前江西苏区普遍实行的劳动互助社或耕田队，就是用这个办法组织起来的。人口密集的乡村，还可集合多少互助组为一互助社，组有组长副组长，社有社长副社长，组与组之间还可以互相调剂。在必要与可能时，社与社之间亦可有些调剂。这就是农民群众的劳动合作社，效力极大，不但可使劳动力缺乏的农家能够及时下种、及时锄草与及时收割，就是那些劳动力不缺的农家，也可因集体劳动而使耕种、锄草、收割更为有利。此种办法是完全有益无害的，我们应大大提倡。边区有些地方已经实行的变工，就是这种办法。各县应以大力组织劳动互助社，大大地发展农民的集体劳动。此外还有一种扎工，也为边区农民所欢迎，其法不是劳动互助，而是一种赶农忙的雇工组织，也是几个人或更多的人为一组，向需要的人家受雇而集体地做工，一家做完再往他家，亦能调剂劳动力。各地对外来扎工应予以帮助，例如帮助找工做等。"

会后《解放日报》根据毛泽东提出的方针发表了《把劳动力组织起来》的社论，代表党中央向群众发出了组织起来的号召。社论指出："生产是目前边区的中心任务，而农业生产更是全盘生产工作的中心。要完成这任务，首先要依靠边区农村中的三十多万个劳动力和三十多万个半劳动力。这六七十万人，只要组织起来，便是一支雄健的生产大军，便能发生雄厚无比的力量。"其最有效的组织方法就是"实行劳动互助"。社论特别肯定了"变工"和"扎工"在农业生产中的作用，认为，"把三五户七八家的人力畜力组织在一起，今天大家一齐帮你耕，明天大家给我种；那一块地草多，就给那家先锄；那家庄稼早熟，就帮那家先收。在'变工'中，不仅有人工换人工，而且三个人工还可以换到一犋牛工，办到有人力的出人力，有畜力的出畜力，多的多出，少的少出，使人力畜力得到调剂。这样，才能做到不违农时，才能做到及时翻地，及时下种，及时锄草和及时收割"①。

1943 年 10 月 14 日，毛泽东在《切实执行十大政策》中再次要求在全边区推广延安的成功经验。他指出："边区绝大多数的县，应向延安县看齐，要将劳动力组织在集体劳动的形式中，其中临时组织的占大多数，经常组织的要根据各县情况由十分之一提高到十分之二、三，达到十万人左右。"②

在上述方针指导下，1943 年春在陕甘宁边区以互助合作为中心的农业生产运动便蓬蓬勃勃地开展了起来，陕甘宁边区的互助合作运动从此走上了全面发展的阶段。

农业方面，1943 年 3 月 7 日，陕甘宁边区政府发动春耕竞赛与劳动互助问题给各专员县长发出了指示信，要求各地区在春耕竞赛中，参考延安县组织领导变工队的经验，帮助人民组织变工队、扎工队以及其他适合于提高人民劳动效能的劳动互助组织。此后，边区普遍开展劳动互助运动，根据不完全统计，1943 年全边区参加各种劳动互助组织的劳动力，春耕期间达到 10% 至 15%，夏耘期间达到 40%，秋收期达到 30%。全年总平均约有 25% 的劳动力参加了各种劳动互助组织。

在陕甘宁边区，有完全的劳动力 338760 个，1943 年组织在劳动合作社之内的，已有 81128 个，占 24%。③

1943 年 10 月 1 日，毛泽东起草的《中共中央政治局关于减租、生产、拥政爱民及宣传十大政策的指示》在《解放日报》上发表。该指示强调指出组织劳动力是当时条件下"发展生产的中心关节"，"每一根据地，组织几万党政军的劳动力和几十万人民的劳动力（取按家计划、变工队、运输队、互助社、合作社等形式，在自愿相等价的原则下，把劳动力和半劳动力组织起来）以从事生产，即在现时战争情况下，都是可能和完全必要的"，要求"共产党员必须学会

---

① 《解放日报》1943 年 1 月 25 日第 1 版。
② 《毛泽东文集》第 3 卷，人民出版社 1996 年版，第 70 页。
③ 史敬棠、张凛、周清和等：《中国农业合作化运动史料》上册，生活·读书·新知三联书店 1957 年版，第 257 页。

组织劳动力的全部方针和方法"。①

1943年10月，毛泽东在陕甘宁边区高干会议上做《论合作社》的讲话，11月，又在陕甘宁边区第一届劳动英雄代表大会上做了《组织起来》的讲话。这两次讲话，肯定了1942年高干会议把群众组织起来的方针，向边区人民发出了"组织起来"的重要号召，阐明了组织起来的道路、方针政策和方法步骤等。

毛泽东再次要求在全边区推广延安的成功经验，指出："边区绝大多数的县，应向延安县看齐，要将劳动力组织在集体劳动的形式中，其中临时组织的占大多数，经常组织的要根据各县情况由十分之一提高到十分之二、三，达到十万人左右。"②

毛泽东肯定了互助合作的重要意义，指出："经过去年高级干部会议的提倡，今年一年的实行，边区的劳动互助就大为条理化和更加发展了。今年边区有许多变工队，实行集体的耕种、锄草、收割，收成比去年多了一倍。群众看见了这样大的实效，明年一定有更多的人实行这个办法。……这是人民群众得到解放的必由之路，由穷苦变富裕的必由之路，也是抗战胜利的必由之路。"③

毛泽东还指出，抗日根据地农业生产中的合作社，还是一种初级形式的合作社，它既不同于个体经济，又不同于苏联的集体农庄，它是在中共领导下，由群众自愿参加的带有若干社会主义萌芽的集体劳动互助组织，这种农业生产合作组织，是广大农民走向社会主义必不可少的一个阶段。他说："在农民群众方面，几千年来都是个体经济，一家一户就是一个生产单位，这种分散的个体生产，就是封建统治的经济基础，而使农民自己陷于永远的穷苦。克服这种状况的唯一办法，就是逐渐地集体化；而达到集体化的唯一道路，依据列宁所说，就是经过合作社。在边区，我们现在已经组织了许多的农民合作社，不过这些在目前还是一种初级形式的合作社，还要经过若干发展阶段，才会在将来发展为苏联式的被称为集体农庄的

---

① 《毛泽东选集》第3卷，人民出版社1991年版，第912页。
② 《毛泽东文集》第3卷，人民出版社1996年版，第70页。
③ 《毛泽东选集》第3卷，人民出版社1991年版，第932页。

那种合作社。"①

陕甘宁边区第一届劳动英雄代表大会通过的宣言发出了响应毛泽东"组织起来"号召的宣言，并提出了 10 点具体要求：

第一，普遍发展变工、扎工。向淳耀的白塬村、延安的吴家枣园、安塞的马家沟学习，男女老少都组织起来，长年变工。

第二，实行移民政策，增加新的劳动力。向赤水的冯云鹏、延安的马丕恩学习，安置移民，帮助移民克服困难，发展生产。

第三，把全边区的"二流子"都改造成为好人。向盐池的刘生海学习。刘生海过去是"二流子"，没有吃没有穿，现在成了劳动英雄。

第四，发动能参加劳动的妇女参加农业生产。向米脂的郭凤英学习。她同男人一样，会纺织，又会种庄稼。

第五，多开荒地，深耕细作，增修水利，发展副业。向吴满有学习，多开荒；向刘玉厚、申长林学习，多积粪，多上粪，多种，多锄；向志丹的马海旺学习，多修水地；向清涧的白德学习，多养猪，发展副业。

第六，多种棉花，发动妇女纺线。向吴堡的郭秉仁学习，多种棉花，向绥德的刘老太婆学习，多纺线。

第七，办好合作社。向延安的刘建章、淳耀的田荣贵学习，多办合作社，办好合作社，为群众谋利益。

第八，组织运输队，多运盐出口。向延安的刘永祥学习，利用公盐代金组织合作运输，多运盐，又能使群众分到红利。

第九，节约粮食，储存粮食，多种洋芋。向关中的张清益学习，办义仓，救济困难，防备荒年。

第十，部队机关学校要加紧生产，从半自给走到全自给。向部队的张治国、李位、胡青山、郝树才、武生华学习，不放过一点时间努力生产；向工厂的赵占魁学习，努力生产，多出成品；向机关的黄立德、佟玉新学习，努力生产，节约公物。

宣言号召："在共产党和毛主席领导下，明年更加努力，大家组织起来，加紧生产，保卫边区，做到家家户户丰衣足食，来迎接抗

① 《毛泽东选集》第3卷，人民出版社1991年版，第931页。

战的胜利。"①

这次大会是我国有史以来首次举行的盛大的劳动英雄代表大会，对提高群众的生产热忱和推广互助合作的经验起了很大的作用。在中央指示和这次大会的推动下，陕甘宁和其他解放区的互助合作运动进一步地蓬勃发展起来。据统计，1944 年陕甘宁边区参加劳动互助组织的农民达 21 万人，占总农业劳动力的 45%。② 其他各解放区，一般组织了劳动力的 20%（晋绥达 37.4%）。③

劳动互助对抗日根据地的农业生产发展起了重要的作用。毛泽东把土地革命和减租减息称为"第一个革命"，把劳动互助组织的发展称为在发展农业生产力上的又一个革命。他说："如果不进行从个体劳动转到集体劳动的第二个生产关系即生产方式的改革，则生产力还不能进一步发展。将个体经济为基础的劳动互助组织即农民的生产合作社加以发展，生产就可以大大提高，增加一倍或一倍以上。如果全边区的劳动力都组织在集体互助的劳动组织之中，全边区一千四百万亩耕地的收获就会增加一倍以上。这种方法将来可推行到全国，在中国经济史上也要大书特书的。"④

毛泽东之所以对互助合作运动评价如此之高，是因为它带来了劳动生产效率的提高。据晋察冀边区阜平五区农民部长调查，一个劳动力如果不变工，只能种地 12.8 亩，收粮 100 斗；如果变工，就能种地 19.8 亩，收粮 165.2 斗。这样，变工比不变工，种地增加了64%，打粮增加了 60%。⑤

伴随劳动生产效率的提高，农业生产有了大幅度的增长。

1943 年，陕甘宁边区经过大规模组织劳动互助后，开荒 976224亩，耕地总面积达到 1338 万亩，粮食总产量达到 181 万石，除了满足当年消费外，有了 21 万石余粮，棉花种植面积达 150287 亩，产

① 陕西省档案馆、陕西省社会科学院：《陕甘宁边区政府文件选编》第 7 辑，档案出版社 1988 年版，第 193—198 页。

② 《解放日报》1944 年 12 月 27 日。

③ 《解放日报》1945 年 1 月 18 日。

④ 《毛泽东文集》第 3 卷，人民出版社 1996 年版，第 70 页。

⑤ 晋察冀边区财政经济史编写组、河北省档案馆、山西省档案馆：《晋察冀边区财政经济史资料选编》（农业编），南开大学出版社 1984 年版，第 617 页。

棉 173 万斤，达到边区棉花需要量的一半以上，牛发展到 220781
头，驴达到 167691 头，羊发展到 2033271 只。① 其中变化明显的
如，延安县吴家枣园村 1942 年收获是 141 石 5 斗，1943 年是 256 石
7 斗 5 升，增加了 81%；安塞马家沟村 1942 年收获是 83 石 7 斗，
1943 年是 160 石，增加了 91%；淳耀白塬村 1943 年收获比 1942 年
增加了 200 石，每亩比邻村多收 7 升至 1 斗；延安念庄变工队 1943
年收获比 1942 年几乎增加了一倍；华池城壕村 1942 年的收获是
170 石，1943 年是 280 石，增加了 65%。②

1945 年 1 月 10 日，毛泽东在陕甘宁边区劳动英雄和模范工作者大
会上分析了开展互助合作运动对促进农业生产发展的重要意义。他说：

> 由于是农村，农民都是分散的个体生产者，使用着落后的
> 生产工具，而大部分土地又还为地主所有，农民受着封建的地
> 租剥削，为了提高农民的生产兴趣和农业劳动的生产率，我们
> 就采取减租减息和组织劳动互助这样两个方针。减租提高了农
> 民的生产兴趣，劳动互助提高了农业劳动的生产率。我已得了
> 华北华中各地的材料，这些材料都说：减租之后，农民生产兴
> 趣大增，愿意组织如同我们这里的变工队一样的互助团体，三
> 个人的劳动效率抵过四个人。如果是这样，九千万人就可以抵
> 过一亿二千万人。还有两个人抵过三个人的。如果不是采取强
> 迫命令、欲速不达的方针，而是采取耐心说服、典型示范的方
> 针，那末，几年之内，就可能使大多数农民都组织在农业生产
> 的和手工业生产的互助团体里面。这种生产团体，一经成为习
> 惯，不但生产量大增，各种创造都出来了，政治也会进步，文
> 化也会提高，卫生也会讲究，流氓也会改造，风俗也会改变；
> 不要很久，生产工具也会有所改良。到了那时，我们的农村社
> 会，就会一步一步地建立在新的基础的上面了。③

---

① 《1943 年边区农业工作总结》，《史料摘编·农业》第 2 编，第 76—84 页。
② 陕甘宁边区财政经济史编写组、陕西省档案馆：《抗日战争时期陕甘宁边区财政经济
史料摘编》第 7 编，陕西人民出版社 1981 年版，第 29 页。
③ 《毛泽东选集》第 3 卷，人民出版社 1991 年版，第 1016 页。

第四章　精兵简政减轻农民负担

　　精兵简政的提法起于抗战时期，但在中国历史上，类似的做法却不乏先例。抗战时期，为了减轻农民负担，以毛泽东同志为代表的中国共产党人在推行减租减息的土地政策、开展大生产运动之外，还厉行精兵简政。精兵简政是中共的一项极其重要的政策。这项政策首先在陕甘宁边区提出和实行，接着，推广到敌后各抗日根据地，成为中共在抗日战争时期的十大政策之一，也是中共军政建设中的一次探索性改革。

　　陕甘宁边区是中共中央所在地和敌后抗日根据地的总后方，为全国抗战担负着特别重大的责任。随着革命事业的发展，边区的军队数量和政权机关也日益增加和扩大。但是，边区地广人稀，经济、文化比较落后，民力、财力、物力都很有限，加上因日寇对抗日根据地极其残暴、频繁的"扫荡"和"蚕食"而致使根据地范围缩小，国民党顽固派的包围封锁，财政经济也发生了严重困难，战争动员几近极限状态。

　　当时陕甘宁边区和敌后各抗日根据地一样，存在着"鱼大水小"的矛盾。陕甘宁边区有人口150多万，其脱产人员，到1941年，已由1938年的16000人增加到73000人，年均增速为1.2万人以上。随着脱产人员逐年增加，群众的公粮负担自然也年年加重。据李维汉《回忆与研究》记载，1937年，征收公粮1.4万石，占边区粮食总产量的1.8%，每人平均仅1升，是很轻的。其后逐年增加，1941

年激增至 20 万石，占粮食总产量的 13.8%，增加了 10 多倍。① 这样，在群众中便产生了不满情绪，以至竟发生了"雷公咋不打死毛泽东"的逸闻。②

此外，边区机构庞大，人浮于事，在干部作风方面产生了官僚主义、命令主义的毛病。比如说，陕甘宁边区政府仅其上层直属机关就有 35 个，100 名工作人员就配有 82 名杂务人员；而陕甘宁边区每个乡府管辖纵横 30 里，常居办事者却仅乡长一人，工作常常顾此失彼；③ 另一方面，"上级主管机关书面指示太多，而都集中到乡政府，乡政府人少，文化程度又有限，只好搁着……不仅浪费人力、物力，同时障碍着工作的效率和速度的提高"④。等等这些矛盾能否得到及时解决，是关系到抗日根据地能否存在和发展以至整个抗战能否坚持的严重问题。毛泽东敏锐地抓住了这个矛盾，他认为，"在目前，战争的机构和战争的情况之间已经发生了矛盾，我们必须克服这个矛盾"⑤。

1941 年 11 月 6 日至 21 日，陕甘宁边区第二届参议会第一次会议在延安召开。精兵简政就是在这个会议上由党外人士、米脂县参议会议长、边区参议员李鼎铭⑥等 11 人提出来的。

这次会议的开幕式上，毛泽东发表演说，鼓励党外人士就陕甘宁边区的建设提出意见和建议。他说：

> 共产党员必须倾听党外人士的意见，给别人以说话的机会。别人说得对的，我们应该欢迎，并要跟别人的长处学习；别人

---

① 李维汉：《回忆与研究》下册，中共党史出版社 1986 年版，第 500—501 页。

② 1941 年 6 月 3 日下午，陕甘宁边区政府小礼堂召开县长联席会议，突然间电闪雷鸣，小礼堂一根柱子被雷击断，延川县代县长李彩荣触电殒命。与此同时，雷电还打死农民一头驴，这个农民借题发泄对负担过重的不满，逢人便说：老天爷不睁眼，咋不打死毛泽东?! 这件事发生后，党中央和毛泽东非常重视，下决心解决群众负担过重的问题。

③ 何晓莉：《抗日战争时期陕甘宁边区的精兵简政》，《党校教学》1987 年第 4 期。

④ 《小言论：简政不是"减政"》，《解放日报》1941 年 11 月 30 日第 4 版。

⑤ 《毛泽东选集》第 3 卷，人民出版社 1991 年版，第 882 页。

⑥ 李鼎铭（1881—1947），陕北米脂县的开明士绅，为人正直，同情农工，拥护中国共产党团结抗日的政策。他曾于清朝末年在米脂县创办小学，做过榆林中学教员和小学校长；曾任米脂县参议会会长、陕甘宁边区第二届参议会议员、陕甘宁边区政府副主席等职。

说得不对，也应该让别人说完，然后慢慢加以解释。共产党员决不可自以为是，盛气凌人，以为自己是什么都好，别人是什么都不好；决不可把自己关在小房子里，自吹自擂，称王称霸。除了勾结日寇汉奸以及破坏抗战和团结的反动的顽固派，这些人当然没有说话的资格以外，其他任何人，都有说话的自由，即使说错了也是不要紧的。国事是国家的公事，不是一党一派的私事。因此，共产党员只有对党外人士实行民主合作的义务，而无排斥别人、垄断一切的权利。共产党是为民族、为人民谋利益的政党，它本身决无私利可图。它应该受人民的监督，而决不应该违背人民的意旨。它的党员应该站在民众之中，而决不应该站在民众之上。各位代表先生们，各位同志们，共产党的这个同党外人士实行民主合作的原则，是固定不移的，是永远不变的。只要社会上还有党存在，加入党的人总是少数，党外的人总是多数，所以党员总是要和党外的人合作，现在就应在参议会中好好实行起来。①

受毛泽东演说的鼓舞和激励，李鼎铭等提出《政府应彻底计划经济，实行精兵简政主义，避免入不敷出、经济紊乱之现象案》。他们在议案中指出："政府应彻底计划经济，实行精兵简政主义，避免入不敷出、经济紊乱之现象。"其理由是"军事政治之建立，必须以经济力量为基础。在今日人民困苦、资源薄弱之状况下，欲求不因经济枯竭而限制军政发展，亦不因军政发展而伤害经济命脉，唯有政府彻底计划经济，实行精兵简政主义，量入为出，制定预算，以求得相依相助，平衡发展之效果"。② 为此，他们还提出避免老弱残废滥竽充数，规定供给标准，提倡节约，提高生产力，量入为出五项具体实施办法。

这个议案提出后，曾产生争议，在参议会上引起热烈的讨论。多数议员认为这是一个有远见卓识的提案，应尽快实行；但也有些

---

① 《毛泽东选集》第3卷，人民出版社1991年版，第809页。
② 《陕甘宁边区第二届参议会提案第八十一案》，参见《陕甘宁边区的精兵简政》，求实出版社1982年版。

议员认为,时值救国紧急关头,敌人正以大量兵力向我进攻,在这种情况下,搞精兵简政,岂不等于束手就擒?甚至有人怀疑李鼎铭等人的动机是否纯正。① 毛泽东看到李鼎铭等的提案后非常重视,把整个提案抄到自己的本子上,重要的地方用红笔圈起,并在一旁加了一段批语:"这个办法很好,恰恰是改造我们的机关主义、官僚主义、形式主义的对症药。"② 毛泽东还亲自找李鼎铭谈话,进一步征求他的意见,并告诉他,党中央对精兵简政问题要进行研究,作为党的一项政策在边区和各根据地实行。

11月17日,中共中央政治局召开会议,讨论陕甘宁边区财政经济计划草案。毛泽东明确肯定精兵简政政策,他说:财政经济方针须实行两大原则:一是精兵简政,调整人员;二是扩大收支,发展事业。③ 在毛泽东的支持下,11月18日,陕甘宁边区第二届参议会以165票(出席会议有表决权的参议员共209名)多数通过关于精兵简政的提案。毛泽东后来说:"'精兵简政'这一条意见,就是党外人士李鼎铭先生提出来的;他提得好,对人民有好处,我们就采用了。只要我们为人民的利益坚持好的,为人民的利益改正错的,我们这个队伍就一定会兴旺起来。"④

1941年12月17日,毛泽东起草的《关于太平洋战争爆发后敌后抗日根据地工作的指示》经中共中央政治局会议讨论通过后向全党发出。该指示明确要求:

> "为进行长期斗争,准备将来反攻,必须普遍的实行'精兵简政'。敌后抗战能否长期坚持的最重要条件,就是这些根据地居民是否能养活我们,能维持居民的抗日积极性,敌后抗日根据地的民力财富一般的说已经很大减弱,因此:'精兵简政',节省民力,是目前迫切的重要的任务。"指示具体要求各根据地

---

① 参见杨瑞广《中共中央与八年抗战》,陕西人民出版社1996年版,第373页。
② 李维汉:《回忆与研究》下册,中共党史出版社1986年版,第502页。
③ 中共中央文献研究室编:《毛泽东年谱》中卷,中央文献出版社2013年版,第10页。
④ 《毛泽东选集》第3卷,人民出版社1991年版,第1004—1005页。

的党、政和民众团体的全部脱产人数应力求不超过甚至少于居民总数的 3%。①

在此之前，中共中央军委已就根据地军事建设中应当贯彻精兵主义向各根据地发出指示，军委指出："敌寇对我抗日根据地的残酷'扫荡'，我军人力、物力、财力及地区之消耗，使敌后抗日根据地的敌我斗争，进入新的更激烈的阶段。""在这一新阶段中，我之方针应当是熬时间的长期斗争，分散的游击战争。"军委认为，但在目前新的环境中，军事建设的中心应放在地方军及人民武装的扩大与巩固上；主力军应采取适当的精兵主义，着重提高其政治军事的质量，进行缩编和充实编制。②

1941 年 12 月 28 日，中共中央书记处、中央军委在关于 1942 年中心工作任务的指示中就坚决执行中央指示，精兵简政、发展经济、发展民运等提出了明确要求。③

这就逐渐在党内外形成了开展精兵简政的共识。谢觉哉在 1942 年 2 月 15 日夜阅《党的资料》一期时曾记录下如下内容："警句：'敌后的抗战能否长期坚持，其最重要条件乃是根据地内居民是否能养活我们，及维持居民的抗日积极性。敌后抗日根据地的民力、财力，一般说已经很大减弱。因此，为进行长期斗争、准备将来的反攻，普遍的实行"精兵简政"、节省民力是目前重要的迫切任务。……若民力很快的消耗完，假若老百姓因为负担过重，而消极与我们脱离，则无论其他政策之如何正确，亦将无济于事，而招致极严重的结果。'"④

在这样的气氛下，深入贯彻精兵简政就在各抗日根据地的党政军机关、学校及民众团体中普遍地实行起来了。

为了加强陕甘宁边区的精兵简政工作，毛泽东派原中央西北工

---

① 中央档案馆编：《中共中央文件选集》第 13 册，中共中央党校出版社 1991 年版，第 264—265 页。

② 同上书，第 212—213 页。

③ 同上书，第 272—273 页。

④ 《谢觉哉日记》，人民出版社 1984 年版，第 352 页。

作委员会秘书长李维汉到边区政府工作。李维汉当时担任的职务是陕甘宁边区政府秘书长兼政策研究室主任。任职前，毛泽东和他有一段长时间的谈话，其中说到精兵简政时毛泽东叮嘱了五句话，即："精简，节约，统一，效能，反对官僚主义。"毛泽东希望他到任后，团结内部，在执行党的各项政策中带个头，自觉承担起试验、推广、完善政策的任务。① 毛泽东的指示对陕甘宁边区和其他抗日根据地的精兵简政工作起了重要的推动作用。

边区参议会闭幕后第六天，边区政府主席林伯渠主持召开新选出的边区政府首次政务会议，专题讨论贯彻执行精兵简政的问题，决定成立由刘景范、高自立、周文、周兴、南汉宸五人组成的编整委员会，首先调整各级组织机构和干部配备。12 月中旬，编整委员会便拟订出整编方案，制定了陕甘宁边区县政府、区公署和乡市政府三个组织暂行条例，以便为进行精简和整编时所遵循。经过一系列宣传和准备工作以后，陕甘宁边区于 1942 年 1 月开始了第一次精简。经过近四个月的努力，共裁减合并骈枝机构百余处，各级政府工作人员减少了 24%，计 1598 人。5 月初，陕甘宁边区政府又决定进行第二次精简，邀请中共中央、中央军委、西北局各派一名代表，与边区政府正副主席和各厅处院长等共同商讨成立了总编整委员会，由林伯渠、李鼎铭主持总编委工作。经过三个多月的努力，第二次精简取得了显著效果：政务与事务适当分开了，行政领导机关和事务专管机关，明确任务，各负其责；边区政府秘书处和民政、财政、文教、建设四厅实行了合署办公。

陕甘宁边区的精简工作，为其他抗日根据地提供了经验。

为了切实贯彻中共中央关于精兵简政的精神，毛泽东多次致电各抗日根据地，要求他们下大决心实行彻底的精兵简政。

1942 年 1 月，毛泽东等电示聂荣臻、萧克，指出解决平西问题的关键是实行精兵简政，使党政军民脱离生产的人数不超过平西我区人口的 3%，以减轻人民负担及财政粮食困难。4 月中旬，毛泽东致电返延途经山东的刘少奇，委托他召开山东分局与山东军政委员

---

① 李维汉：《回忆与研究》下册，中共党史出版社 1986 年版，第 499 页。

会联席会议，以精兵简政。

1942 年 8 月 4 日，毛泽东就华中抗日根据地的精兵简政问题写信给陈毅。全文如下：

陈毅同志：

看了关于精兵简政的电报，使我们明了华中全情况，这是很好的。你们又刚在四月底开过扩大会还不很久，也不必急于更改，但有一点须请你注意，即伴随着极端残酷斗争，根据地缩小，必然要到来，而且可能很快到来，这一点如不预先计及，将来必要吃大亏。在此情形下，不论华中华北，都不能维持过大军队，如愿勉强维持，必难持久，一九三四下半年中央苏区的经验我们不应忘记。以华中论，你们决定现有八万主力军四万地方军扩大至十万主力军，十万地方军，共计二十万，党政还不在内，江南、皖东、淮北、鄂中均已缩小，这个总数是太大了。明年必是非常困难的一年，其困难程度为目前许多人所不能想象，高级领导机关必须预为计及。内战时还可以有长征，现在则绝不能有长征。如使根据地民力财力迅速枯竭，弄到民困军愁，便有坐毙危险。现在华北山东须下绝大决心，实行彻底的精兵简政，否则到了明年必不能维持。华中情形虽略有不同，但总方向是相同的。此事请你预加考虑，到年底或明春作一通盘计划，达到精简目的为盼。①

1942 年 8 月 19 日，延安《解放日报》发表了毛泽东的文章《精兵简政在晋冀鲁豫边区》。文章介绍了晋冀鲁豫边区全面实行精兵简政的情况。他们把精兵简政贯彻到各方面工作中去，并摸索出一套从政治动员到总结检查的系统做法。这些成绩与经验得到了毛泽东的肯定和赞扬。就在文章发表的当天，毛泽东同中共中央西北局副书记、陕甘宁边区参议会副议长谢觉哉和中共中央西北局组织

---

① 中央档案馆编：《中共中央文件选集》第 13 册，中共中央党校出版社 1991 年版，第 424—425 页。

部部长陈正人，商谈召开第二届参议会第二次会议的事宜，原拟定于 10 月 10 日召开，后决定延期。同一天，毛泽东在致他们的信中说："今天所谈二届参议会应以准备精兵简政为中心，在开会以前应实行精简，开会以后应检查（点验）精简，而精简包括精少、效能、统一诸方面。今看本日（十九日）报纸《精兵简政在晋冀鲁豫边区》一文，所包事项尤多，尚有节省、反官僚主义诸项，此文我看很好，请你们也看一看，是否我们这里可以完全仿效？此事应在整风学习完后来一个如像整风这样的大举，方能普遍、深入与切实见效，过去还只是耳边风。"① 与此同时，《解放日报》接连发表了多篇社论，强力推进精兵简政。如 8 月 3 日发表了题为"彻底实行精兵简政"的社论，8 月 23 日发表了题为"精兵简政当前工作的中心环节"的社论等。

按照毛泽东的指示精神和中共中央的统一部署，各抗日根据地纷纷开展精兵简政工作。1942 年 9 月，华中局分会发出关于"精兵简政"的通知。通知指出："在精兵方面应注意在提高部队质量与加强战斗实力的原则下，调整编制，缩减编并某些单位，充实连队，规定战斗人员与直属队人员数目及比例，严格紧缩后方机关。减少人员马匹，抽调一批有相当能力的地方干部到地方军及群众中工作。在简政方面应注意在紧缩行政机关，提高行政效率的原则下，裁减机关，合并单位，达到各级短小精干适合敌后游击战争环境，严格遵照政民脱离生产干部及杂务人员不得超过居民百分之一的规定，减少大批杂务人员马匹及伙食单位。"② 通知要求华中各根据地应以精简为冬季工作的中心，分三期实施"精兵简政"：第一期为政治教育和动员；第二期为调查研究与计划布置；第三期为确定方案，总结与交换经验及彻底完成精简计划。

精兵简政工作在各抗日根据地开展顺利，如前所述，其中的晋冀鲁豫抗日根据地的工作得到毛泽东的赞扬。晋冀鲁豫抗日根据地是华北敌后抗日根据地中幅员最大、人口最多的根据地，其中的太

① 《毛泽东文集》第 2 卷，人民出版社 1993 年版，第 439 页。

② 江苏省财政厅、江苏省档案馆财政经济史编写组合编：《华中抗日根据地财政经济史料选编》第 1 卷，档案出版社 1984 年版，第 81—83 页。

行区又是晋冀鲁豫的基本根据地。在这里集中驻扎着大量的领导机关，不仅有晋冀鲁豫边区党政军领导机关——中共中央北方局太行分局、边区政府和边区参议会及其直属单位，以及第 129 师师部和直属部队，而且有领导整个华北抗日战争的中共中央北方局、八路军前方指挥部及其直属机关。毛泽东所说的"鱼大水小"、人民负担较重的情况较为突出。为解决这一矛盾，1942 年，晋冀鲁豫边区党政军展开大规模的"精兵简政"运动。结果，经过简政，边区的机构和脱产人员大大减少，仅太行区县以上工作人员就减少 18%，节省经费 38%。军队方面，经过精简整编，第 129 师师直由 29 个单位减为 12 个单位，人员由 2627 人减为 1163 人。包括第 129 师师直、第 385 旅、新 1 旅及各军分区在内的太行区八路军，共裁减 151 个单位、约 6650 人。

但是，精兵简政工作在各个根据地开展的情况又是不平衡的。例如，在晋察冀边区，在 1942 年的精兵简政工作中虽然减少了许多，但是边区脱产人数仍然超过了中共中央关于占人口总数 3% 的比例。1942 年 4 月 22 日，中共中央书记处发出关于总结精兵简政经验的通知，对各抗日根据地执行精兵简政的情况做了一次调查。调查结果发现，"一般已开始在做，但均做得很不够"①。

有鉴于此，毛泽东根据 10 个月来推行精兵简政的情况，为《解放日报》撰写了题为"一个极其重要的政策"的社论。1942 年 9 月 7 日，《解放日报》发表了该社论。社论再次阐述了精兵简政的重要意义，要求各抗日根据地重视该项工作，加强对精兵简政的领导。

毛泽东在社论中指出："自从党中央提出精兵简政这个政策以来，许多抗日根据地的党，都依照中央的指示，筹划和进行了这项工作。晋冀鲁豫边区的领导同志，对这项工作抓得很紧，做出了精兵简政的模范例子。但是还有若干根据地的同志们因为认识不够，没有认真地进行。这些地方的同志们还不理解精兵简政同当前形势和党的各项政策的关系，还没有把精兵简政当作一个极其重要的政策看待。"毛泽东强调："在目前，战争的机构和战争的情况之间已

① 《解放日报》1942 年 6 月 25 日。

经发生了矛盾，我们必须克服这个矛盾。敌人的方针是扩大我们这个矛盾，这就是他的'三光'政策。假若我们还要维持庞大的机构，那就会正中敌人的奸计。假若我们缩小自己的机构，使兵精政简，我们的战争机构虽然小了，仍然是有力量的；而因克服了鱼大水小的矛盾，使我们的战争的机构适合战争的情况，我们就将显得越发有力量，我们就不会被敌人战胜，而要最后地战胜敌人。"①

1942 年 10 月 19 日，在中共中央西北局高级干部会议开幕会上，毛泽东对于实行精兵简政的办法和目标作了比较完整的表述：这次开会我们是要大检查、大整顿。我们这次所提出的"七整"，即整政、整军、整民、整党、整财政、整经济、整关系，就是本着这种精神来做的。通过"七整"，要达到精简、效能、统一、节约、反官僚主义五项目的。其中尤其要达到统一是最重要的。就在西北局高干会议期间，毛泽东为会议撰写的《经济问题与财政问题》的长篇书面报告中告诫说，根据地的广大农民承担着粮食供应的巨大任务，"我们不要忘记人民给我们帮助的重要性。人民给了我们粮食吃：一九四〇年的九万担，一九四一年的二十万担，一九四二年的十六万担，保证了军队和工作人员的食粮。截至一九四一年，我们公营农业中的粮食生产一项，还是很微弱的，我们在粮食方面还是依靠老百姓。今后虽然一定要加重军队的粮食生产，但是暂时也还只能主要地依靠老百姓。陕甘宁边区虽然是没有直接遭受战争破坏的后方环境，但是地广人稀，只有一百五十万人口，供给这样多的粮食，是不容易的"。毛泽东继续指出，为了减轻农民的负担，必须要切实贯彻精兵简政的方针。他说："这次陕甘宁边区高级干部会议以后，我们就要实行'精兵简政'。这一次精兵简政，必须是严格的、彻底的、普遍的，而不是敷衍的、不痛不痒的、局部的。在这次精兵简政中，必须达到精简、统一、效能、节约和反对官僚主义五项目的。这五项，对于我们的经济工作和财政工作，关系极大。精简之后，减少了消费性的支出，增加了生产的收入，不但直接给予财政以好影响，而且可以减少人民的负担，影响人民的经济。"

---

① 《毛泽东选集》第 3 卷，人民出版社 1991 年版，第 880、882 页。

与此同时，中共中央于 1942 年 12 月 1 日发出了《关于加强统一领导与精兵简政工作的指示》，要求"没有实行精兵简政的地方立即着手研究，实行精简，已经实行了的地方再加审查，凡不彻底的地方，须彻底来一次大大的痛快的精简（不是小小的不痛不痒的）"①。

这进一步推动了各地精兵简政的开展。1942 年 12 月边区政府第三次政府委员会通过了《陕甘宁边区简政实施纲要》，接着又先后颁布了一系列有关的规则、条例、公约和方法。经过 1943 年一年的努力，精兵简政工作获得了预期效果。以边区政府为例，其内部机构裁并了 1/4，直属机关从 35 个减至 22 个，分区专署及县政府的内部机构减掉一半；人员由原来的 469 人减为 279 人，减少了 40%。②

精兵简政减轻了农民的负担，促进了生产的发展。由于实行精兵简政，大大减少了人力、物力、财力的支出与浪费，收到了明显的节约与减轻民负的效果。拿民力的动员来说，延安在 1941 年动员民力 6 万余人，1942 年只动员 2.8 万余人，减少了约 53.3%；绥德在 1941 年动员民力 7.5 万余人，1942 年只动员 900 人，减少了约 98.8%。由于精简节约以及生产运动的开展，大大减轻了群众的公粮负担，1941 年陕甘宁边区征收公粮总计为 20 万石，以后做到了逐年减少，1943 年为 18 万石，1944 年为 16 万石，1945 年减少到 12 万石。随着民力动员的减少，农业生产运动得到进一步的发展。1940 年陕甘宁边区耕地面积为 1100 余万亩，1944 年扩大为 1400 余万亩，粮食总产足达到 184 万石，除去消费 162 石外，尚有粮食 22 万石的节余。③ 晋冀鲁豫抗日根据地的全太行区，经过精兵简政，共节约经费 38%，粮食 2000 万斤，1942 年比 1941 年减征公粮 2340 万斤，1943 年比 1942 年减征 33%，1944 年又再次减征，比 1941 年少了将近一倍半。④

---

① 中央档案馆编：《中共中央文件选集》第 13 册，中共中央党校出版社 1991 年版，第 466 页。

② 《胡乔木回忆毛泽东》，人民出版社 1994 年版，第 148 页。

③ 参见何晓莉《抗日战争时期陕甘宁边区的精兵简政》，《党校教学》1987 年第 4 期。

④ 张国祥：《山西抗日战争史》下卷，陕西人民出版社 1992 年版，第 205 页。

第五章 进一步论述农村包围城市的道路理论

在土地革命战争后期和抗战时期，毛泽东明确指出了中国革命应走农村包围城市、武装夺取政权的道路。在土地革命战争早期和中期，毛泽东已经提出了以乡村为中心的思想，初步解决了中国革命走农村包围城市、武装夺取政权的道路问题。但是，对这一道路进行明确的理论阐述，则是在土地革命战争后期和抗日战争时期。这个时期，毛泽东研究新情况，总结新经验，进行了伟大的理论创造。他先后发表了《中国革命战争的战略问题》（1936 年 12 月）、《论新阶段》（1938 年 10 月）、《战争和战略问题》（1938 年 11 月）、《中国革命和中国共产党》（1939 年 12 月）等著作、演讲，在新的历史条件下，进一步回答了中国革命"农村包围城市、武装夺取政权"的革命道路问题，形成了严整而完善的理论形态。

毛泽东进一步深刻地阐明了中国革命战争的四个特点，第一次明确提出了中国革命的长期性、残酷性和曲折性。毛泽东在《星星之火，可以燎原》等文章中虽然精辟地论证了"工农武装割据"的必要性和军事斗争的极端重要性，但未指出中国武装斗争的长期性、复杂性和革命战争的持久性。后来，他针对"左"倾教条主义者照搬苏联内战的经验和中国 1926—1927 年北伐战争长驱直进和夺取大城市的经验，写了《中国革命战争的战略问题》，提出了中国革命的四个特点："中国是一个政治经济发展不平衡的半殖民地的大国，而又经过了 1924 年至 1927 年的革命"；"敌人的强大"；"红军的弱小"；"共产党的领导和土地革命"。① 第一个特点和第四个特点规定了中国红军的可能发展和可能战胜敌人；第二个和第三个特点规定了中国红军的不可能很快发展和不可能很快战胜敌人，即规定了武装斗争的长期性、残酷性和曲折性，以及革命战争的持久性，而且如果弄得不好的话，还可能失败。在这个基础上毛泽东论述了农村包围城市的道路。

一　进一步阐明了中国革命走农村包围城市道路的必要性

1938 年 11 月 6 日，毛泽东在中共六届六中全会上做总结时做了精彩演讲，从分析阶级斗争的历史经验入手，着重说明战争和战略问题在中国革命问题上的重要地位，并动员全党注意对军事问题的研究。讲话以《战争和战略问题》为题收入《毛泽东选集》第 2 卷。他在讲话中指出："在资本主义各国，在没有法西斯和没有战争的时期内，那里的条件是国家内部没有了封建制度，有的是资产阶级的民主制度；外部没有民族压迫，有的是自己民族压迫别的民族。基于这些特点，资本主义各国的无产阶级政党的任务，在于经过长期的合法斗争，教育工人，生息力量，准备最后地推翻资本主义。在那里，是长期的合法斗争，是利用议会讲坛，是经济的和政治的罢工，是组织工会和教育工人。那里的组织形式是合法的，斗争形式是不流血的。在战争问题上，那里的共产党是反对自己国家的帝国主义战争；如果这种战争发生了，党的政策是使本国反动政府败北。自己所要的战争只是准备中的国内战争。但是这种战争，不到资产阶级处于真正无能之时，不到无产阶级的大多数有了武装起义和进行战争的决心之时，不到农民群众已经自愿援助无产阶级之时，起义和战争是不应该举行的。到了起义和战争的时候，又是首先占领城市，然后进攻乡村，而不是与此相反。所有这些，都是资本主

---

① 《毛泽东选集》第 1 卷，人民出版社 1991 年版，第 188—190 页。

义国家的共产党所曾经这样做，而在俄国的十月革命中证实了的。"①

　　而中国的情况大不一样。毛泽东说："中国的特点是：不是一个独立的民主的国家，而是一个半殖民地的半封建的国家；在内部没有民主制度，而受封建制度压迫；在外部没有民族独立，而受帝国主义压迫。因此，无议会可以利用，无组织工人举行罢工的合法权利。在这里，共产党的任务，基本地不是经过长期合法斗争以进入起义和战争，也不是先占城市后取乡村，而是走相反的道路。"②

　　对于中国共产党，在帝国主义没有武装进攻的时候，或者是和资产阶级一道，进行反对军阀即帝国主义的走狗的国内战争，例如北伐战争；或者是联合农民和城市小资产阶级，进行反对地主阶级和买办资产阶级——同样是帝国主义的走狗——的国内战争，例如土地革命战争；在帝国主义举行武装进攻的时候，则是联合国内一切反对外国侵略者的阶级和阶层，进行对外的民族战争，例如抗日战争。所有这些，表示了中国和资本主义国家的不同。在中国，主要的斗争形式是战争，而主要的组织形式是军队。这就是说，中国革命不能像资本主义的国家那样，经过长期合法斗争以进入起义和战备而是以武装的革命对武装的反革命为主要斗争形式。

　　由于中国革命的敌人异常强大，而且长期占据城市，广大农村则是反动统治比较薄弱的地方。因此，中国的武装斗争要先占农村后取城市。由于在半殖民地半封建的中国，占人口80%以上的农民是反帝反封建的主力军，是无产阶级最可靠的同盟军。中国的民主革命，实质上是无产阶级领导下的农民革命战争。广大农村有着深厚的革命基础，应当成为中国民主革命的主要战略基地。因此，无产阶级要夺取革命胜利就必须派遣自己的先锋队深入农村，发动农民，武装农民，开展土地革命，建立革命根据地和革命政权，把落后的农村改造成先进的巩固革命阵地，使之成为革命力量发展的立足点和夺取革命在全国胜利的出发点。

---

①　《毛泽东选集》第2卷，人民出版社1991年版，第541—542页。
②　同上书，第542页。

二 进一步论证了农村革命根据地能够长期存在和发展的可能性

中国是一个多个帝国主义间接统治的半殖民地半封建的大国，这是中国的基本国情，其特点是政治经济发展的极端不平衡。毛泽东指出："这个特点，指出中国革命战争有发展和胜利的可能性。当着一九二七年冬天至一九二八年春天，中国游击战争发生不久，湖南江西两省边界区域——井冈山的同志们中有些人提出'红旗到底打得多久'这个疑问的时候，我们就把它指出来了（湘赣边界党的第一次代表大会）。因为这是一个最基本的问题，不答复中国革命根据地和中国红军能否存在和发展的问题，我们就不能前进一步。"[①]

红军长征到达陕北后，毛泽东再次对上述中国社会的特点进行了分析，指出：

中国政治经济发展不平衡——微弱的资本主义经济和严重的半封建经济同时存在，近代式的若干工商业都市和停滞着的广大农村同时存在，几百万产业工人和几万万旧制度统治下的农民和手工业工人同时存在，管理中央政府的大军阀和管理各省的小军阀同时存在，反动军队中有隶属蒋介石的所谓中央军和隶属各省军阀的所谓杂牌军这样两部分军队同时存在，若干的铁路航路汽车路和普遍的独轮车路、只能用脚走的路和用脚还不好走的路同时存在。

中国是一个半殖民地国家——帝国主义的不统一，影响到中国统治集团间的不统一。数国支配的半殖民地国家和一国支配的殖民地是有区别的。

中国是一个大国——"东方不亮西方亮，黑了南方有北方"，不愁没有回旋的余地。

中国经过了一次大革命的——准备好了红军的种子，准备

---

① 《毛泽东选集》第 1 卷，人民出版社 1991 年版，第 188 页。

好了红军的领导者即共产党，又准备好了参加过一次革命的民众。①

　　毛泽东进一步指出：在这种情形下面，由于中国经济发展的不平衡（不是统一的资本主义经济）、中国土地的广大（革命势力有回旋的余地）、中国的反革命营垒内部的不统一和充满着各种矛盾、中国革命主力军的农民的斗争是在无产阶级政党共产党的领导之下，这样，中国革命就有可能在农村区域首先胜利。"由此也就可以明白，在这种革命根据地上进行的长期的革命斗争，主要的是在中国共产党领导之下的农民游击战争。因此，忽视以农村区域作革命根据地的观点，忽视对农民进行艰苦工作的观点，忽视游击战争的观点，都是不正确的。"②

　　由此，毛泽东批评李立三的"左"倾教条主义，指出：这是"不懂得中国内战的持久性，因此看不出中国内战发展中'围剿'又'围剿'、打破又打破的这种长期反复的规律，因此在红军还幼小的时代就命令红军去打武汉，命令全国举行武装起义，企图使全国革命迅速胜利"③。毛泽东指出：王明"左"倾机会主义同样犯有这个错误，"也不相信'围剿'反复这一规律"，"在这个估计之下的战略方针，就是红军打武汉。这和江西的一些同志号召红军打南昌，反对进行使各根据地联成一片的工作，反对诱敌深入的作战，把一省胜利放在夺取省城和中心城市的基点上"④。

　　1938 年 10 月，毛泽东在中共六届六中全会上所做的报告《论新阶段》总结十年土地革命战争的实践经验，并把农村包围城市道路理论运用于抗日民族解放战争，指出："敌据城市以对我，我据乡村以对敌"，"乡村能够最后战胜城市"，因为"今天中国的城市乡村问题，与资本主义外国的城市乡村问题有性质上的区别。在资本

---

　　① 《毛泽东选集》第 1 卷，人民出版社 1991 年版，第 188—189 页。
　　② 《毛泽东选集》第 2 卷，人民出版社 1991 年版，第 635 页。
　　③ 《毛泽东选集》第 1 卷，人民出版社 1991 年版，第 195 页。
　　④ 毛泽东：《中国革命战争的战略问题》，载《毛泽东选集》第 1 卷，人民出版社 1991 年版。

主义国家，城市在实质上形式上都统制了乡村，城市之头一断，乡村之四肢就不能生存"。在今天的半殖民地大国如中国，存在着许多优良条件，利于我们组织坚持长期的广大的战争，去反对占领城市的敌人。"第一是半殖民地条件。在半殖民地，城市虽带着领导性质，但不能完全统制乡村，因为城市太小，乡村太大，广大的人力物力在乡村不在城市。""第二是大国的条件。失去一部，还有一部。""第三是今日的条件。""今天主要的是中国进步了，有了新的政党、军队与人民，这是胜敌的基本力量。"①

那么，如何包围城市，最后夺取城市呢？毛泽东根据十年土地革命战争的实践和抗战初期的实践，主张"用犬牙交错的战争，将城市包围起来，孤立城市，从长期战争中逐渐生长自己力量，变化敌我形势，再配合之以世界的变动，就能把敌人驱逐出去而恢复城市"②。因为有了上述"三位一体的条件"，所以"乡村能够战胜城市"，"在内战条件下，极小部分的乡村支持了长期反对城市的战争，还当帝国主义各国一致反共的时期。谁能说在民族战争条件下，又当帝国主义阵营分裂之时，中国以极大部分的乡村，不能支持长期战争去反对城市敌人呢？毫无疑义是能够的"。③

三 提出山地游击战思想，丰富了农村包围城市、武装夺取政权的理论

1937 年 7 月 17 日，中共代表周恩来、秦邦宪、林伯渠与国民党代表蒋介石、张冲、邵力子就国共合作、红军改编等问题举行了第四次谈判，7 月底，又奉党中央之命到前方红军司令部驻地——陕西省三原县云阳镇，与红军主要领导干部具体商谈红军改编问题。8 月 1 日，毛泽东、张闻天在给周、秦、林的电报中，第一次提出："关于红军作战原则，依当前敌我情况，我们认为必须坚持下列原

---

① 《毛泽东军事文选》，战士出版社 1981 年版，第 149—150 页。
② 同上书，第 150 页。
③ 同上。

则：（甲）在整个战略方针下执行独立自主的分散作战的游击战争，而不是阵地战，也不是集中作战，因此不能在战役战术上受束缚。只有如此，才能发挥红军特长，给日寇以相当打击。（乙）依上述原则，在开始阶段，红军以出三分之一的兵力为适宜，兵力过大，不能发挥游击战，而易受敌人的集中打击，其余兵力依战争发展，逐渐使用之。"①

三天之后，毛泽东在同张闻天商讨对国防问题的意见，并致电周恩来等，提出"总的战略方针暂时是攻势防御，应给进攻之敌以歼灭的反攻，决不能是单纯防御。将来准备转变到战略进攻，收复失地"。"正规战与游击战相配合。游击战以红军与其他适宜部队及人民武装担任之，在整个战略部署下，给与独立自主的指挥权。""担任游击战之部队，依地形条件及战况之发展，适当使用其兵力。为适应游击战性质，原则上应分开使用，而不是集中使用。""依现时情况，红军应出三分之一兵力，依冀、察、晋、绥四省交界地区为中心，向着沿平绥路西进及沿平汉路南进之敌，执行侧面的游击战；另以一部向热冀察边区活动，威胁敌后方（兵力不超过一个团）。红军应给与必要的补充。"他进一步强调指出，"发动人民的武装自卫战，是保证军队作战胜利的中心一环。对此方针游移是必败之道"②。

毛泽东从争取抗日战争的最终胜利这个大局出发，8月5日，同张闻天复电朱德、周恩来、秦邦宪、林伯渠、彭德怀、任弼时，指出：关于担任一方面作战任务问题，红军担负以独立自主的游击运动战，钳制敌人大部，消灭敌人一部的任务。这是在一定地区内协助正面友军作战，而不是"独当一面"。我们事实上只宜作侧面战，不宜作正面战。③ 四日之后，毛泽东在出席中共中央召集的由各单位负责人参加的会议中指出，红军应当实行独立自主的指挥与分散的游击战争。在毛泽东看来，必须保持独立自主的指挥，才能发挥红

---

① 中共中央文献研究室编：《毛泽东年谱》中卷，中央文献出版社 2013 年版，第 8 页。

② 同上书，第 9—10 页。

③ 同上书，第 10 页。

军的长处，从而保证红军的壮大。①

中共中央为了适应全国抗战爆发后急剧变化的形势，于 8 月 22—25 日在陕北洛川召开政治局扩大会议，史称洛川会议。这次会议正式确立了以独立自主山地游击战作为红军对日作战基本战略方针。毛泽东在会上做军事问题和国共两党关系的报告。他指出："红军的基本任务是：创造根据地；钳制和相机消灭敌人；配合友军作战（战略支援任务）；保存和扩大红军；争取民族革命战争领导权。红军的战略方针是独立自主的山地游击战，包括在有利条件下消灭敌人兵团和在平原发展游击战争。独立自主是在统一战线下的相对独立自主的指挥；游击战争的作战原则是分散以发动群众，集中以消灭敌人，打得赢就打，打不赢就走；山地战要达到建立根据地，发展游击战争，小游击队可到平原地区发展。"②

洛川会议之后，毛泽东就战略方针问题多次给党和军队的一些领导人发电，进一步阐述独立自主山地游击战方针的基本原则，以此来凝聚党内、军内共识。

9 月 12 日，毛泽东致电彭德怀，进一步系统地阐述了独立自主的山地游击战争这一基本原则的内涵，主要包含："（一）依照情况使用兵力的自由。现在蒋鼎文还在说刘师应速上前线，彼等用意或者不明白使用大兵团于一个狭小地域实不便于进行游击战争，如果是这样，可见我们对此原则并未向他们有过彻底坚持的说明；或者他们含有恶意即企图迫使红军打硬仗。（二）红军有发动群众、创造根据地、组织义勇军之自由，地方政权与邻近友军不得干涉。如不弄清这一点，必将发生无穷纠葛，而红军之伟大作用决不能发挥。（三）南京只作战略规定，红军有执行此战略之一切自由。（四）坚持依傍山地与不打硬仗的原则。"这就把独立自主的山地游击战具体化了。他在指示电中还明确要求在晋、冀、京等着重解释我军"独

---

① 中共中央文献研究室编：《毛泽东年谱》中卷，中央文献出版社 2013 年版，第 13 页。

② 同上书，第 15—17 页。

立自主的山地游击战争"这个基本原则。①

9月下旬，毛泽东连续发出五封电报，提出并强调了开展山地游击战的重要性，并对在华北坚持独立自主的山地游击战做了具体部署。他在 21 日发给彭德怀的指示电中明确指出："今日红军在决战问题上不起任何决定作用，而有一种自己的拿手戏，在这种拿手好戏中一定能起决定作用，这就是真正独立自主的山地游击战。"②

为了进一步推动山地游击战，11 月 9 日，毛泽东签署了中央军委对八路军的指示，要求在晋东南地区控制一部分兵力对日作战，同时，大部分兵力分散到广大人民之中，建立抗日武装，开展有效的山地游击战争，并在晋、冀、豫三省交界地带创立以太行山为依托的抗日根据地。

11 月 13 日，毛泽东致电朱德、彭德怀、任弼时及周恩来、刘少奇、杨尚昆等，指出："全国片面抗战已无力支持，全面抗战还没有到来，目前正处青黄不接，危机严重的过渡中。""正规战争结束，剩下的只是红军为主的游击战争了。""红军的任务在于发挥进一步的独立自主原则，坚持华北游击战争，同日寇力争山西全省的大多数乡村，使之化为游击根据地，发动民众，收编溃军，扩大自己，自给自足，不靠别人，多打小胜仗，兴奋士气，用以影响全国，促成改造国民党，改造政府，改造军队，克服危机，实现全面抗战之新局面。"③ 此后，八路军各部队以山西为中心深入敌后，创建抗日根据地，将正规军变为游击军，广泛开展独立自主的山地游击战争。

1938 年，毛泽东在《抗日游击战争的战略问题》和《论持久战》两篇文章中对保存自己、消灭敌人的战争目的做了全面论述，指出，"一切军事行动的指导原则，都根据于一个基本的原则，就是：尽可能地保存自己的力量，消灭敌人的力量。这个原则，在革

---

① 中共中央文献研究室编：《毛泽东年谱》中卷，中央文献出版社 2013 年版，第 21 页。

② 《毛泽东文集》第 2 卷，人民出版社 1993 年版，第 19 页。

③ 中共中央文献研究室编：《毛泽东年谱》中卷，中央文献出版社 2013 年版，第 39 页。

命战争中是直接地和基本的政治原则联系着的"①。"保存自己消灭敌人这个战争目的，就是战争的本质，就是一切战争行动的根据。"② 他还进一步明确指出，"战争目的中，消灭敌人是主要的，保存自己是第二位的，因为只有大量地消灭敌人，才能有效地保存自己"③。

等等这些构成了毛泽东提出的独立自主的山地游击战思想，指导了抗日战争时期中国共产党军队的革命实践。为了坚持在敌后长期的游击战争，八路军和新四军建立了数量众多、遍布全国的抗日根据地，如八路军和各地党组织开辟建立的晋察冀抗日根据地、晋绥抗日根据地、晋冀豫抗日根据地、晋西南抗日根据地、晋鲁豫抗日根据地、山东抗日根据地等；新四军各支队创建的苏南抗日根据地、皖南抗日根据地、皖中抗日根据地、豫东抗日根据地等，面积达 100 多万平方公里，人口超过 1 亿，军队壮大到超百万人，民兵逾 200 万人。广大敌后战场的开辟，抗日中坚力量的凝聚，为抗日战争的胜利奠定了坚实基础。

---

① 《毛泽东选集》第 2 卷，人民出版社 1991 年版，第 406 页。
② 同上书，第 483 页。
③ 同上书，第 482 页。

第六章　从减租减息到没收土地归农民

抗日战争爆发前后，中共中央从大局出发，停止了十年内战时期没收地主土地的政策，在广大抗日根据地实行的减租减息政策，一方面使部分地主阶级参加了抗日民族统一战线，一方面发动了广大贫苦农民起来抗日。

那么，抗日战争胜利后，国内主要矛盾发生了重大变化，减租减息的政策是否还要继续实行？这是摆在毛泽东和中国共党人面前的一个必须解决的重要课题。

早在抗战结束之前，毛泽东就对农村的土地政策进行了思考，并有过论述。他认为，如果没有特殊的原因，抗日战争胜利后将继续实行减租减息的政策。在中共七大的政治报告中，毛泽东指出："抗日期间，中国共产党让了一大步，将'耕者有其田'的政策，改为减租减息的政策。这个让步是正确的，推动了国民党参加抗日，又使解放区的地主减少其对于我们发动农民抗日的阻力。这个政策，如果没有特殊阻碍，我们准备在战后继续实行下去，首先在全国范围内实现减租减息，然后采取适当方法，有步骤地达到'耕者有其田'。"①

这就意味着，抗战胜利后中共在农村将继续实行减租减息，发展生产，然后有步骤地达到"耕者有其田"。出于对当时中国的政治形势的估量，毛泽东为解决农民土地问题指明了方向。

毛泽东说："中国没有单独代表农民的政党，民族资产阶级的政

---

① 《毛泽东选集》第3卷，人民出版社1991年版，第1076页。

党没有坚决的土地纲领，因此，只有制订和执行坚决的土地纲领、为农民利益而认真奋斗、因而获得最广大农民群众作为自己伟大同盟军的中国共产党成了农民和一切革命民主派的同盟者。"①

自鸦片战争以来的长期战乱使中国人民遭受了巨大的痛苦，因此，抗战结束后，广大民众要求和平、民主、重建家园的愿望非常强烈，希望国民党和共产党之间不要爆发新的战争，而是用和平的方法建立独立、民主和富强的新中国。为了实现广大民众的和平愿望，中国共产党将争取和平、民主，反对内战独裁作为抗战胜利后的基本方针。

同时，在抗日战争胜利后的一段时间里，国民党方面也未做好全面内战的准备，实行的是两手政策：一方面积极准备发动全面内战，并在局部地区不宣而战地向解放区进攻；另一方面又在与中共"和谈"，以掩盖其军事进攻，并欺骗民众。针对此种情况，中国共产党便以革命的两手政策对付之：一方面立足于打，站在自卫的立场坚决粉碎国民党反动派的军事进攻，并从各方面做好充分准备迎击敌人即将发动的全面内战；另一方面不拒绝谈判，尽力争取和平民主局面的出现。由于存在着如此复杂的形势，中国共产党的土地政策在抗战结束后并没有立即加以改变而是继续实行减租减息。有学者认为这一时期可以视为"和平土改"②。刘少奇在1947年的土地会议的报告中，回顾说："当时和平要破坏，内战要爆发，但和平似乎还能争取，我们没有放弃争取暂时和平的企图。所以当时的方针是，争取和平，准备战争。"③ 他在1947年召开的全国土地会议的结论中明确指出"为了既不脱离全国广大群众，又能满足解放区

---

① 《毛泽东选集》第3卷，人民出版社1991年版，第1074页。

② 学者杨奎松认为，抗战结束后，中共中央一度似乎尝试过采取这种办法和态度来解决土地问题，但还不到一年时间就放弃了这种努力，改行了极为激烈的剥夺地主富农土地财产，将地主富农打入"另册"，甚至乱打乱杀的暴力土改方针。参见杨奎松《关于战后中共和平土改的尝试与可能问题》，《南京大学学报》（哲学·人文科学·社会科学）2007年第5期。此外，还有学者黄正林在《陕甘宁边区乡村的经济与社会》（人民出版社2006年版）中围绕着《陕甘宁边区征购地主土地条例草案》对陕甘宁边区政府征购地主土地的活动做了系统的历史考察，但并没有上升到中共解决中国土地问题新思路的高度来认识。

③ 《刘少奇在全国土地会议上的报告记录》1947年8月20日。

群众要求，二者都照顾，使和平与土地改革结合起来，结果就产生了'五四指示'"①。

毛泽东对减租政策多次进行了强调。

1945 年 8 月 23 日，毛泽东主持中共中央政治局扩大会议，并做了长篇发言。他深刻地分析了国内外形势，说明了中国共产党在新的环境下所应采取的方针和对策。他在发言中说：现在情况是抗日战争的阶段已经结束，进入和平建设阶段。我们现在新的口号是：和平、民主、团结。他认为，和平是能取得的。在他看来，苏美英需要和平，不赞成中国内战；中国人民需要和平。国民党也不能下决心打内战，因为它的摊子未摆好，兵力分散。因此，他要求"各解放区要作持久之计，今冬大减租，明春大生产"②。

1945 年 11 月 7 日，毛泽东为中共中央起草了一份党内指示。该指示一方面要求继续抓紧减租工作，指出："留在后方的领导同志，除了作直接援助前线的许多工作之外，一定要不失时机，布置减租和生产两件大工作。务使整个解放区，特别是广大的新解放区，在最近几个月内（冬春两季）发动一次大的减租运动，普遍地实行减租，借以发动大多数农民群众的革命热情。"③ 另一方面，又强调"目前我党方针，仍然是减租而不是没收土地"，对于减租斗争中的过火行为要纠正。④

1945 年 12 月 15 日，毛泽东为党内起草的《一九四六年解放区工作的方针》中，再次强调了上述指示的方针。指出：在 1946 年各解放区十项主要工作中，第四项就是"减租"："按照中央一九四五年十一月七日指示，各地务必在一九四六年，在一切新解放区，发动大规模的、群众性的、但是有领导的减租减息运动。工人则酌量增加工资。使广大群众，在此运动中翻过身来，并组织起来，成为解放区自觉的主人翁。在新解放区，如无此项坚决措施，群众便不

---

① 《刘少奇选集》上卷，人民出版社 1981 年版，第 386 页。
② 中共中央文献研究室编：《毛泽东年谱》下卷，中央文献出版社 2013 年版，第 10—11 页。
③ 《毛泽东选集》第 4 卷，人民出版社 1991 年版，第 1172 页。
④ 同上书，第 1173 页。

能区别国共两党的优劣，便会动摇于两党之间，而不能坚决地援助我党。在老解放区，则应复查减租减息的工作，进一步巩固老解放区。"① 可见，不管在新解放区还是在老解放区，毛泽东都主张实行减租减息。

因此，1946 年 1 月在重庆召开的政治协商会议上，中国共产党代表团向会议提出的《和平建国纲领草案》并没有提出"耕者有其田"，而是强调"减租"。该草案指出："实行农业改革，扶助农民组织，推行全国减租，适当的保证佃权并保证交租，严禁高利盘剥，国家银行应扩大农贷数量，对贫苦农民给予低利贷款，供给农具耕牛及种子，发展合作事业，开垦荒地，建设水利。"② 同月，中共中央表示："解放区应当成为全国减租运动的中坚与模范。"③

然而，中共争取和平民主的方针和努力，并没有阻止中国走向全面内战。

政治协商会议后两个月，蒋介石在第四届国民参政会第二次会议上，公开表示"不能承认"政治协商会议及其决议。在美国的帮助下，国民党军队首先向东北，接着向华北、华东、华中等解放区进攻，实行美、蒋制订的"关外先打，然后把战火引向关内"的预定计划。从 1946 年 1 月签订停战协定到 1946 年 5 月 20 日，国民党内各解放区大小进攻 3675 次，使用兵力 258 万人，强占解放区村镇1077 个，县城 26 座。

即便这样，毛泽东在 1946 年 7 月的一份党内指示中还在争取和平土改，"在解决土地问题时，对待汉奸、豪绅、恶霸要放严些，对待富农、中小地主要放宽些。在一切土地问题已经解决的地方，除少数反动分子外，应对整个地主阶级改取缓和态度"④。7 月 19 日，中共中央颁布了《关于要求各地答复制定土地政策中的几个重要问题的指示》，同时还发布了《关于向民盟人士说明我党土地政策给周恩来、董必武的指示》、《中共中央为实现耕者有其田向各解放区政

---

① 《毛泽东选集》第 4 卷，人民出版社 1991 年版，第 1175 页。
② 《解放日报》1946 年 1 月 24 日。
③ 《解放日报》1946 年 1 月 1 日。
④ 《毛泽东选集》第 4 卷，人民出版社 1991 年版，第 1187 页。

府的提议》等。这构成了中国共产党实行和平土改的方案。

　　然而，国民党咄咄逼人的进攻扰乱了这一切。毛泽东极有洞见地指出，国民党只是暂时拥有军事力量的优势，只是临时起作用的因素；美国的援助，也只是临时起作用的因素；蒋介石战争的反人民的性质，人心的向背，则是经常起作用的因素。经过这样的分析和对比，他指出，"从长远的观点看问题，真正强大的力量不是属于反动派，而是属于人民"①。决定战争胜败的是人民。

　　在这种形势下，采取更加有效的手段凝聚起强大的革命力量成为重中之重。在毛泽东看来，中国革命斗争，只有依靠解放区军民，尤其是依靠广大农民群众，彻底解决农民的土地问题，才能使人民解放战争获得深厚的阶级基础和雄厚的物质基础，在战争中立于不败之地。然而，此时的解放区还不够巩固，革命热情还不够高涨，要想广泛地发动农民群众，必须给农民以看得见的物质利益。前面不止一次提到过，农民最渴望的是土地。因此，能否满足农民的土地要求，解放农村生产力，成为革命成败的关键。也就是说，如果能在一亿几千万人口的解放区，解决了土地问题，就一定能够得到解放区人民对解放战争的支援，就可以集聚打败蒋介石军事进攻的人民伟力。

　　需要注意的是，解放战争时期的减租减息与抗日战争时期的减租减息已有很大的不同。首先，这一时期的指导思想是"放手采取各种有效的方法，去满足群众的迫切要求"，以"十倍百倍壮大人民力量"。② 其次，减租减息与反奸清算斗争相结合，包括没收日伪土地，查减租等内容。所谓反奸清算包含两层内容：一是从政治上清算其罪恶活动；二是从经济上清算其经济剥削和超经济剥削，一般包括清算霸占负担、租息等内容。这场斗争在 1945 年冬到 1946 年春夏在各解放区形成了高潮，力度、深度和广度可谓空前。在这场运动中，广大农民迫使"地主出卖土地给农民来清偿负欠"，即以合法名义将土地转移到农民手里。在一些运动深入开展的地方，

---

① 《毛泽东选集》第 4 卷，人民出版社 1991 年版，第 1195 页。
② 《解放日报》1946 年 3 月 26 日。

基本上解决了土地问题，甚至实现了平均土地，每一农户都得到3亩地。①

还要看到，通过减租减息政策的持续实行，广大农民对土地所有权的要求已然被唤醒。在抗日战争期间，解放区农民曾三次起来（1937年秋至1938年年初、1939年下半年至1940年上半年、1942年冬至1944年春）要求得到土地实现"耕者有其田"。

例如，抗战时期太行区的减租减息运动实际上已经超出了中央规定的政策范围，一些农民经过减租减息，已经从地主手中获取了一部分土地。对太行区的这种做法，毛泽东并没有表示反对。1948年1月15日，毛泽东在西北野战军前委扩大会议上的讲话中指出："日寇投降前两年，太行地区有的地方分了地，他们打来电报问要不要纠正？我们告诉他们，人家分了就分了，不要纠正。"②抗战胜利后，在1945年冬至1946年春的反奸反霸、减租减息运动中，广大农民要求突破原规定的政策界限，直接分配土地的呼声更强烈。特别是在新收复地区，在反奸反霸中，从汉奸、土匪、特务、恶霸等手中收回了一批土地，这些土地的分配成为农民十分关注的问题。因此，在运动中一些地区已经在分配土地。而分配土地的范围不仅限于被没收土地的汉奸、土匪、特务、恶霸户，还扩大到地主、富农。根据区党委1946年6月在19个县的72个村庄调查，这一阶段地主的土地减少了80%以上，富农的土地减少了50%以上，中农的土地增加了20%以上，贫农中有1/3的户由于得到土地上升为中农。③

面对这种情况，如果党不支持和满足农民的这些正当要求和他们的正义行动，就会使中国共产党脱离群众，使广大农民群众感到失望，挫伤他们的革命积极性。这无疑对革命事业是不利的。正像刘少奇在1947年土地会议报告中所说的那样："实行土地改革（指没收地主土地——引者注），是完全必要的，而且是非实行不

---

① 《刘少奇选集》上卷，人民出版社1981年版，第381、377、395页。
② 《毛泽东文集》第5卷，人民出版社1996年版，第28页。
③ 《李雪峰回忆录——太行十年》上，中共党史出版社1998年版，第296页。

可。……再不实行，在全国范围内再不实行土地改革，我们就要犯大错误，犯历史的大错误，犯跟陈独秀差不多一样的错误。"

为了适应不断变化的形势，毛泽东开始思考土地政策的调整与完善。1946 年 3 月 31 日，他致信胡乔木："请你清出一九四二年中央关于土地政策的决定加以审查，看其中是否已有现时已不适用之处，列举告我为盼！"①

1946 年 4 月，薄一波、邓子恢等到达延安，参加刘少奇主持的汇报会。在会上，他们反映在深入减租减息的运动中，若干地区展开了清算斗争，农民利用清算租息，清算负担，清算抢掠和霸占。清算黑地和挂地，清算劳役及其他剥削等方式方法，使地主以土地偿还农民，地主土地大量转移到农民手中，实际上开始了土地改革。刘少奇听取汇报后，认为各地各搞各的，须要有一个统一的政策，应发一个指示，以便各地有所遵循。于是，由刘少奇主持，薄一波、邓子恢等参加，草拟了《中共中央关于土地问题的指示》。②

上述指示提交给 1946 年 5 月 4 日的中共中央会议。毛泽东在会议上做了重要发言，指出："（一）解决土地问题的方针，七大讲的是减租减息，寻找适当方法实现耕者有其田。当时七大代表多数在延安时间太久，各地新的经验没有能够充分反映。现在中央的这个指示，就是群众所创造的适当方法，为中央所批准的。（二）国民党统治地区人多，有大城市，有外国帮助，他大我小。但是，他有一大弱点，即不能解决土地问题，民不聊生。我们只有依靠人民同他们作斗争。如能在一万万几千万人口中解决了土地问题，即可长期支持斗争，不觉疲倦。（三）解决土地问题，是一个最根本的问题，是一切工作的基本环节，全党必须认识这一点。（四）不要怕农民得到土地，推平平均分配一次不要紧。农民的平均主义，在分配土地以前是革命的，不要反对，但要反对分配土地以后的平均主义。平均分配土地一次不要紧，但不能常常平分下去。旧式富农实际上要

① 中共中央文献研究室编：《毛泽东年谱》下卷，中央文献出版社 2013 年版，第 65 页。

② 该指示经毛泽东修改后发出。参见中共中央文献研究室编《毛泽东年谱》下卷，中央文献出版社 2013 年版，第 85 页。

侵犯一些的，新式富农则不应侵犯。（五）现在类似大革命时期，农民伸出手来要土地，共产党是否批准，今天必须表明态度。（六）土地改革时期，不要怕自由资产阶级动摇，只要我们实行了土地改革，农民得到土地，我们的力量更强大，则更能巩固地团结他们。（七）暂不宣传耕者有其田，仍叫反奸清算，彻底减租减息，将来一定要宣传。"①

这次会议原则上通过了《中共中央关于土地问题的指示》，史称《五四指示》。《五四指示》的主导思想是：在全面内战即将爆发的形势下，为了准备自卫战争，要求各级党组织坚决地站在农民方面实行土地改革，支持农民的一切正当的主张和正义的行为，批准农民已经获得和正在获得的土地。《五四指示》"批准农民已经获得和正在获得的土地"；强调指出，这是"目前最基本的历史任务，是目前一切工作的最基本的环节"；并明确表示："坚决拥护群众在反奸、清算、减租减息、退租退息等斗争中，从地主手中取得土地"，"使各解放区的土地改革，依据群众运动发展的规模和程度，迅速求其实现"②。

《五四指示》强调在不损害多数农民根本利益的前提下照顾统一战线内各阶级的经济利益。为此，在坚决支持农民土地要求的基础上，明确规定了18条具体政策。主要内容有：坚决用一切方法吸收中农参加运动，并使其获得利益，决不可侵犯中农土地，整个运动必须取得全体中农、包括富裕中农在内的真正同情或满意；一般不变动富农的土地，应使富农和地主有所区别；对待中小地主和大地主、豪绅、恶霸要有所区别；不可将农村中解决土地问题、反对封建地主阶级的办法，同样地用来反对工商业资产阶级，对待工商业资产阶级和封建地主阶级要有原则区别，要给汉奸、豪绅、恶霸留下维持生活所必需的土地；禁止使用违反群众路线的命令主义、包办代替及恩赐等办法。

一方面，毛泽东积极推进《五四指示》的贯彻落实，在5月底

---

① 中共中央文献研究室编：《毛泽东年谱》下卷，中央文献出版社2013年版，第78—80页。

② 《刘少奇选集》上卷，人民出版社1981年版，第377、378页。

为中共中央起草的致各军区首长及政治部主任的电文中提出，"望根据中央五四土地问题指示，通令全军协同地方党政帮助农民群众解决土地问题。此项通令应在连队中宣布，并解释其重要性"①。另一方面，毛泽东对《五四指示》中土地政策的转变持谨慎态度，并在一次会议上说："暂不宣传耕者有其田，仍叫反奸清算，彻底减租减息，将来一定要宣传。"② 5月13日，根据这一意见，中共中央发出了《关于暂不在报纸上宣传解放区土地改革的指示》。在这份发给各中央局、各中央分局的电文中，明确指出："中央五四关于土地问题指示，将要更加促进各解放区的群众运动，实现土地关系的根本改变，极大地巩固解放区，极大地增加我们反对国民党政治进攻与军事进攻的力量。农民的土地要求与土地改革的行动，是完全正当的和正义的，并且符合于孙中山的主张及政协决议，对于中国政治的进步与经济的发展完全必要。但在目前的斗争策略上，我们在各地的报纸上，除开宣传反奸、清算、减租减息的群众斗争外，暂时不要宣传农民的土地要求、土地改革的行动以及解放区土地关系的根本改变，暂不要宣传中央一九四二年土地政策的某些改变，以免过早地刺激反动派借口我们政策的某些改变，发动对于群众的进攻。"③

与此同时，毛泽东从战争需要和新区巩固的重要性出发，强调了解决问题的重要意义。他再三指示东北局等说："今年务必将土地问题全部或大部解决完毕。土地问题解决，兵也有了，匪也容易剿了，大城市也巩固了"，此点"至关重要"。④ 他明确主张在新解放区，仍旧实行减租，暂不调整政策。1948年5月24日，他致电邓小平时指出：

① 中共中央文献研究室编：《毛泽东年谱》下卷，中央文献出版社2013年版，第87页。

② 同上书，第85页。

③ 中央档案馆编：《解放战争时期土地改革文件选辑》，中共中央党校出版社1981年版，第10页。

④ 中共中央文献研究室编：《毛泽东年谱》下卷，中央文献出版社2013年版，第85页。

新解放区必须充分利用抗日时期的经验，在解放后的相当时期内，实行减租减息和酌量调剂种子口粮的社会政策和合理负担的财政政策，把主要的打击对象限于政治上站在国民党方面坚决反对我党我军的重要反革命分子，如同抗日时期只逮捕汉奸分子和没收他们的财产一样，而不是立即实行分浮财、分土地的社会改革政策。因为过早地分浮财，只是少数勇敢分子欢迎，基本群众并未分得，因而会表示不满。而且，社会财富迅速分散，于军队亦不利。过早地分土地，使军需负担过早地全部落在农民身上，不是落在地主富农身上。不如不分浮财，不分土地，在社会改革上普遍实行减租减息，使农民得到实益；在财政政策上实行合理负担，使地主富农多出钱。这样，社会财富不分散，社会秩序较稳定，利于集中一切力量消灭国民党反动派。在一两年甚至三年以后，在大块根据地上，国民党反动派已被消灭，环境已经安定，群众已经觉悟和组织起来，战争已经向遥远地方推进，那时就可进入像华北那样的分浮财、分土地的土地改革阶段。这一个减租减息阶段是任何新解放地区所不能缺少的，缺少了这个阶段，我们就要犯错误。①

中共土地政策的这一转变，给农村地区带来了翻天覆地的变化。"五四指示"发布以后，中国共产党领导解放区农民开展了轰轰烈烈的没收地主土地分配给农民的群众运动，到1947年2月，各解放区已有将近三分之二的地方执行了"五四指示"，解决了土地问题，实现了"耕者有其田"。在晋冀鲁豫解放区，1946年10月即有2000万农民获得土地。② 在华中（苏皖）解放区，至1946年11月有1500万农民获得土地。③ 东北解放区农村人口约1150万人，至1946年10月底即有500万无地少地农民获得土地。④ 1946年年底，

---

① 《毛泽东选集》第4卷，人民出版社1991年版，第1326页。
② 《解放日报》1946年11月4日。
③ 《解放日报》1946年12月14日。
④ 《东北日报》1946年11月18日。

山东解放区已有 1900 万农民获得土地;[①] 晋绥解放区有 100 余万人获得 300 余万亩土地。[②] 获得土地的农民积极购买牲畜，准备来年的春耕生产。仅辽吉省洮安县的两个村，农民即购马 22 匹，骡子 5 匹，驴 19 匹。[③] 翻身农民的政治热情也得到了极大提高。嫩江省甘南县东阳区改变行政村的区划时，农民们决定不用以往用有钱有势人家姓名起的村名。他们说，今天老百姓翻了身，讲民主，要起个新名字：决定以"民主"、"翻身"、"团结"、"和平"来命名新的村庄。[④]

与党开展土地革命的愿望相符，革命力量被聚集了起来，广大农民纷纷参军参战，支援解放战争。仅在 1946 年 10 月，全解放区已有 30 万农民参加了人民解放军，有三四百万人参加了民兵和游击队，这充分显示了《五四指示》的伟大历史作用。在广大农民的支持下，解放战争第一年就取得歼敌 112 万人的重大胜利，改变了敌我力量的对比，粉碎了国民党军对解放区的全面进攻和重点进攻，为我军由战略防御转入战略进攻创造了有利条件。

---

① 《解放日报》1947 年 1 月 1 日。
② 《人民日报》1947 年 11 月 25 日。
③ 《东北日报》1946 年 11 月 18 日。
④ 《人民日报》1946 年 9 月 16 日。

第七章　土地改革的进一步深入发展

　　1946 年 10 月，毛泽东为中共中央起草了一份对党内的指示，详细地总结了 1946 年 7 月全国规模内战爆发以来的三个月战争的一系列经验，提出了人民解放军在今后的作战方针和作战任务，指出了人民解放战争在克服一个时期的困难以后必然能够取得胜利。对于支持和配合人民解放战争所需要解决的解放区内部的土地改革问题、发展解放区的生产问题，毛泽东指出："三个月经验证明：凡坚决和迅速地执行了中央五月四日的指示，深入和彻底地解决了土地问题的地方，农民即和我党我军站在一道反对蒋军进攻。凡对《五四指示》执行得不坚决，或布置太晚，或机械地分为几个阶段，或借口战争忙而忽视土地改革的地方，农民即站在观望地位。各地必须在今后几个月内，不论战争如何忙，坚决地领导农民群众解决土地问题，并在土地改革基础上布置明年的大规模的生产工作。"① 与此同时，在为中共中央起草致冀察热辽分局并晋察冀中央局电文中指出，"你们的中心任务是解决土地问题与多打胜仗两项。这两项互相配合，缺一不可"②。

　　到 1947 年夏季，人民解放军由战略防御转入战略进攻，解放战争的形势发生了根本的变化。为了适应这种新的形势，进一步发动广大农民支援解放战争，中共中央决定采取新的土地政策，普遍实行土地革命，从根本上改变封建土地所有制度。此前，毛泽东已了

---

　　①　《毛泽东选集》第 4 卷，人民出版社 1991 年版，第 1208 页。

　　②　中共中央文献研究室编：《毛泽东年谱》下卷，中央文献出版社 2013 年版，第 140 页。

解到，各解放区有约三分之二的地方执行了"五四指示"，解决了土地问题，但是还有约三分之一的地方，尚未实现耕者有其田。而且，在已实现耕者有其田的地方，还有解决不彻底的缺点存在，主要是因为没有放手发动群众，以致没收和分配土地都不彻底，引起群众不满意。对此，毛泽东明确指出："在这种地方，必须认真检查，实行填平补齐，务使无地和少地的农民都能获得土地，而豪绅恶霸分子则必须受到惩罚。"①

在这一背景下，1947年7月17日至9月13日，中共中央在河北省西柏坡召开了全国土地会议，会上详细地研究了中国土地制度的基本情况，总结了党20年来特别是"五四指示"以来的土地改革经验，决定实行平分土地的政策，并制定了《中国土地法大纲》。大纲共16条内容，其中明确规定："废除封建性及半封建性剥削的土地制度，实行耕者有其田的土地制度"；"废除一切地主的土地所有权"；"废除一切祠堂庙宇、寺院、学校、机关及团体的土地所有权"；"废除一切乡村中在土地制度改革以前的债务"。并规定："乡村农会接收地主的牲畜、农具、房屋、粮食及其他财产，并征收富农的上述财产的多余部分，分给缺乏这些财产的农民及其他贫农，并分给地主同样一份。"②

《中国土地法大纲》不但肯定了"五四指示"所提出的"没收地主土地分配给农民"的原则，而且改变了"五四指示"中对某些地主照顾过多，"一般不变动富农的土地"的规定，决定征收旧式富农出租的和多余的土地，以满足贫雇农的要求。大纲规定："乡村中一切地主土地及公地，由乡村农会接收，连同乡村中其他一切土地，按乡村全部人口，不分男女老幼，统一平均分配。在土地数量上抽多补少，质量上抽肥补瘦，使全乡村人民均获得同等的土地，并归

---

① 毛泽东：《迎接中国革命的新高潮》（1947年2月1日），这是毛泽东为中共中央起草的对党内的指示。

② 中央档案馆编：《解放战争时期土地改革文件选辑》，中共中央党校出版社1981年版，第85—88页。

各人所有。"① 这种平分土地的方法，对纠正在执行"五四指示"过程中土地分配上的不公平现象，特别是在揭发地主富农隐瞒黑地，多留好地等方面，起了重要作用。可以说，《中国土地法大纲》是一个比较完善的解决土地问题的革命纲领，其对保证民主革命的胜利，起了很重要的历史作用。

利益是最优秀的政策宣传员。《中国土地法大纲》颁布实施后，得到各解放区广大贫苦农民的拥护。各解放区紧密结合本地区实际，制定出了具体的实施步骤。但是，《中国土地法大纲》平分土地的政策在实施过程中，又出现了"左"的错误，主要表现在：第一，有人对"统一平均分配"理解成"打乱（烂）平分"，这就严重地侵犯和伤害了中农的利益，造成了一时的混乱。如晋绥边区临时农会委员会所颁布的《告农民书》中就有这样的说法："中农当中有的有长余土地，不能算封建部分，但是为了帮助其他农民翻身，长余的土地应当抽出来分"等。这种做法扩大了贫雇农和中农的矛盾。第二，乱打乱杀，通过挖地财、清浮财，把地富"扫地出门"，不必要地处死了一些地主富农。上述晋绥边区临时农会委员会的《告农民书》有以下规定："反动地主"、"恶霸富农"、"农民当中，少数的恶霸、敌伪爪牙和地主的狗腿子"，党政军民和其他一切机关中混进去的"阶级异己分子、投机分子、新恶霸、敌伪人员"等，"大家要怎样惩办就可以怎样惩办"。第三，破坏了一部分工商业，如太行区，有一种观点，认为地主和工商业者同属财主，贫苦农民和城市贫民、店员、工人同属"穷人"，结论是工商业者非斗不可。还有，在抗日战争和解放战争时期，根据地、解放区的政策是鼓励地主、富农投资工商业，转化为工商业者。这种政策，既有利于农民获得土地，又能够繁荣经济，但是，在某些地方，却把工商业者当作"化形地主"来斗争。

毛泽东发现这个问题后，及时地指出，土地改革是黄河主流，是一个伟大的潮流，一直流到大海是成功的。但仅讲到这里还不够，

---

① 中央档案馆编：《解放战争时期土地改革文件选辑》，中共中央党校出版社 1981 年版，第 85 页。

主流向东流时，卷起三个浪花，即侵犯中农利益、破坏工商业、把党外人士一脚踢开。不把这三个浪花反掉，它会成为逆流。① 他立即采取了一系列纠正的措施，密集度十分高。

1947 年 12 月 25 日，毛泽东在中共中央于米脂县杨家沟召开的会议上，做了《目前形势和我们的任务》的报告，强调不要损害中农利益。他说："我们的方针是依靠贫农，巩固地联合中农，消灭地主阶级和旧式富农的封建的和半封建的剥削制度"，在土改中"必须注意两条基本原则"，其中第二条就是"必须坚决地团结中农，不要损害中农的利益"。如何团结中农呢？毛泽东指出，各地在平分土地时，"须注意中农的意见，如果中农不同意，则应向中农让步。在没收分配封建阶级的土地财产时应当注意某些中农的需要。在划分阶级成分时，必须注意不要把本来是中农成分的人，错误地划到富农圈子里去。在农会委员会中，在政府中，必须吸收中农积极分子参加工作，在土地税和支援战争的负担上，必须采取公平合理的原则。这些，就是我党在执行巩固地联合中农这一战略任务时所必须采取的具体政策"②。在报告中，毛泽东还强调了平分旧式富农多余的土地及一部分财产的必要性，指出对富农和地主一般地应当有所区别。毛泽东在报告中还提出要保护资本主义工商业。他说：资本主义经济，即使革命在全国胜利以后，在一个长时期内，还是必须允许它们存在；并且按照国民经济的分工，还需要它们中一切有益于国民经济的部分有一个发展；它们在整个国民经济中，还是不可缺少的一部分；雇用工人或店员的小规模的工商业者，以及不雇用工人或店员的广大的独立的小工商业者，更是应当坚决地保护的。毛泽东的这些论述，对于纠正当时的"左"倾错误起了重要的作用。

1948 年 1 月 18 日，毛泽东在为中央起草的决定草案《关于目前党的政策中的几个重要问题》中，又提出了 12 条具体政策。其中关于中农有如下明确的规定："必须避免对中农采取任何冒险政策。对中农和其他阶层定错了成分的，应一律改正，分了的东西应尽可

---

① 转引自《中国新民主主义革命通史》第 12 卷，上海人民出版社 2001 年版，第149 页。

② 《毛泽东选集》第 4 卷，人民出版社 1991 年版，第 1250—1252 页。

能退还。在农民代表中、农民委员会中排斥中农的倾向和在土地改革斗争中将贫雇农同中农对立起来的倾向，必须纠正。有剥削收入的农民，其剥削收入占总收入百分之二十五（四分之一）以下者，应定为中农，以上者为富农。富裕中农的土地不得本人同意不能平分。"毛泽东在这里将新富农和旧富农加以区别。指出，"在减租减息时期提出鼓励新富农和富裕中农，对于稳定中农、发展解放区农业生产是收了成效的"；"平分土地时，对于老解放区的新富农，照富裕中农待遇，不得本人同意，不能平分其土地"。毛泽东在报告中还指出："必须避免对中小工商业者采取任何冒险政策。"具体而言，减租减息时期鼓励地主富农转入工商业的政策是正确的，认为"化形"而加以反对和没收分配是错误的；地主富农的工商业一般应当保护，只有官僚资本和真正恶霸反革命分子的工商业，才可以没收；对于一切有益于国民经济的工商业征收营业税，必须以不妨碍其发展为限度。

随着人民解放军转入战略反攻，新解放区面积急剧扩大。如何区分新、旧解放区，特别是根据新解放区的实际情况推进土地改革，成为中共中央和毛泽东必须应对的新情况、新问题。1948 年 2 月 3 日，毛泽东致电刘少奇指出：在日本投降以前的老解放区，只须调整一部分土地，不是照土地法再来分配一次土地，也不是人为地、勉强地组织贫农团去领导农会，而是在农会中组织贫农小组，同时必须吸收中农中的积极分子参加农村的领导工作；在日本投降至大反攻，群众的觉悟程度和组织程度已经相当提高，完全适用土地法，普遍地彻底地分配土地，必须组织贫农团，必须确定贫农团在农会中、在农村政权中的领导地位；在大反攻后新解放的地区，群众尚未发动，国民党和地主、富农的势力还很大，不应当企图一下实行土地法，应当分两个阶段实行土地法：第一阶段，中立富农，专门打击地主；第二阶段，分配富农出租和多余的土地及其一部分财产。① 这种区分不同地区，采取不同方针和策略，而且不要过急的思想，无疑是正确的。

---

① 《毛泽东选集》第 4 卷，人民出版社 1991 年版，第 1277—1278 页。

八天之后的 2 月 11 日，毛泽东为中央起草了《纠正土地改革宣传中的"左"倾错误》的党内指示，指出"最近几个月中，许多地方的通讯社和报纸，不加选择地没有分析地传播了许多包含'左'倾错误偏向的不健全的通讯或文章"。指示列出了四种主要错误倾向，如孤立地宣传贫雇农路线；在整党问题上宣传唯成分论；在土改问题上赞扬急性病的问题，强调所谓"群众要怎样办就怎样办"，助长尾巴主义；在工商业和工人运动的方针上，对"左"的倾向或加以赞扬，或熟视无睹。指示要求，"各中央局、中央分局及其宣传部，新华总社和各地总分社，以及各地报纸的工作同志们，根据马克思列宁主义原则和中央路线，对过去几个月的宣传工作，加以检查，发扬成绩，纠正错误，务使对于战争、土地改革、整党、工人运动这些伟大的斗争，对于这一整个反帝反封建的革命，保障其获得胜利"①。

2 月 15 日，毛泽东为中央起草了《新解放区土地改革要点》，对新解放区的改革做出了全面具体的部署。要点指出：

　　一、不要性急，应依环境、群众觉悟程度和领导干部强弱决定土地改革工作进行的速度。不要企图在几个月内完成土地改革，而应准备在两三年内完成全区的土地改革。这点在老区和半老区亦是如此。

　　二、新区土地改革应分两个阶段。第一阶段，打击地主，中立富农。又要分几个步骤：首先打击大地主，然后打击其他地主。对于恶霸和非恶霸，对于大、中、小地主，在待遇上要有区别。第二阶段，平分土地，包括富农出租和多余的土地在内。但在待遇上，对待富农应同对待地主有所区别。总的打击面，一般不能超过户数百分之八，人口百分之十。在区别待遇和总的打击面上，半老区亦是如此。老区一般只是填平补齐工作，不发生此项问题。

　　三、先组织贫农团，几个月后，再组织农民协会。严禁地

<hr>

① 《毛泽东选集》第 4 卷，人民出版社 1991 年版，第 1280—1282 页。

主富农分子混入农民协会和贫农团。贫农团积极分子应作为农民协会的领导骨干，但必须吸引一部分中农积极分子参加农民协会的委员会。在土地改革斗争中，必须吸引中农参加，并照顾中农利益。

四、不要全面动手，而应选择强的干部在若干地点先做，取得经验，逐步推广，波浪式地向前发展。在整个战略区是如此，在一个县内也是如此。这在老区、半老区都应如此。

五、分别巩固区和游击区。在巩固区逐步进行土地改革。在游击区只作宣传工作和隐蔽的组织工作，分发若干浮财。不要公开成立群众团体，不要进行土地改革，以防敌人摧残群众。

六、反动的地主武装组织和特务组织，必须消灭，不能利用。

七、反动分子必须镇压，但是必须严禁乱杀，杀人愈少愈好。死刑案件应由县一级组织委员会审查批准。政治嫌疑案件的审判处理权，属于区党委一级的委员会。此点老区半老区都适用。

八、应当利用地主富农家庭出身但是赞成土地改革的本地的革命的知识分子和半知识分子，参加建立根据地的工作。但要加紧对于他们的教育，防止他们把持权力，妨碍土地改革。一般不宜要他们在本区本乡办事。着重任用农民家庭出身的知识分子和半知识分子。

九、严格注意保护工商业。从长期观点筹划经济和财政。军队和区乡政府都要防止浪费。①

4月1日，毛泽东在晋绥干部会议上发表讲话。讲话对新区土地改革如何分地区、分阶段进行做了更加明确的阐述。他指出：

分地区，是说应当集中力量在那些可以巩固地占领的区域进行适当的合乎当地群众要求的土地改革工作；而在那些暂时

---

① 《毛泽东选集》第4卷，人民出版社1991年版，第1283—1284页。

尚难巩固地占领的区域，则不要忙于进行土地改革，而只做一些可以做的按照当前情况有利于群众的工作，以待情况的变化。分阶段，是说在人民解放军刚才占领的区域，应当提出和实行中立富农和中立中小地主的策略，将打击面缩小到只消灭国民党的反动武装和打击豪绅恶霸分子。应当集中一切力量去完成这个任务，作为新区工作的第一个阶段。然后，依据群众的觉悟程度和组织程度被提高了的情况，逐步地发展到消灭全部封建制度的阶段。在新区，分浮财和分土地，均必须在环境比较安定和绝大多数群众充分发动之后，否则就是冒险的，靠不住的，有害无益的。在新区，必须充分地利用抗日时期的经验。所谓有分别地消灭封建制度，就是说，必须分别地主和富农，分别地主的大中小，分别地主富农中的恶霸分子和非恶霸分子，在平分土地、消灭封建制度的大原则下面，不是一律地而是有所分别地决定和实行给予这些不同情况的人们以不同的待遇。①

上述系列指示和中共中央的系列指示，对纠正土地改革中的错误倾向、保证土地改革的顺利开展起到了重要作用。

经过长期的减租减息和土地改革，到 1949 年上半年，东北、华北、西北及华东的山东、苏北等老解放区及其包围的小块新区，土地已基本平均分配，封建土地占有制度已经被废除，地主作为一个阶级已被消灭；在中原等新解放区已通过减租减息，削弱了封建土地制度。在拥有 2.7 亿人口，面积约 230 万平方公里的解放区（内蒙古自治区和华南不在内）中，已经完成土地改革的地区约有 1.51 亿人口，约占当时全国人口的 1/3，其中农业人口约 1.25 亿，即 1 亿左右农民通过减租减息和土地改革，从地主和旧式富农手中获得近 2500 万公顷（约 3.75 亿亩）的土地和其他果实。

土地改革运动的胜利，对加速全国革命的胜利起到了十分重要的作用。一方面，广大农民的政治经济地位空前提高，使人民解放军有了更加巩固的后方；另一方面，广大农民的生产积极性被进一

---

① 《毛泽东选集》第 4 卷，人民出版社 1991 年版，第 1315 页。

步调动起来，使人民解放战争有了更加坚实的物质基础。更为重要的是，土地改革后掀起了参军热潮，广大农民直接参军参战，直接支援了人民解放战争。毛泽东曾深刻地指出，"我们已经在北方约有一亿六千万人口的地区完成了土地改革，要肯定这个伟大的成绩。我们的解放战争，主要就是靠这一亿六千万人民打胜的。有了土地改革这个胜利，才有了打倒蒋介石的胜利"①。

① 《毛泽东文集》第 6 卷，人民出版社 1999 年版，第 73 页。

第八章　新中国成立后的土地改革

　　1949 年新中国成立时，全国农村的三分之一地区（主要是华北、东北等老解放区）已完成了土地改革。但是，拥有 3.1 亿人口（其中农业人口为 2.64 亿）的广大新解放区尚未实行土地改革。

　　为了完成这一空前规模的土地改革运动，1949 年冬至 1950 年春，中国共产党首先在解放时间较早和条件较成熟的华北城郊和若干地区，在河南的一半地区，即在约有 2600 万农业人口的地区进行了土地改革。在华北，由于老解放区已经消灭了封建势力，农民已经得到土地，对新解放区各阶层人民有着很大的影响，因此，在华北新区土改中，没有再把减租减息作为过渡办法，而直接进行没收分配土地。在河南，则一般都经过了清匪反霸和减租退押的准备阶段。

　　华北和河南部分新区的土地改革，是新中国成立后中国共产党在新解放区最先领导进行的地方。毛泽东非常关心，强调要加强领导，谨慎开展。1949 年 12 月，他在政治局会议上指出："河南可于今年冬开始进行分配土地工作，明年可望初步完成。苏、浙、皖、鄂、湘、赣六省，可能还有广东，则须于明冬开始进行，后年可望初步完成。至于全部完成，则至少还需要一年。这是中国人民民主革命继军事斗争以后的第二场决战。因为这次土地改革工作是在与资产阶级合作的条件下进行的，同以前在战争期间与资产阶级隔绝的情况下进行是不同的，所以需要更加谨慎，领导机关要掌握得很紧，随时了解情况，纠正偏向，以求少犯错误。土地改革将对地主和对富农分为两个阶段有好处，便于保护中农。"①

华北和河南土改中的许多做法，为随后进行的全国范围的土改提供了可贵的经验。如规定只没收地主的土地、耕畜、农具、多余的房屋和粮食。其他财产不没收，尤其是明确规定：浮财一律不动，底财一律不挖，不准扫地出门等。再如，在土改中充分发挥各种代表会议的作用，召开各级人民代表会议、党员代表会议、农民代表会议。经过这些具有代表性的会议，将新区土改政策迅速而普遍地传达贯彻到群众中去，并变成群众的自觉行动，等等。

与此同时，党又在其他一些新解放区进行了肃清土匪、反对恶霸和减租运动，并在许多地区建立了农民协会，普遍召开了县、区、乡三级人民代表会议。这些地区社会秩序从而得以建立，环境得以稳定，雇农、贫农、中农基本群众的绝大多数的政治觉悟大大提高。全国范围土地改革的时机已经成熟。

关于新解放区土地改革政策，新中国成立之前，毛泽东就已经在思考。1949 年 8 月毛泽东致华中局等的一封电报中就指出：我们同意以中间不动两头平的政策，作为解决河南土地问题的基点，对中农土地完全不动，不要按照土地法大纲上关于中农土地的规定。在中央政府成立后，土地法大纲要进行修改。此外，在南方以及其他新区实行改革土地制度时必须在某些政策上（例如不要使地富扫地出门等）和工作方法上（例如要开区乡农民代表会议等）改正过去在北方土改中做得不好的地方。②

新中国成立后，1949 年 11 月召开的一次中共中央政治局会议上，毛泽东正式提出：江南土改时，要慎重对待富农。但是，因为时间关系，该次会议没有详细讨论富农问题。

之后，毛泽东在访问苏联期间，仍非常关心新区土改政策特别是富农政策的制定工作。他根据苏联在 1929 年农业全盘集体化时消灭富农经济的历史教训与中国富农的特点，于 1950 年 2 月 17 日同周恩来联名致电在国内主持工作的刘少奇，指出：富农问题，"不但

---

① 《毛泽东文集》第 6 卷，人民出版社 1999 年版，第 25 页。
② 顾龙生编著：《毛泽东经济年谱》，中共中央党校出版社 1993 年版，第 268 页。

关系富农而且关系民族资产阶级"；"江南土改的法令必须和北方土改有些不同，对于一九三三年文件及一九四七年土地法等，亦必须有所修改"。当然，毛泽东在制定决策时是十分谨慎的，对不同意见也很尊重。为此，他在电文中补充说道：这一部分内容"留待我们归后讨论"。并征求意见道，"如同意，可向党外民主人士解释"。①

3月12日，毛泽东写信给各大区中央负责人，征询对富农策略问题的意见，提出："在今冬开始的南方几省及西北某些地区的土地改革运动中，不但不动资本主义富农，而且不动半封建富农，待到几年之后再去解决半封建富农问题。"②

3月30日，中共中央又致电各中央局，就土地改革法若干问题征询意见。电报共提出14个问题，其中近半数的问题与富农政策有关。

毛泽东和中央上述电报发出后，各中央局、新区和部分老区各省委、区党委、部分地委、县委，纷纷复电中央或者将意见报告其上级党委，同意毛泽东关于保存富农经济、在政治上中立富农的政策。有些电文还对毛泽东所提的三点理由做了补充，补充的意见主要有：（1）新区地域广阔，干部力量薄弱，基层组织严重不纯，土改中不动富农可以避免弄乱。（2）可以缩小打击面，最大限度地收到孤立敌人、团结多数的目的。（3）不动富农土地，在一般地区对贫雇农影响不大。（4）可以堵死损害中农利益的一个重要漏洞。（5）有利于农业生产的尽快恢复和发展。河北省天津地委还发表了这样的意见：不动富农经济是路线问题，而不是策略问题。因为富农是农村的资产阶级，新民主主义社会既然允许民族资产阶级存在，当然农村就应允许富农存在。

在这种情况下，中共中央于4月20日电告中南局、华东局、西北局：从现在起，即可向群众口头宣传土地改革中不动富农的土地和财产，以稳定富农的生产情绪。4月29日，刘少奇在全国政协庆祝五一节大会的讲话中，宣布土改不动富农土地财产的政策。中共

---

①　《建国以来重要文献选编》第1册，中央文献出版社1992年版，第126页。
②　《毛泽东文集》第6卷，人民出版社1999年版，第47页。

中央为庆祝五一国际劳动书发布的口号中，其中有一条口号，就是"不动富农的土地财产"。

1950年6月9日至19日，中共七届三中全会在北京召开。讨论新区的土地改革问题，是这次中央全会的一项重要内容。毛泽东在全会上所做的报告中，指出，要获得财政经济情况的根本好转，需要三个条件，第一个条件就是"土地改革的完成"。他在报告中正式提出："我们对待富农的政策应有所改变，即由征收富农多余土地财产的政策改变为保存富农经济的政策，以利于早日恢复农村生产，又利于孤立地主，保护中农和保护小土地出租者。"①

会上，毛泽东还就书面报告做了说明，解释了报告的战略策略思想。他指出："在伟大胜利的形势下，我们面前还有很复杂的斗争，还有许多困难。我们已经在北方约有一亿六千万人口的地区完成了土地改革，要肯定这个伟大的成绩。我们的解放战争，主要就是靠这一亿六千万人民打胜的。有了土地改革这个胜利，才有了打倒蒋介石的胜利。今年秋季，我们就要在约有三亿一千万人口这样广大的地区开始土地改革，推翻整个地主阶级。在土地改革中，我们的敌人是够大够多的。第一，帝国主义反对我们。第二，台湾、西藏的反动派反对我们。第三，国民党残余、特务、土匪反对我们。第四，地主阶级反对我们。第五，帝国主义在我国设立的教会学校和宗教界中的反动势力，以及我们接收的国民党的文化教育机构中的反动势力，反对我们。这些都是我们的敌人。我们要同这些敌人作斗争，在比过去广大得多的地区完成土地改革，这场斗争是很激烈的，是历史上没有过的。"②

七届三中全会审议了新区土地改革的三个文件：由中共中央于1950年5月30日起草的《中华人民共和国土地改革法》（草案）；刘少奇向中国人民政协会议第一届全国委员会第二次会议提出的《关于土地改革问题的报告》；《农民协会组织通则》（草案）。

1950年6月14日至23日，中国人民政治协商会议第一届全国

---

① 《毛泽东文集》第6卷，人民出版社1999年版，第70页。
② 同上书，第73页。

委员会在北京举行第二次会议，讨论由中共中央建议的《中华人民共和国土地改革法》（草案）。会上，刘少奇代表中共中央做了《关于土地改革问题的报告》，就新区土地改革的重大意义、《土地改革法》（草案）中有关政策的提出依据和起草经过以及在进行土地改革时应该注意的事项等，做了简要的说明。会议经过审议，同意刘少奇的《关于土地改革问题的报告》① 和中共中央提出的《土地改革法》（草案），并对《土地改革法》（草案）做了若干修改和补充，建议中央人民政府采纳实行。在会议结束时，毛泽东发表了重要讲话。他说："这次会议议题众多，中心的议题是将旧有土地制度加以改革的问题。"毛泽东指出："中国的主要人口是农民，革命靠了农民的援助才取得了胜利，国家工业化又要靠农民的援助才能成功，所以工人阶级应当积极地帮助农民进行土地改革，城市小资产阶级和民族资产阶级也应当赞助这种改革，各民主党派、各人民团体更应当采取这种态度。战争和土改是在新民主主义的历史时期内考验全中国一切人们、一切党派的两个'关'。"毛泽东号召大家："打通思想，整齐步伐，组成一条伟大的反封建统一战线"，像"过战争关一样"，过好"土改一关"。②

为了过好"土改一关"，中共中央确立了土地改革的总路线，即："依靠贫农、雇农，团结中农，中立富农，有步骤地有分别地消灭封建剥削制度，发展农业生产。"这条总路线的核心是孤立地主阶级，团结一切可以团结的力量，以"组成一条伟大的反封建统一战线"。

1950 年 6 月 28 日，中央人民政府委员会召开第八次会议。会议根据全国政协第一届委员会第二次会议的建议，通过了《土地改革法》（草案）。6 月 30 日，国家主席毛泽东发布中央人民政府令，正式颁布实施，并将其作为在全国新解放区开展土地改革运动的法律依据。

---

① 1950 年 6 月 14 日，刘少奇在政协一届二次会议上做了《关于土地改革问题的报告》，提出 1950 年冬天完成土改的地区大约一亿农业人口，1951 年至 1952 年是 1.64 亿农业人口的大部分地区，余下 0.2 亿人口的少数民族地区暂不进行土改。

② 《毛泽东选集》第 5 卷，人民出版社 1977 年版，第 27 页。

　　《中华人民共和国土地改革法》①　共六章四十条。其中，第一章第一条规定概括了土地改革的基本理由、基本内容和目的："废除地主阶级封建剥削的土地所有制，实行农民的土地所有制，借以解放农村生产力，发展农业生产，为新中国的工业化开辟道路。"

　　就具体政策而言，与新中国成立前的土地政策相比较，《中华人民共和国土地改革法》有了较大的改变，其主要有：

　　对半封建富农（即旧式富农）的政策，由征收富农多余的土地财产改变为保存富农经济，这是新中国成立前和新中国成立后两次土改政策的最大变化。毛泽东说明了实行此策略的三条理由，即："第一是土改规模空前伟大，容易发生过左偏向，如果我们只动地主不动富农，则更能孤立地主，保护中农，并防止乱打乱杀，否则很难防止；第二是过去北方土改是在战争中进行的，战争空气掩盖了土改空气，现在基本上已无战争，土改就显得特别突出，给予社会的震动特别显得重大，地主叫唤的声音将特别显得尖锐，如果我们暂时不动半封建富农，待到几年之后再去动他们，则将显得我们更加有理由，即是说更加有政治上的主动权；第三是我们和民族资产阶级的统一战线，现在已经在政治上、经济上和组织上都形成了，而民族资产阶级是与土地问题密切联系的，为了稳定民族资产阶级起见，暂时不动半封建富农似较妥当的。"②

　　对地主的政策，由实际上没收地主全部财产改为仅仅没收地主的土地、耕畜、农具、多余的粮食及其在农村中多余的房屋五大财产，其他财产均不予没收。这样就把土地改革的着眼点放在改变封建地主土地所有制上，而不是注重于地主个人保存的暗财。这样做，一方面使地主可以依靠这些财产维持生活，另一方面也可以减弱地主对土地改革的反抗和抵制。早在 1948 年 1 月，毛泽东就已指出："应在适当时机（在土地斗争达到高潮之后），教育群众懂得自己的远大利益，要把一切不是坚决破坏战争、坚决破坏土地改革，而在全国数以千万计（在全国约三亿六千万乡村人口中占有约三千六百

------

① 本书所采用的文本系 1950 年 6 月 30 日《人民日报》刊印的版本。
② 《毛泽东文集》第 6 卷，人民出版社 1999 年版，第 47 页。

万之多）的地主富农，看作是国家的劳动力，而加以保存和改造。我们的任务是消灭封建制度，消灭地主之为阶级，而不是消灭地主个人。必须按照土地法给以不高于农民所得的生产资料和生活资料。"① 给地主以生活出路，允许其经过劳动改造自己，体现了阶级的本质是一个经济范畴。消灭剥削阶级主要依靠解放和发展生产力从而消灭其赖以生存的经济关系，而不是在肉体上消灭该阶级的每一分子，其中大部分人将在新的经济关系中改造成新人，这也是无产阶级革命人道主义的集中体现。同时，对地主兼营的工商业及直接用于经营工商业的土地和财产，党和政府规定实行不没收政策，从而把打击重点集中于封建剥削部分，而不是资本主义部分，这对于牢牢把握土地改革的基本方向，稳定社会秩序，恢复和发展社会经济无疑也是十分有益的。

对于中农及其他财产的政策。新中国土地改革中对中农遵循的是团结的原则。据此，《中华人民共和国土地改革法》与新中国成立前的土地改革政策有两项重大改进。一是，把土地由彻底平分改为完全不动。《中华人民共和国土地改革法》规定，"保护中农（包括富裕中农在内）的土地及其他财产，不得侵犯"。并对佃中农给予照顾，规定："在原耕基础上分配土地时，原耕农民自有的土地不得抽出分配。原耕农民租入的土地抽出分配时，应给原耕农民以适当的照顾。应使原耕农民分得的土地（自有土地者连同其自有土地在内），适当地稍多于当地无地少地农民在分得土地后所有的土地，以使原耕农民保持相当于当地每人平均土地数的土地为原则。"从而保证了佃中农在抽出他们租入土地时不受或少受损失。这样就纠正了过去因中农超过人口平均数的多余土地被平分掉的错误，切实地保护了中农的利益。二是，将贫农团改为农民协会。《中国土地法大纲》规定："乡村农民大会及其选出的委员会，乡村无地少地农民所组织的贫农团大会及其选出的委员会"为改革土地制度的合法执行机关。② 新中国成立前，东北、华北等老解放区在土地改革中组织贫

① 《毛泽东选集》第4卷，人民出版社1991年版，第1271页。
② 中央档案馆编：《解放战争时期土地改革文件选辑》，中共中央党校出版社1981年版，第85页。

农团的实践证明，这不利于团结中农。《中华人民共和国土地改革法》吸取了这一教训，规定："乡村农民大会，农民代表会及其选出的农民协会委员会，区、县、省各级农民代表大会及其选出的农民协会委员会，为改革土地制度的合法执行机关。"换言之，在新中国土地改革中，除了农民协会之外，不再组织贫农团，也不成立雇农工会。不仅如此，还对中农在农民协会领导成员中的数目做了规定，即："农民协会中的主要领导成分应该由贫农雇农中挑选"，"各级农民协会领导成分中有三分之一的数目由中农中挑选"。这两方面的政策，在经济上保护了中农的利益，在政治上团结中农，对形成反封建统一战线起到了重大作用。

小土地出租者，指革命军人、烈士家属、工人、职员、自由职业者、小贩以及因从事其他职业或缺乏劳动力而出租少量土地者。《中华人民共和国土地改革法》规定，对他们均不得以地主论，并把原来规定每人平均所有土地数量不得超过当地每人平均土地数的百分之一百改为百分之二百。土地法还规定，如该项土地确系以其本人劳动所得购买者，或系鳏、寡、孤、独、残疾人等依靠该项土地为生者，其每人平均所有土地数量虽超过百分之二百，亦得酌情予以照顾。这一政策合情合理，受到了各阶层人民的拥护，从而有利于团结各个民主阶级和阶层，组成反封建的统一战线。

对特殊土地的处理。在我国农村，主要是城市近郊有少量使用机器耕作或其他进步设备的农场、牧场。一般地说，它们属于农村进步的生产力。它们的存在和发展，对于逐步改变我国农业落后面貌，发展农业生产具有积极的作用。因此，为了保护和发展社会生产力，《中华人民共和国土地改革法》规定，凡使用机器耕作或其他进步设备的农田、苗圃、农技实验场及有技术性的大竹园、大果园、大茶山、大桑田、大牧场等，由原有经营者继续经营，不得分散。但土地所有权属于地主者，经省以上人民政府批准，收归国有。这也是吸取过去土地改革中，这类土地一分就垮，使生产遭到破坏的教训而做的重大变动，这一政策是从这些土地的特点出发，创造性地发展了党的土地改革政策，在我国土地改革历史上具有重要的理论意义和实际作用。从长远经济建设出发，《中华人民共和国土地改革法》还规定，县以上人民政府可根据当地情况，酌量划出一部分土地收归国有，作为一县或数县范围内的农事试验场或国营示范农场。这些规定都体现了新中国成立以后的土地改革服从和服务于发展生产这个目标。

土地改革是一场群众性的大规模的阶级斗争，必须有序推进，否则容易出现不良倾向。整个新解放区的土地改革运动是有领导地分期分批地进行的。第一批土改从 1950 年冬季开始到 1951 年春，在华北、中南、西北、华东等约 1.2 亿农业人口的地区进行。同时，对其余 1.6 亿农业人口地区的一部分有计划地开展清匪反霸、减租减息运动，为下期土改准备条件。第二批土改从 1951 年冬到 1952年，在华南、西南等约 1.1 亿农业人口地区进行。第三批土改从1952 年冬到 1953 年春，主要在少数民族地区约 3000 万农业人口地区进行。

每一批土改一般都经历了发动群众、划分阶级、没收和分配土地、复查总结等阶段，在发动群众阶段，各地组织了大批工作队到农村中去，深入群众，召开农业代表会议，举办农民积极分子短期训练班，批判"和平土改"、"官办土改"等观点，宣传《土地改革法》，逐步把农民组织起来。由少数的贫雇农小组发展到包括中农在内的农民协会，建立反封建的统一战线，作为改革土地制度的合法机关。

划分阶级成分是土地改革的中心环节。为此，政务院于 1950 年8 月通过了《关于划分农村阶级成分的决定》，作为划分阶级的依据。为了准确地根据具体经济社会情况划定农村阶级成分，在具体划分中，首先通过农民协会组织群众学习、掌握划分标准，然后进行试划，先把地主、富农划出来，以分清阵线；再在农民内部发扬民主，采取自报公议方式，最后由乡人民政府批准并张榜公布。在划定阶级后，按《土地改革法》有关规定没收土地和多余财产，然后平分土地和财产。分完后复查分配情况，解决遗留问题，颁发土地证，整顿加强农村政权。

到 1953 年春，全国除一部分少数民族地区外，土地改革都已完成。

　　土地改革带来了广大农村地区巨大的社会变革，比较彻底地废除了封建剥削的地主土地所有制，铲除了延续两千多年的封建统治的经济基础，免除了每年向地主缴纳大约 3000 万吨以上的粮食地租。取而代之的是，实行农民的土地所有制，实现了耕者有其田，全国约 3 亿多无地和少地农民无偿地分得耕地 4700 万公顷和其他生产资料，改变了几千年来土地占有极不合理的状况。

　　新中国土地改革的完成，极大地解放了生产力，巩固了工农联盟和人民民主专政，为国家工业化和农业的社会主义改造创造了条件。通过土地改革，广大农民从封建地主土地所有制的束缚中解脱出来，极大地调动了广大农民的政治热情和发展经济的热情。作为生产力中最为活跃的因素的人的解放，是对生产力的最大解放。广大农民的生产积极性空前高涨，农村中到处呈现一派兴旺的景象。据西北区陕西、甘肃、青海三个省 49 个县不完全统计，在土地改革中，农民共兴修水渠 10820 条，兴造可浇地 74855 亩。[1] 随着农业生产的发展，主要农产品产量大幅度上升。1949 年，粮食产量为 2263 亿斤，1952 年达到 3278 亿斤；棉花从 1949 年的 888 万担，增长到 1952 年的 2607 万担；油料从 1949 年的 5127 万担增长到 1952 年的 8386 万担。从增长率来说，粮食产量增长 44.9%；棉花增长 193.6%；油料增长 63.6%。[2]

---

[1]　中共中央西北局：《关于春耕工作给中央的综合报告》，1952 年 5 月 31 日。
[2]　国家统计局编：《中国统计年鉴》，中国统计出版社 1984 年版。

参考文献

书籍

《马克思恩格斯选集》第 4 卷，人民出版社 1995 年第 2 版。

《毛泽东选集》第 1—4 卷，人民出版社 1991 年版。

《毛泽东选集》第 5 卷，人民出版社 1977 年版。

《毛泽东选集》第 5 卷，东北书店 1948 年版。

《毛泽东文集》第 1、2 卷，人民出版社 1993 年版。

《毛泽东文集》第 3、5 卷，人民出版社 1996 年版。

《毛泽东文集》第 6、7 卷，人民出版社 1999 年版。

《毛泽东早期文稿》，湖南出版社 1990 年版。

《毛泽东农村调查文集》，人民出版社 1982 年版。

《毛泽东军事文选》，战士出版社 1981 年版。

《毛泽东书信选集》，人民出版社 1983 年版。

《毛泽东著作选读》上册，人民出版社 1986 年版。

毛泽东：《抗日民族战争与抗日民族统一战线发展的新阶段》，解放社 1942 年版。

毛泽东：《经济问题与财政问题》，大众日报出版社 1943 年版。

毛泽东：《兴国调查》（1931 年 1 月 26 日），载《农村调查》，新华书店 1949 年版。

中共中央文献研究室编：《毛泽东年谱》上、中、下，中央文献出版社 2013 年版。

逄先知、金冲及：《毛泽东传》第 1 册，中央文献出版社 2011 年版。

毛泽东：《〈广东省党部代表大会会场日刊〉发刊词》，1925 年 10 月 20 日。

曹宏、周燕：《寻踪毛泽民》，中央文献出版社 2007 年版。

高菊村、陈峰、唐振南等：《青年毛泽东》，中共党史出版社 1990 年版。

顾龙生编著：《毛泽东经济年谱》，中共中央党校出版社 1993 年版。

黄允升、沈学明、唐宝林等：《毛泽东与中共早期领导人》，中共中央党校出版社 1997 年版。

《回忆毛主席》，人民文学出版社 1977 年版。

李湘文编著：《毛泽东家世》（增订本），人民出版社 1993 年版。

李锐：《毛泽东的早期革命活动》，湖南人民出版社 1980 年版。

蒋泽民：《忆毛泽东在延安》，八一出版社 1993 年版。

《毛泽东风范词典》，中国工人出版社 1991 年版。

《毛泽东同志八十五诞辰纪念文选》，人民出版社 1979 年版。

《毛委员在井冈山》，江西人民出版社 1977 年版。

萧三：《毛泽东同志的青少年时代和初期革命活动》，中国青年出版社 1980 年版。

《周恩来选集》上卷，人民出版社 1980 年版。

《刘少奇选集》上卷，人民出版社 1981 年版。

《刘少奇论工人运动》，中央文献出版社 1988 年版。

《刘少奇在全国土地会议上的报告记录》，1947 年 8 月 20 日。

《邓小平文选》第 1 卷，人民出版社 1994 年版。

《蔡和森文集》，人民出版社 1980 年版。

《蔡和森的十二篇文章》，人民出版社 1980 年版。

《谢觉哉日记》，人民出版社 1984 年版。

唐宝林、林茂生：《陈独秀年谱》，上海人民出版社 1988 年版。

王稼祥：《晋察冀区的财政经济》，《群众》1944 年第 9 卷第 3、4 期。

《林伯渠日记》（1926 年 7 月—1927 年 6 月），中共中央党校出版社 1981 年版。

李维汉：《回忆与研究》上、下册，中共党史出版社 1986 年版。

《萧劲光回忆录》，解放军出版社 1987 年版。

《胡乔木回忆毛泽东》，人民出版社 1994 年版。

《李雪峰回忆录——太行十年》上，中共党史出版社 1998 年版。

财政科学研究所：《革命根据地的财政经济》，中国财政经济出版社 1989 年版。

《从井冈山走进中南海——陈士榘回忆毛泽东》，中共中央党校出版社 1993 年版。

陈毅、萧华等：《回忆中央苏区》，江西人民出版社 1981 年版。

陈旭麓：《近代中国社会的新陈代谢》，上海人民出版社 1992 年版。

《第一次国内革命战争时期的农民运动资料》，人民出版社 1983 年版。

《第一、二次国内革命战争时期土地斗争史料选编》，人民出版社 1981 年版。

《第二次国内革命战争时期土地革命文献选编》，中共中央党校出版社 1987 年版。

《共产国际有关中国革命的文献资料》（1919—1928），中国社会科学出版社 1981 年版。

《共产国际有关中国革命的文献资料》（1936—1943）（1921—1936 补编）（第三辑），中国社会科学出版社 1990 年版。

高熙：《中国农民运动纪事》，求实出版社 1988 年版。

广东农民运动讲习所旧址纪念馆编：《广州农民运动讲习所资料选编》，人民出版社 1987 年版。

国家统计局编：《中国统计年鉴》，人民出版社 1984 年版。

河北大学图书馆藏：《陕甘宁边区生产运动介绍：边区的劳动互助》，晋察冀新华书店，无出版年代。

《湖南革命史资料集》第 2 卷下册，1964 年（审查本）。

湖南省博物馆编：《湖南全省第一次工农代表大会日刊》，湖南人民出版社 1979 年版。

黄正林：《陕甘宁边区乡村的经济与社会》，人民出版社 2006 年版。

江苏省财政厅、江苏省档案馆财政经济史编写组合编：《华中抗日根据地财政经济史料选编》第 1 卷，档案出版社 1984 年版。

江苏省财政厅、江苏省档案馆财政经济史编写组合编：《华中抗日根据地财政经济史料选编》第 2、3 卷，档案出版社 1986 年版。

江西人民出版社编写组：《井冈山的武装割据》，江西人民出版社 1980 年版。

江西省档案馆、中共江西省委党校党史教研室：《中央革命根据地史料选编》中、下册，江西人民出版社 1982 年版。

晋察冀边区财政经济史编写组、河北省档案馆、山西省档案馆：《晋察冀边区财政经济史资料选编》（农业编），南开大学出版社 1984 年版。

井冈山革命博物馆：《井冈山斗争大事介绍》，解放军出版社 1985 年版。

井冈山革命博物馆：《井冈山革命根据地》上、下卷，中共党史资料出版社 1987 年版。

蒋永敬：《鲍罗廷与武汉政权》，台北传记文学出版社 1972 年版。

李占才：《中国新民主主义经济史》，安徽教育出版社 1990 年版。

《联共（布）、共产国际与中国国民革命运动》第 3 卷，北京图书馆出版社 1998 年版。

陆仰渊、方庆秋：《民国社会经济史》，中国经济出版社 1991 年版。

《南昌起义资料》，人民出版社 1979 年版。

《农民运动的伟大纲领》，人民出版社 1978 年版。

瞿秋白：《湖南农民革命》（一）序言，汉口长江书店 1927 年版。

陕甘宁边区政权建设编辑组编：《陕甘宁边区的精兵简政》，求实出版社 1982 年版。

陕甘宁边区财政经济史编写组、陕西省档案馆：《抗日战争时期陕甘宁边区财政经济史料摘编》第2、7编，陕西人民出版社1981年版。

陕西省档案馆、陕西省社会科学院：《陕甘宁边区政府文件选编》第7辑，档案出版社1988年版。

史敬棠、张凛、周清和等：《中国农业合作化运动史料》上册，生活·读书·新知三联书店1957年版。

史全生主编：《中华民国经济史》，江苏人民出版社1989年版。

《宋任穷回忆录》，解放军出版社2007年版。

王观澜：《叶坪乡的查田运动》，《星火燎原》1979年第2期。

《王首道回忆录》，解放军出版社1988年版。

王首道、萧克等：《回忆湘赣苏区》，江西人民出版社1986年版。

西北五省区编纂领导小组、中央档案馆：《陕甘宁边区抗日民主根据地》，中共党史出版社1990年版。

湘鄂赣革命根据地文献资料编选组：《湘鄂赣革命根据地文献资料》第2辑，人民出版社1986年版。

《湘赣革命根据地》党史资料征集写作小组：《湘赣革命根据地》下册，中共党史出版社1991年版。

萧克、何长工：《秋收起义》，人民出版社1979年版。

《星火燎原》第1集，人民文学出版社1964年版。

许毅：《中央革命根据地财政经济史长编》上册，人民出版社1982年版。

杨瑞广：《中共中央与八年抗战》，陕西人民出版社1996年版。

《"一大"前后》第2册，人民出版社1980年版。

余伯流：《井冈山革命根据地全史》，江西人民出版社2007年版。

张国焘：《我的回忆》第1册，现代史料编刊社1998年版。

张国祥：《山西抗日战争史》下卷，陕西人民出版社1992年版。

赵效民：《中国革命根据地经济史》，广东人民出版社1983年版。

中共吕梁地委党史资料征集办公室编：《晋绥根据地资料选编》第 1 集，（出版社不详）1983 年版。

中共中央党史资料征集委员会编：《共产主义小组》下册，中共党史出版社 1987 年版。

《中国大革命武汉时期见闻录》，中国社会科学出版社 1985 年版。

《中国国民党历次代表大会及中央全会资料》，光明日报出版社 1985 年版。

中国第一历史档案馆等编：《辛亥革命前十年间民变档案史料》上册，中华书局 1985 年版。

中国革命博物馆：《新民学会资料》，人民出版社 1980 年版。

中国革命博物馆、湖南省博物馆编：《湖南农民运动资料选编》，人民出版社 1988 年版。

中国人民大学党史系资料室编：《中共党史教学参考资料》第 8 册，1980 年印。

中国社会科学院经济研究所中国现代经济史组：《革命根据地经济史料选编》上册，江西人民出版社 1986 年版。

《中国土地改革史料选编》，国防大学出版社 1988 年版。

《中国新民主主义革命通史》第 12 卷，上海人民出版社 2001 年版。

中央档案馆编：《建国以来重要文献选编》第 1 册，中央文献出版社 1992 年版。

中央档案馆编：《解放战争时期土地改革文件选辑》，中共中央党校出版社 1981 年版。

中央档案馆编：《秋收起义（资料选辑）》，中共中央党校出版社 1982 年版。

中央档案馆编：《中共中央文件选集》第 1 册，中共中央党校出版社 1989 年版。

中央档案馆编：《中共中央文件选集》第 2 册，中共中央党校出版社 1989 年版。

中央档案馆编：《中共中央文件选集》第 3 册，中共中央党校出版社 1989 年版。

中央档案馆编:《中共中央文件选集》第 4 册,中共中央党校出版社 1989 年版。

中央档案馆编:《中共中央文件选集》第 6 册,中共中央党校出版社 1989 年版。

中央档案馆编:《中共中央文件选集》,中共中央党校出版社 1989 年版。

中央档案馆编:《中共中央文件选集》第 7 册,中共中央党校出版社 1991 年版。

中央档案馆编:《中共中央文件选集》第 9 册,中共中央党校出版社 1991 年版。

中央档案馆编:《中共中央文件选集》第 11 册,中共中央党校出版社 1991 年版。

中央档案馆编:《中共中央文件选集》第 12 册,中共中央党校出版社 1991 年版。

中央档案馆编:《中共中央文件选集》第 13 册,中共中央党校出版社 1991 年版。

中央档案馆、湖南省档案馆编:《湖南革命历史文件汇集》甲 5,出版地、出版年不详。

曾宪林、曾成贵、徐凯希等:《中国大革命史论》,中共党史出版社 1991 年版。

[美]埃德加·斯诺:《西行漫记》,董乐山译,生活·读书·新知三联书店 1979 年版。

[美]罗尔斯·特里尔:《毛泽东传》,中国人民大学出版社 2006 年版。

[美]迈斯纳:《马克思主义、毛泽东主义与乌托邦主义》,张宁、陈铭康等译,中国人民大学出版社 2006 年版。

[美]斯图尔特·施拉姆:《毛泽东》,中共中央文献研究室《国外研究毛泽东思想选辑》选辑组译,红旗出版社 1987 年版。

报告

《杜修经给湖南省委的报告》，1928 年 6 月 15 日。

《湖南省委来信》，1927 年 8 月 30 日。

《开展根据地的减租、生产和拥政爱民运动》，1943 年 10 月 1 日。

刘士奇：《赣西南特委给中央的综合报告》，1930 年 10 月 7 日。

中共中央西北局：《关于春耕工作给中央的综合报告》，1952 年 5 月 31 日。

《中央给鄂东北特委指示信》，1928 年 7 月 14 日。

《中央给湖南省委的指示信》，1929 年 7 月 9 日。

《中央致广东省委信》，1927 年 12 月 18 日。

期刊

戴克敏：《剿灭麻城会匪的经过》，白开基：《麻城惨案的前前后后》，《湖北文史资料》1987 年第 4 辑。

高菊村、谭意：《毛泽东家庭经济百年演变历史真迹》，《毛泽东思想研究》2013 年第 6 期。

宫守熙：《工读互助团运动的兴起和失败》，《人民日报》1984 年 2 月 10 日。

何长工：《改造王佐部队（革命斗争回忆录）》，《解放军文艺》1978 年第 8 期。

何晓莉：《抗日战争时期陕甘宁边区的精兵简政》，《党校教学》1987 年第 4 期。

黄远生：《论莱阳民变事》，《国风报》1910 年第 18 期。

刘晶芳：《古田会议与开辟革命新道路的关系新探》，《中国井冈山干部学院学报》2010 年第 5 期。

刘晓农：《袁文才与井冈山革命根据地的创建》，《中共党史研究》1989 年第 6 期。

刘洋：《"扩红"与"筹款"——发动查田运动的现实原因》，《党史研究与教学》2004 年第 1 期。

刘涌:《延安大生产片段回忆》,《金盾》2002年第21期。

刘征:《难忘的教诲——回忆在武昌中央农民运动讲习所的战斗生活》,《武汉大学学报》(哲学社会科学版)1977年第2期。

毛主席在延安领导中国革命纪念馆:《毛主席领导的边区大生产运动》,《革命文物》1976年第5期。

欧阳小松:《对〈毛泽东给林彪的信〉是否表达了"乡村中心"思想问题的再认识》,《党史研究与教学》2012年第6期。

《全国农民协会(资料)》,《武汉大学学报》(哲学社会科学版)1977年第3期。

万兰荪、游寿松、秦章甫:《阳新惨案九烈士》,《湖北文史资料》1987年第4辑。

王光祈:《与左舜生书》,《少年中国》1919年第1卷第2期。

王永华:《星星之火,何以燎原——试论井冈山斗争经验的传播与推广》,《中共党史研究》2013年第2期。

徐建国:《华北抗日根据地减租减息运动中"斗争"模式分析》,《中共党史研究》2011年第6期。

杨奎松:《关于战后中共和平土改的尝试与可能问题》,《南京大学学报》(哲学·人文科学·社会科学)2007年第5期。

张国基:《和伟大领袖毛主席相处的日子》,载《文史资料选辑》第1辑,北京出版社1979年版。

赵晓琳:《中央农民运动讲习所》,《武汉文史资料》总第41、42辑。

赵增延:《土地革命时期正式确定农民土地所有权时间的考析》,《历史教学》1986年第7期。

周世钊:《毛主席青年时期的几个故事》,《新苗》1958年第10期。

中央农民运动讲习所旧址纪念馆:《毛主席的光辉业绩永世长存》,《武汉大学学报》(哲学社会科学版)1976年第5期。

朱开铨:《回忆查田运动》,《党史研究》1981年第1期。

朱兴义、赫坚:《抗日战争时期土地政策的转变与抗日根据地的发展》,《松辽学刊》(社会科学版)1999年第3期。

［美］罗杰·汤普森：《毛泽东与寻乌调查》，李向前译，《国外中共党史研究动态》1991 年第 2 期。

［美］汤若杰：《英译本〈寻乌调查〉"导言"》，刘慧译，《史林》2009 年第 3 期。

报纸

汉口《民国日报》

上海《时事新报》

上海《民国日报》副刊《觉悟》

《湖南民报》

《红色中华》

《新华日报》

《解放日报》

《人民日报》

《东北日报》

《晋绥日报》

《斗争》

《犁头》

《湖南全省第一次工农代表大会会刊》

《农民运动》

《中国农民》

《向导》

《劳工周刊》

《红旗》

《解放》

《中国青年报》

《佛山日报》

《解放军报》